Journal of Japanese Legal Studies

日本法研究

第 10 卷

2024

肖盼晴　主编

中国政法大学出版社

2024·北京

编辑委员会

编委会主任
牟宪魁

编委会成员
(以姓氏笔画为序)

于宪会　牟宪魁　李成玲　肖盼晴

本期主编
肖盼晴

本期执行编辑
(以姓氏笔画为序)

肖晓珺　曾好

编辑协力
《早稻田法学》编辑委员会

后援机构
早稻田大学法学会

目 录
CONTENTS

学界回顾

CONTENTS

专题研究

ARTICLES

人格权请求权要件论

——日本判例理论之考察

陈英瞳*

一、问题提出

（一）人格权请求权要件论的必要性

人格权请求权是指，作为绝对权的人格权受到或可能受到侵害时，民事主体有权请求行为人采取某些作为或不作为，以恢复人格权的圆满状态。《中华人民共和国民法典》（以下简称《民法典》）"人格权编"通过第 995 条、第 997 条、第 1028 条等条文，对排除、预防侵害的人格权请求权作出了规定。早在《民法典》制定之前，学说就通过对日、德等外国法的考察提出了人格权请求权的概念[1]。《民法典》明确规定人格权请求权，是我国民事立法上的重大创举。

现在，人格权请求权的独立性得到了多数观点的支持。多数观点认为，在功能上，侵权损害赔偿请求权主要是为了填补损害，而人格权请求权则强调对侵害的预防；在适用上，人格权请求权不适用于诉讼时效，且不以过错和损害结果的发生为要件，即便侵权责任不成立时也可以承认人格权请求权。这些区别说明了人格权请求权的独立性。因此，尽管人格权请求权对应的责任承担方式上还存在争议，其适用要件可总结如下：停止侵害、排除妨碍、消除危险

---

　　* 陈英瞳，早稻田大学法学研究科民法专业博士研究生。

　　〔1〕姚辉：《关于人格权的两个日本判例》，载《人大法律评论》2001 年第 1 期；杨立新、袁雪石：《论人格权请求权》，载《法学研究》2003 年第 6 期。

的人格权请求权不以过错和损害发生为要件，当绝对权的人格权受到侵害或可能受到侵害时，人格权请求权即可得到承认。然而这个解释是否能够充分满足人格权请求权的实际适用？从日本的判例和理论研究来看，上述解释有两个问题需要指出：

第一，没有区分人格权和人格利益。我国部分学说将广泛的人格权权益纳入人格权请求权的保护范围，例如，王利明教授认为人格权请求权"重点救济人格权益的妨碍"〔1〕，张红教授认为"人格权是发展中的权利，人格权请求权能够有效保障新型人格利益"〔2〕。与之相对，程啸教授将人格权和人格利益明确区分，认为人格权请求权的保护范围仅限于"性质上属于绝对权的人格权"〔3〕。问题是，除了《民法典》第 990 条第 1 款规定的具体人格权以外，第 2 款所述"自然人享有基于人身自由、人格尊严产生的其他人格权益"，即"一般人格权"是否也受到人格权请求权的保护？如果人格权请求权的适用仅限于《民法典》中明确规定的数类具体人格权，那么可能出现人格权请求权保护范围过窄的问题，具有一定保护价值的人格利益，即便遭受超出社会容忍限度的侵害时，也无法得到人格权请求权的保护。此外，人格权的种类繁多，从生命、身体、健康的权利到涉及个人主观感受的人格利益，它们受到法律保护的程度不尽相同。因此，笔者虽然支持将广泛的人格权益纳入人格权请求权的保护，但也需要提问，对于不同的人格权益是否有必要采用相同的要件？

第二，没有根据案件的具体类型分析人格权请求权的要件。人格权侵害的案件类型多种多样，有排放污染物质、制造噪声等侵害他人身体、健康等人格权益的案件，也有发表言论侵害他人名誉、

---

〔1〕 王利明：《论人格权请求权与侵权损害赔偿请求权的分离》，载《中国法学》2019 年第 1 期。

〔2〕 张红：《论〈民法典〉之人格权请求权体系》，载《广东社会科学》2021 年第 3 期。

〔3〕 程啸：《人格权研究》，中国人民大学出版社 2022 年版，第 25~26 页；程啸：《侵权责任法》（第 3 版），法律出版社 2021 年版，第 160 页。

隐私等精神性人格权益的案件，在这些案件中，被侵害权益和侵害行为的性质各不相同，人格权请求权成立要考虑的因素也不完全一致。另外《民法典》第1028条等还规定了更正和删除的请求权，对于互联网上侵害人格权的内容，更正和删除都相对容易；然而对于传统的纸质媒体来讲，采取这些措施往往需要较高的成本。针对不同媒介下的内容，人格权请求权的要件很难完全相同。因此，如果强调人格权请求权与侵权责任的区别，任何情形下都不以过错为要件，那么我们应该如何考虑个案之间不同的因素，如何平衡受害人和行为人之间的利益？此外，《民法典》"侵权责任编"第1167条仍保留了停止侵害、排除妨碍、消除危险的侵权责任，该规定与人格权请求权的关系又应当如何理解？

（二）日本判例理论的启示

由此可以看出，中国学说对人格权请求权的理论性质讨论众多，却对人格权请求权的具体要件关心较少，这是否一定程度上导致了人格权请求权的实际适用不充分的问题[1]？与此相对，日本民法典中没有关于人格权请求权的规定，但在生活妨害的案件以及侵害名誉和隐私的案件中，积累了大量基于人格权承认停止请求[2]的判例。在这些案件中，判例和理论界的主流观点认为停止请求来源于人格权的效力。同时，并非只要人格权益受到侵害停止请求权即可得到承认，有学者主张，一些人格利益受到侵害的情形，有必要"借用"侵权责任的要件来承认停止请求权[3]。另外，根据中国理论界的观点，人格权请求权是由绝对权的人格权益产生的效果，因

---

[1] 学者指出，实践中排除妨碍的人格权请求权，以及预防、停止污染行为的民事责任存在适用不充分的问题。阮神裕：《论人格权的排除妨碍请求权》，载《清华法学》2022年第5期；周珂等主编：《环境法》（第6版），中国人民大学出版社2021年版，第86页。

[2] 日语中称作"差止请求"，法律上的差止请求包括对正在进行的侵害行为的排除和对将来可能发生的侵害行为的预防（参见日本《消费者合同法》第12条规定），本文将其译作"停止请求"。

[3] 四宫和夫『事務管理・不当利得・不法行為法（中）』（青林書院新社，1983年）479頁参照。

此其要件相对宽松。然而日本曾经的通说认为，只有侵害具有高于侵权损害赔偿责任成立的违法性时，才能认可停止请求权。这是因为，停止请求会对他人的行为造成直接影响，甚至产生令企业或公共设施停止活动的强力效果。不过，现在的主流观点不再采用上述违法性阶层说，判例和理论普遍认为，不应抽象地比较停止请求和侵权损害赔偿责任成立要件的严格程度。

因此，在日本生活妨害或名誉、隐私侵害的判例和理论中，哪些因素有利于停止请求权的肯定，哪些因素能否定停止请求权的成立，该问题的考察对中国人格权请求权要件的探讨具有参考意义。本文的目的在于，通过考察日本生活妨害案件与名誉及隐私侵害案件中对停止请求权的理论研究及实际运用，解决前文所提出的两个问题，并对中国人格权请求权要件的构成方向提出意见。

二、生活妨害案件的停止请求权要件

（一）理论考察

关于停止请求权的依据，日本理论界主要有权利说、侵权责任说、复合说这三种学说。一方面，关于停止请求权的要件，过去的主流观点重视行为是否超过容忍限度的违法性判断；另一方面，越来越多的学说强调权利的优越地位和对各种新型权益的扩大保护，并对权利和利益保护的要件做出一定区别。

1. 权利说和侵权责任说的争论

生活妨害案件主要包括噪声或大气污染等公害案件，以及对日照、通风、景观等私人生活进行妨害的案件。起初，这类案件被作为相邻关系以及物权请求权的问题处理。到了 20 世纪 50 年代末，以加藤一郎教授为首的学者开始提倡生活妨害案件主要侵害了人格权益。加藤一郎教授认为，生活妨害实质上涉及对身体或精神自由的侵害，"对于超过一定限度的侵害，以人格权侵害为由，可以认可排除和预防侵害的请求权，该限度需要比较衡量受害者产生的利益和侵害者自由受限所产生的损失来确定，并非只要侵权损害赔偿请求权成立，就应当然承认排除和预防侵害的请求权"[1]。多数判例采用了加藤教授提出的容忍限度和违法性阶层的理论，通过综合考虑被侵害权益的种类、侵害行为的形态、侵害行为的必要性等因素，判断该行为的违法性是否超过容忍限度，继而决定停止请求权是否成立。然而，有学者强调权利具有的固有属性，对容忍限度理论提出了强烈反对[2]。这种冲突反映了权利说和侵权责任说这两种观点的对立。

权利说认为，停止请求权产生于绝对权的效力，绝对权受到侵害时应立即承认停止请求权，不必考虑侵害行为的公共性以及衡量当事人双方的利益。侵权责任说则认为，停止请求权是侵权责任的后果，被侵害权益是否为绝对权都可以成立停止请求权，不过，侵权责任说的多数观点不要求故意或过失要件，而是强调容忍限度理论和利益衡量的必要性。这两种理论各有利弊，但在利益衡量的必要性上立场却大相径庭。侵权责任说认为，公害和生活妨害的案件具有复杂性，需要结合双方当事人的情况进行灵活判断；而权利说认为，利益衡量的手法会导致诸多问题，例如，即使发生了严重的侵害却因行为的公共性而否定停止请求权，以及完全交由法官自由裁量的恣意性。具体案件中需要多少利益衡量成为一个"无解难题"。

判例和理论界对容忍限度理论和利益衡量的重视，一定程度反映了侵权责任法上"从权利侵害到违法性"学说以及"相关关系"学说的巨大影响。例如，主张"相关关系"学说的我妻荣教授认为，是否承认停止请求权应通过"考察侵害行为造成损害的种类、程度，和禁止该行为造成的社会损失的种类、程度的相关性来决定"[3]。

2. 权利论的再生和复合说的登场

20 世纪 50 年代后，日本侵权责任法的主流观点提倡用违法性要

---

〔1〕 加藤一郎『不法行為法（法律学全集）』（有斐閣，1957 年）214 頁。

〔2〕 原島重義「わが国における権利論の推移」法の科学 4 号（1976 年）参照。

〔3〕 我妻栄『事務管理・不当利得・不法行為（新法全集「復刻版」）』（日本評論社，1988 年）198-199 頁。

件代替权利侵害要件，并主张以被侵害权益的重要程度与侵权行为的违法程度的相关关系来判断违法性的有无。然而，20 世纪 80 年代以后出现了一系列重视权利侵害要件的最高法院判例[1]。另外，2004 年的日本民法改正中，立法者没有用违法性替代权利侵害，而是将"权利侵害"扩大为"权利或法律上保护的利益的侵害"，权利侵害要件得以维持。权利侵害要件再次获取瞩目主要有两方面原因：其一，司法实践中出现了各种各样侵害新型权益——特别是新型人格权益的案件，在判断行为的违法性之前，需要对受害人的权益受保护的程度进行讨论；其二，侵权责任法的目的不再只是填补受害人损害，权利的保护以及侵害行为的预防、制裁也成为侵权责任法的重要任务[2]。理论界对这一动向给予了肯定的评价，并提出了"权利论的再生"的观点。现在理论界众说纷纭，其中一个方向是将权利与利益二分，当权利遭受侵害时则推定行为存在违法性，以赋予权利优越的地位。

随着侵权责任理论的变化，出现了复合说这一新观点。复合说认为，停止请求权的依据并非只能有一个，权利说和侵权责任说可以共存。即，当权利受到侵害时，只要没有违法性阻却事由则应立即承认停止请求，而保护程度不及权利的利益受到侵害时，需要考虑侵害行为的形态等因素，借助侵权责任的要件（主要是违法性）来承认停止请求。学者考虑到以下理由提出复合说：一方面，对于具有自身明确固有领域的权利，法律已明确赋予其排除和预防侵害的效力；另一方面，现代社会出现了许多侵害新型利益的案例，在一些情景下，有必要通过停止请求权对这些利益进行保护的同时，因这些新型利益的外延往往不够明确，所以停止请求权的要件不能直接采用与权利侵害相同的构造。复合说一定程度反映了利益位阶

---

[1] 大塚直ほか『民法 6 事務管理・不当利得・不法行為』（有斐閣，2023 年）153 頁参照。

[2] 吉村良一「不法行為法における権利侵害要件の『再生』」立命館法学 321・322 号（2008 年）参照。

的思想，如后文所说，这种思想在中国民法典规定中也有所体现。

复合说虽然承认利益衡量的必要性，但主张限制使用过于宽泛的利益衡量。因此，主要可以看到两种方法来限制利益衡量的使用[1]。其一，由行为人承担违法性阻却事由的举证责任。即，在权利受到侵害的情形，必须由行为人来证明设施的使用方法和相关预防措施的合理性、充分实施了环境影响评价手续和面向居民的说明手续等正当事由，否则就应部分或全部承认受害人的停止请求。尽管利益衡量不可完全避免，但有必要明确"哪些事实属于原告的请求原因，哪些事实属于被告的抗辩事由"。其二，明确某一类案件类型需要考虑哪些因素，尽可能避免不透明的利益平衡。

（二）判例分析

1. 公害案件

（1）大阪国际机场诉讼案[2][1]。大阪国际机场（国有机场）附近的居民，以飞机起降时产生的噪声、废气和振动对其造成了严重的精神、身体损害和生活上的妨害为由，要求国家在晚上 9 时到第二天早上 7 时之间禁止使用机场并赔偿其损害。一审法院及二审法院支持了原告的停止请求和损害赔偿请求。法院认定，原告已经遭受了以下的重大损害，或者有遭受以下侵害的现实危险：神经衰弱等精神上的损害；因噪声和废气导致的听力损失、耳鸣、鼻出血、妨碍疾病疗养等身体上的损害；睡眠、日常生活受到妨害所造成的损害[3]。

在讨论侵害的违法性时，二审法院没有对停止请求和损害赔偿请求进行区分，而是通过设施的"公共性"和"设立、管理上的瑕疵"进行了统一的判断。关于公共性，法院强调"不仅要考虑其带

---

〔1〕 大塚直编『新注释民法（16）』（有斐閣，2022 年）432-433 頁参照。

〔2〕 大阪高判昭和 50 年 11 月 27 日判夕 330 号 116 頁，最判昭和 56 年 12 月 16 日民集 35 卷 10 号 1369 頁。

〔3〕 对于噪声损害的认定，二审法院和最高法院采取了实地检验观察、书面陈述、问卷调查、损害之间的相关性判断等手法。澤井裕「控訴審批判」加藤一郎＝淡路剛久编『公害·環境判例（第 2 版）』（有斐閣，1979 年）105 頁、107 頁参照。

来的社会、经济利益，还要考虑其给另一方造成的损失"。本案中法院认为，考虑到原告损害的严重性、损害仍在持续发生，被告对公共性的主张是有限度的，为了减轻损害，即使会造成一定的不便也应当允许对机场使用的限制。关于机场设立和管理方面的瑕疵，法院认为，机场存在机场狭窄、靠近居民区、选址不合理，并且在不采取应对措施的情况下一味增加航班数量等问题。综上，法院肯定了侵害的违法性。

关于停止请求权的依据，二审法院认为"个人生命、身体、精神、生活相关利益的总体"可称为人格权，基于这种人格权可以请求排除和预防妨害，这种人格权是人类生存的最基本权利，受到法律的绝对保护。除此之外，法院提到了人格权的外延难以确定的问题，不过"至少上述的基本权益能够作为人格权概念的内容"。

然而，最高法院虽然支持了损害赔偿，却以停止请求的诉讼不合法为由将其驳回，众多学者对此进行了强烈批判。大阪国际机场诉讼被称作"第五大公害诉讼"，不过与传统公害诉讼不同，该案件标志着原告诉求的重心从损害赔偿请求转移到停止请求。本案中最高法院将停止请求拒之门外，但却没能阻止相关诉讼的提起，此案之后，相继出现了针对新干线、公路、垃圾处理厂等各种公共设施的停止请求诉讼。

（2）43 号国道诉讼案[1][2]。该案件中，针对公共设施的停止请求，最高法院首次做出了实质性判断。居住在 43 号国道附近的居民，以该道路产生的噪声、振动和尾气对其造成身体、精神、生活上的损害为由，对国家和道路公团（特殊法人）提起诉讼，要求被告禁止排放超过一定标准值的噪声和 NO_2，并赔偿损害。

最高法院在损害赔偿请求案中承认了侵害行为的违法性，而在停止请求案中否定了行为的违法性。在停止请求案中，行为是否具有违法性，最高法院提出了"被侵害权益的性质和内容""侵害行

---

[1]　最判平成 7 年 7 月 7 日民集 49 卷 7 号 1870 頁（损害赔偿请求）、2599 頁（停止请求）。

为的形态和侵害的程度""侵权行为的公共性的内容和程度"这三个衡量因素。法院认为,"居民正在遭受,以及将来有高度盖然性遭受的损害仅限于妨害日常生活的程度,但涉案道路(作出贡献的)内容和程度来看,其不仅为沿路居民和企业,还为区域交通和工业经济活动提供了不可替代的重大便利,考虑以上情况无法认定涉案道路具有可以承认停止请求的违法性"。关于停止请求和赔偿损害请求要件之间的关系,最高法院指出,两者之间需要考虑的因素大致上相同,但根据请求内容的不同,在判断违法性时各个因素的重要性自然存在差异。

最高法院没有说明停止请求权的依据,但本案最高法院调查官认为,最高法院默认了以人格权为依据的二审法院判决[1]。二审法院认为,原告主张的人格权是"享受平稳、健康和舒适生活的利益",该种人格利益具有构成排他性人格权的价值,能作为停止请求权的依据。二审法院也提到人格权外延不明确的问题,并提出了两方面的解决方法:其一,只有在认定侵害行为违法时才能承认停止请求;其二,原告主张的上述权益是人格权的中心内容,对重要权益的侵害能够产生停止请求权。

围绕本案的损害赔偿请求和停止请求存在众多讨论。对于停止请求权要件的意义,笔者认为主要有以下两点:其一,理论界认为判决采用了"综合衡量的容忍限度论"的违法性判断方法,并明确地提示了需要考虑的因素。判决所提示的判断方法和考虑因素,在其他设施的生活妨害案件中也得以运用。其二,关于损害赔偿和停止请求的违法性判断,最高法院并没有采纳二审判决提出的"违法性阶层说"。因此,损害赔偿和停止请求的哪一方要件更加严格,并不能抽象地得出结论,需要基于具体的请求内容和案件性质来决定各自需要考虑的因素。从本案可以观察出,损害赔偿和停止请求的考虑因素有以下区别:

---

[1] 田中豊「判解」最高裁判所判例解説民事篇(平成 7 年度)708 頁、710 頁参照。

首先，两者在公共性的考虑程度上存在差异。在损害赔偿的判决中法院对公共性的考虑做出了限制，最高法院认为，居民虽然获得了一定程度的利益，但该道路对其日常生活的维持并不是不可或缺，受害人所得利益与所遭受损害并非"彼此相补"的关系。这一判断得到了理论界的支持，学者认为，正是因为设施的公共性，更应当对那些为实现公共利益做出特殊牺牲的群体进行相应的补偿[1]。相比之下，停止请求的判决中更加强调了涉案道路的公共性，这是因为，停止请求有可能会导致公共设施停止运转的重大影响。其次，停止请求权的案件中，采用何种方法实现停止请求是重要的考虑因素。学者强调，本案受害人并非要求全面禁止涉案道路的使用，因此，如果采取一些较为轻微的措施就能起到防止侵害的作用——如设置遮蔽物、限制车速或减少车道等，这时停止请求与公共利益并非完全冲突，应当予以一定承认[2]。最后，损害赔偿的案件中，对符合一定标准的受害人最高法院一律认可了精神损害抚慰金[3]，这种判决方式侧面反映出公害案件中损害认定的困难性。而停止请求权不要求证明损害的发生和损害赔偿的范围，在一些情形下对受害人是一个更好的选择。

（3）尼崎公害诉讼案[4][3]、名古屋南部公害诉讼案[5][4]。下级法院中，案[3]和案[4]的判决强调污染对人身体健康的影响，承认了原告对道路使用提起的停止请求，判决国家在原告的居住地不得产生超过一定标准的悬浮颗粒物[6]。案[3]中法院认为，即使考虑到禁止道路的部分使用会使公共利益受损，但其对身体权利的侵害非常严重，具有高度的违法性；另外法院还指出，原告并

---

〔1〕 大塚直『環境法 basic（第 4 版）』（有斐閣，2023 年）489 頁参照。

〔2〕 大塚直「批判」大塚直＝北村喜宣編『環境法判例百選（第 3 版）』（有斐閣，2018 年）58 頁、61 頁参照。

〔3〕 屋外噪声等级 65 分贝以上以及道路两侧 20 米以内居住的受害人。

〔4〕 神戸地判平成 12 年 1 月 31 日判夕 1031 号 91 頁。

〔5〕 名古屋地判平成 12 年 11 月 27 日判夕 1066 号 104 頁。

〔6〕 案[3]判决为日平均值 0.15mg/m³，案[4]判决为日平均值 0.159mg/m³。

非要求全面禁止使用涉案道路，对于污染形成的防止，控制柴油车等大排放量的汽车的比例等交通规制的手法也具有可行性。案［4］判决同样强调了侵害身体权利的严重性。两判决考虑到生命、身体权利的重要性，并没有采用容忍限度的理论，这也说明，利益衡量时相关考虑因素并非等价并列，公共性的考虑必须让位于生命、身体权的保护。关于停止请求的依据，案［3］判决认为，"基于生命、身体不被威胁的人格利益"可以提起停止请求。案［4］判决认为，"人的生命和健康等人格利益（人格权利）是排他性的权利"，在此基础上，判决将能够提起停止请求的主体限定为"居住在道路 20 米范围内，已经出现了支气管哮喘发作症状，或者有出现恶化症状"的原告。

2. 私人生活妨害案件

（1）妨害日照案。对于日照的妨害，下级法院中有许多承认停止请求权的判例[1]。这些判例多数没有说明停止请求权的依据，而是直接判断行为是否超过容忍限度来决定停止请求是否成立。另外，关于停止请求的方法，法院多要求被告改变建筑的设计，而不是直接禁止建筑的建造。一些损害赔偿的判例将日照利益视为一种人格权益的同时，强调了该种利益的特殊性。法院认为"住宅的日照和通风是舒适、健康生活所必需的生活利益"，不过，日照和通风的妨碍一般具有消极性质，不同于通过排放噪声、烟尘、气味等积极妨害生活的案件。因此，对于侵害日照和通风利益行为的违法性，法院提出了较高的要求[2]。

公害案件同样可能侵害人的身体、精神、生活上的广泛的利益。但从上述判决的主旨可以看出，公害案件中的"生活利益"可能受到更高程度的保护。这是因为，公害案件"生活利益"往往与人的生命健康的权益具有更紧密的联系，正如案［1］的二审判决所述：

---

〔1〕　德岛地决昭和 61 年 3 月 18 日判时 1200 号 137 页，大阪地判平成 4 年 2 月 21 日判时 1457 号 122 页等。

〔2〕　最判昭和 47 年 6 月 27 日民集 26 卷 5 号 1067 页。

"需要强调对睡眠的影响不仅会妨碍日常生活，还可能对健康造成严重的影响，例如，妨碍疲劳的恢复、妨碍疾病的疗养，以及睡眠不足引起的疲劳压力而诱发其他疾病"。

（2）国立市景观诉讼案[1]［5］。景观诉讼与妨害私人生活的一般案件具有不同特点，景观利益同时有环境权和人格权两方面性质，具有公私复合利益的特征。不过，最高法院将景观利益作为一种新型人格权益对待。国立市大学路的道路两侧形成了樱花树、银杏树以及低层建筑错落有致的城市景观，然而被告计划在此地修建高约 40 米的高层公寓，因此周边住民以景观利益受到侵害为由，请求撤去公寓 20 米以上的部分并赔偿损害。一审法院认为"地权人要求相互维持本地域内形成的良好景观的利益"受法律保护，并认可了原告的停止请求和损害赔偿请求；二审法院以景观利益具有主观性、不确定性等为由，否定了私法上景观利益的存在；最高法院肯定了景观利益的同时，对该种利益做出了一定限制。

最高法院认为，居住在良好景观区域内、享受恩惠的主体，其享受良好景观恩惠的利益受到法律保护。但是，目前尚不能承认该利益为具有明确实体的"景观权"，因此，某种行为构成对景观利益的违法侵害，需要侵害行为的形态和程度欠缺社会所容忍的相当性。最高法院认为该建筑的修建不存在滥用权利等缺乏相当性的事由，驳回了原告的判决。本案的意义在于，法院肯定景观利益具有一定保护价值的同时，强调其与具有"明确实体"的权利之间的区别，需要结合侵害行为的相关关系来确定景观利益的保护范围。

3. 小结

通过考察以上判例，可以发现法院对停止请求权的实际运用呈现出以下特点：其一，无论是在公害案件、还是私人生活妨害案件中，多数法院通过容忍限度、相关关系等违法性判断的方法来衡量受害人的利益与公共利益；然而，如案［3］和案［4］所示，在侵

---

〔1〕　最判平成 18 年 3 月 30 日民集 60 卷 3 号 948 頁。

害身体权利的案件中，法院开始排除对公共利益的考虑。其二，尽管人格权益保护范围的确定具有复杂性，法院允许受害人依据广泛的人格权益提起停止请求权，除了生命、健康等身体权利，生活利益、景观利益等具有一定主观性的人格权益也受到停止请求权的保护；另外如案［5］所示，最高法院强调了权利与利益的区别。其三，关于损害赔偿与停止请求之间的关系，下级法院判决曾采用违法性阶层说的立场，不过，最高法院开始重视对个案具体因素的判断，而非事先决定两者要件的严格程度。

三、名誉和隐私侵害案件的停止请求权要件

基于人格权的停止请求权被大量运用的另一案件类型——名誉和隐私侵害的案件中，其要件和判断方法与生活妨害案件呈现出不同特征。

（一）理论考察

过去，针对名誉和隐私侵害的不作为请求被视作侵权责任的效果。然而随着人格权保护意识的增强，以及最高法院判决的出现，20 世纪 50 年代之后，基于人格权承认停止请求的观点逐渐成为判例和理论的主流。然而，在名誉和隐私侵害的案件中，人格权说与侵权责任说的冲突并不激烈。这是因为，无论人格权说还是侵权责任说都无法回避言论自由的问题。名誉和隐私侵害的案件中时常需要对人格权与言论自由进行衡量，这与生活妨害案件存在本质区别。强调言论自由在宪法上的优越性的观点认为，停止请求会剥夺公众获取信息的途径，应对其手续以及实体要件都加以严格限制[1]。与此相对，强调人格权保护的观点认为，停止请求是预防人格权侵害的积极有效的手段，应予以积极承认[2]。

目前，理论和判例都认可对于超过一定限度的言论行为可以行使停止请求权，但在要件的严格程度上观点存在分歧。与损害赔偿责任相比，名誉和隐私侵害的停止请求权是否需要更严格的要件，

---

〔1〕 松井茂記『表現の自由と名誉毀損』（有斐閣，2013 年）276 頁参照。

〔2〕 五十嵐清『人格権法概説』（有斐閣，2003 年）271 頁参照。

在哪些情况下需要怎样的严格要件，成为一个重要的论点。判例主要从两方面提出了严格要件：其一，要求"明显的违法性"，即要求侵害行为"明显"缺乏真实性或公益目的性，或受害人的利益"明显"优越于行为人的利益；其二，要求"重大损害的可能性"，即受害人可能会遭受重大且难以弥补的损害。然而，对于请求删除网络上侵害人格权内容的案件，最近的判例提出了相对宽松的要件。

（二）判例分析

1. 传统媒体侵权案件

（1）《北方杂志》案[1] [6]。《北方杂志》预定发行批判市长的报道，得知此情况的市长为了防止名誉权被侵害，向地方法院申请了禁止该期杂志贩卖、公布的暂行处分，并得到了地方法院的批准。对此，《北方杂志》的发行人认为法院的暂行处分违反了言论自由的宪法规定，以市长和国家为被告提起了损害赔偿诉讼。最高法院最终认定涉案暂行处分不违反宪法，驳回了原告的请求，并对是否可以对言论提起事前停止请求、什么要件下可以承认事前停止请求做出了具体的判断。

关于停止请求的依据，最高法院认为，名誉受到违法侵害的人"可以基于作为人格权的名誉权对侵害人提起停止请求，以排除正在进行的侵权行为或防止将来可能发生的侵害，……作为人格权的名誉权与物权同样具有排他性"。关于停止请求的要件法院强调，为了防止对言论事前抑制，必须依据严格且明确的要件。法院认为，本案中对于公职相关人员的批评属于涉及公共利益的事项，对于该种言论的事前停止请求原本不应被允许。但是，在以下情形可以例外地承认对该种言论的事前停止，"其内容明显不真实，或者明显不出于公益目的，且受害人可能遭受重大且十分难以弥补的损害时，该言论的价值明显劣后于受害人的名誉"。

（2）《石中游鱼》案[2] [7]。本案中被告作家与原告是朋友关

---

〔1〕　最判昭和61年6月11日民集40卷4号872頁。

〔2〕　最判平成14年9月24日判時1802号60頁。

系，被告以原告为原型撰写了虚构小说并预备出版单行本，得知该情况的原告主张小说中关于自己生平和脸部伤痕的描写侵害了自己的名誉、隐私和名誉感情，要求出版社与作家禁止出版该小说，并赔偿其精神损害。

最高法院认可了原告的损害赔偿和停止请求，对于停止请求的依据和要件，最高法院肯定了二审判决："原审做出以下判断……，人格价值受到侵害的人，可以基于人格权对侵害人提起停止请求，以排除正在进行的侵权行为或防止将来可能发生的侵害。在哪种情况下认可对侵害行为的停止请求，应留意受害人的社会地位和侵害行为的性质，对因侵害行为受害人可能遭受的不利益，和因停止请求行为人可能遭受的不利益进行比较衡量来决定。然后，侵害行为的发生能明显被预料，受害人可能因此遭受重大且事后不可能弥补或十分难以弥补的损害时，应肯定停止请求权。"

2. 网络言论侵权案件

案［8］和案［9］皆为受到刑事处罚的主体在案发数年后，请求法院删除网络上关于其犯罪前科相关内容的诉讼。这两案中，最高法院对隐私权侵害的停止请求要件、网络侵权言论的删除要件进行了判断，受到理论界的关注。

（1）谷歌搜索结果删除案[1]［8］。关于停止请求权成立的要件和判断方法，最高法院认为，提供搜索结果的行为具有两方面特殊性质：其一，搜索结果的提供的编程反映了搜索引擎运营商的运营方针，具有运营商自身言论行为的侧面；其二，搜索结果的提供支撑了网络上信息的传达和获取，其具有"信息传播基盘"的功能。因此，删除搜索结果会对搜索引擎运营商的言论自由和其"信息传播基盘"的功能造成严重的限制。基于以上性质，记载他人隐私事实的搜索结果是否违法，需要综合考虑涉案事实的性质和内容、传播的范围和受害人遭受损害的程度、受害人的社会地位和影响力、

---

〔1〕　最决平成 29 年 1 月 31 日民集 71 卷 1 号 63 頁。

该报道的目的和意义、报道中记载该隐私事实的必要性等因素，比较衡量涉案事实不被公开的利益和应公开的理由，当前者明显优越于后者时，才能承认搜索结果的删除请求。

关于上述要件的该当性，最高法院认为犯罪前科属于隐私的同时，本案申请人因嫖娼儿童被逮捕的犯罪事实是对儿童的性剥削和性虐待的刑事犯罪，受到社会的强烈谴责，至今仍是涉及公共利益的事项；以申请人的居住地和姓名为关键词进行搜索，相关内容仅为全部搜索结果中的一部分，其传播范围受到一定程度的限制；即使考虑到申请人一直在私企工作且没有再次犯罪这一事实，不被公开的利益没有明显的优越性，原告请求删除搜索结果的暂行处分申请不予认可。

（2）推特发帖删除案[1] [9]。一审法院认可了原告的请求，而二审法院认为推特具有"信息传播基盘"的功能，采用了与谷歌案相同的"明显优越性"要件，否定了原告的请求。最终，最高法院并没有采用"明显优越性"要件，而是通过等价比较衡量的方法肯定了原告的删除请求。

关于停止请求权的依据，法院明确指出，个人的隐私事实不被随意公开的利益受到法律保护，这种人格价值受到侵害的人，可以基于人格权对侵害人提起停止请求。关于停止请求权的要件，法院采纳了与案 [8] 同样的比较衡量的方法和几乎一致的考虑因素，但是，对于二审判决提出的"明显优越性"要件，"即使考虑推特的服务和利用的实情，也无法采纳"。

关于要件的该当性，法院认为，一方面，犯罪前科属于不愿被他人随意知晓的隐私事实；另一方面，其在公共场所实施的绝非轻微的犯罪事实，在本案帖子发布时属于涉及公共利益的事项，然而距口头辩论结束时已过去约8年，刑罚的效力已经消灭。此外本案帖子转载的新闻报道页面已被删除，本案涉及公共利益的程度已经

---

〔1〕 最判令和4年6月24日判夕1507号49頁。

降低；本案帖子的目的是对新闻的转载和速报，而非长期供公众持续阅览；本案帖子以受害人的姓名为关键词在推特上搜索后便会出现，传播到原告身边人的可能性较大；原告以帮助父亲经营为业，而非公职立场的人物。综合考虑以上因素，可以认为本案事实不被公开的法律利益优越于供公众持续阅览的理由，原告的删除请求予以认可。

3. 小结

第一，在案〔6〕中，法院认定名誉权与物权同样具有排他性的同时，对出版、贩卖的事前停止请求提出了非常严格的要件。与之相对，案〔7〕中法院没有要求"明显的违法性"，而是采用较为宽松的要件——通过衡量当事人双方的利益来决定停止请求权是否成立。究其原因，正如案〔7〕二审判决所述，受害人并非公职立场的人员，该小说涉及的事实与公共利益无关。尽管涉案小说引起了很高的社会关注，关于一般个人生平、外貌的描写，其与批评公职人员等与公共利益高度相关的言论具有本质的区别，该小说的文学性等言论自由上的价值不能直接凌驾于受害人的人格权益之上。

第二，与传统媒体侵权案件相比，关于网络言论的案〔8〕和案〔9〕都不要求"重大损害的可能性"。这可能是因为，事前禁止书籍、报刊的出版或贩卖会使某种信息几乎无法传播，极大程度限制了公众的知情权；然而，删除网络上的言论属于事后的停止请求，网络上的删除等措施实施成本较低、大部分措施可以进行复原，并且网络上的信息传播具有迅速扩散、永久留存等特征，容易对受害人的人格权造成难以恢复的深刻损害。

第三，案〔8〕和案〔9〕中，法院在"明显优越性"的要件上存在分歧。多数学说认为，"明显优越性"属于请求删除谷歌搜索结果这一特殊表现形式的要件，而非请求删除网络内容的一般要件[1]，即搜索引擎服务以整个网络平台上的信息为对象，删除搜索

---

[1] 船所宽生「判解」ジュリスト1585号（2023年）107页参照。

结果会极大程度阻碍网络上的信息传播。不过，越来越多的学者提倡网络服务提供者应承担更积极的责任[1]。

四、日本停止请求权要件分析

通过上述判例分析可以发现，公害或私人生活的妨害、传统媒体或网络言论，不同案件类型中法院考虑的侧重点迥然不同。例如，与人格权益进行比较衡量的对象，生活妨害案件中主要为设施的社会和经济价值，名誉和隐私侵害案件中主要为行为人的表现自由和公众知情权；对于侵害行为形态，生活妨害案件中法院重点考察了行为人是否充分实施了民主程序和预防措施等客观侧面，而名誉和隐私侵害案件中，行为人发表言论的目的也是重要的评价对象。另一方面，法院的判断存在共性，在这些案件中，法院都考察了被侵害权益的性质、侵害行为的形态，以及行为与对抗利益之间的关系等。从上诉判例中可以总结出"权益侵害、违法性、因果关系"这三个要件。

（一）权益侵害要件

权益的侵害是停止请求权的前提要件，同时，根据权益性质的不同，要求违法性的程度也不相同。不过，在公害案件中认定受害人的哪种权益遭受了侵害存在复杂性。例如，案［1］和案［2］中法院以包括性的人格权作为依据，而案［3］和案［4］中法院则明确认定身体权利受到侵害。在认定哪种人格权益受到侵害时，法院一般会结合侵害行为的形态和侵害的程度进行判断。即，当排放或使用行为超过一定限度时，或当受害人已经遭受身体上的损害时，更容易构成对生命健康权利的侵害。需要指出，停止请求权的要件不需要实质性损害的发生。对生命健康权利的侵害可能造成医疗费等财产损失以及精神损害，亦有可能仅造成受害人的精神损害。例如，噪声对人的睡眠等日常生活造成严重影响时，即便受害人还未罹患疾病并遭受财产损失，也应当认可健康权利受到了侵害。

---

　［1］　曽我部真裕「『インターネット上の情報流通の基盤』としての検索サービス」論究ジュリスト25号（2018年）47頁、51-53頁参照。

（二）违法性要件

对于是否存在违法性，判例主要确立了以下具体的判断方法和内容：其一，根据侵害权益与侵害行为之间的相关关系进行判断的方法；其二，综合考虑被侵害权益的性质、侵害行为的形态和程度、侵害行为的公共性等因素后，行为是否超过容忍限度的方法；其三，衡量受害人的人格权益和行为人的言论自由价值的方法。具体来说，在生活妨害案件中，涉案设施的地理位置不佳、说明手续和预防措施的不充分等设施管理上的不当行为，受害人遭受侵害的严重性等事实是支持停止请求权成立的考虑因素，而涉案设施具有较强的公共性和社会必要性则是否定停止请求权成立的因素。另外，设施的行政合法性只是考虑因素之一，而非违法性有无的绝对标准。在名誉、隐私侵害的案件中，需要考虑言论的内容与公共利益的关系，言论表达的方法和目的，受害人受到侵害的程度等因素。

停止请求的方法也是决定停止请求是否成立的一个重要因素。例如，在生活妨害案件中，案［3］判决将"原告并非要求全面禁止道路的使用"这一事实作为肯定停止请求的因素。此外，在原告请求禁止被告发行侵害其名誉权的报告书一案中，法院在认可名誉侵害的同时，考虑到报告书的发行范围、原告的身份和地位、侵权内容的分量，仅要求被告在发行报告书时附上更正事实的道歉声明[1]。

（三）因果关系要件

多数判例要求侵害行为具有造成实质性损害的高度盖然性或具体危险性，当侵害仅停留在抽象危险性的阶段时，一般不予认可停止请求权。不过，对于一些具有特殊危险的设施，法院对因果关系的证明进行了一定缓和。例如，当原告相当程度证明了侵害发生的可能性时，应由被告证明不存在侵害发生的高度盖然性[2]；利用"平稳生活权"的概念，尽管生命健康损害发生的高度盖然性难以证

---

〔1〕　东京高判平成 13 年 10 月 24 日判时 1768 号 91 页。

〔2〕　金沢地判平成 18 年 3 月 24 日判夕 1277 号 317 页（核电站案例）。

明，但损害发生的不安合理存在时，可以通过证明"平稳生活"的侵害具有高度盖然性来实现停止请求权[1]。

五、中国人格权请求权要件分析

第一部分中提出了中国人格权请求权的要件论存在的两个问题：其一，人格权请求权是否保护一般人格权，是否有必要区分人格权与人格利益；其二，具体案件应当如何平衡当事人之间的利益。关于第一点，日本判例中可以基于广泛的人格权益提起停止请求，包括平稳生活的利益、景观利益、名誉感情等人格利益，同时，理论和司法实践开始重视权利与利益的区别，不过多数观点并不拘泥于绝对权与否的区分。关于第二点，日本判例中主要通过违法性要件来实现个案中的利益衡量，部分案件中，停止请求权与损害赔偿请求权的判断标准几乎完全一致。不过应当指出，中国人格权请求权的要件不需要与日本的停止请求权一致，而应结合中国民法典的规定与司法实践进行讨论。

（一）利益位阶与动态系统思想

《民法典》第 998 条将生命、身体、健康的物质性人格权与其他人格权区分，反映了利益位阶的思想。当物质性人格权以外的人格权益受到侵害时，认定民事责任需要采取"动态系统论"的思想[2]。此时，民事责任是否成立、要件是否充足，不再通过"全有或全无"的方法，而是通过各种因素的程度和相互补充进行判断。有学者指出，第 998 条采用的"动态系统论"的思想也应适用于人格权请求权[3]。鉴于第 998 条被置于人格权的一般规定中，第 998 条所指的"民事责任"不仅包括侵权损害赔偿责任，还应包括停止侵害、排除妨碍、消除危险等责任。因此笔者认为，判断人格权请求权是否成立也应适用第 998 条规定：在生命、身体、健康的权利

---

〔1〕　仙台地决平成 4 年 2 月 28 日判夕 789 号 107 页（废弃物处理厂案例）。

〔2〕　王利明：《民法典人格权编中动态系统论的采纳与运用》，载《法学家》2020 年第 4 期。

〔3〕　董文：《人格权请求权基础的规范分析——基于〈民法典〉人格权编的规范表达》，载《山东大学学报（哲学社会科学版）》2021 年第 6 期。

受到侵害时，应直接认定人格权请求权成立；在物质性人格权以外的人格权益遭受侵害时，需要考虑加害人的过错等因素来衡量当事人双方的利益。

此外，有学者主张将违法性作为人格权请求权的要件[1]。但是，无论是《中华人民共和国民法通则》（已废止）、《中华人民共和国侵权责任法》（已废止），还是现行《民法典》"侵权责任编"的规定，立法者都没有采纳违法性要件。将《民法典》并未采纳、司法实践中没有完全明确的概念作为人格权请求权的要件，有可能导致法律适用混乱的问题。因此，笔者认为有必要紧扣《民法典》的规定，在权利和过错的结构下讨论人格权请求权的要件。

是否有必要单独承认违法性要件，日本理论界也存在争议。日本《民法》第709条的侵权责任规定也没有提及违法性的概念，不过如第四（二）部分所述，日本司法实践中确立了相关关系、容忍限度等判断方法，明确了违法性判断的具体内容。因此学者认为，尽管违法性与权利侵害和过失的判断具有一定重合，其在日本司法实践上具有一定独立意义：首先，可以通过违法性对行为在法秩序上的价值做出评价；其次，违法性能够支持法院对新型权益进行一定保护[2]。法院对侵害行为的社会必要性的考虑，以及通过违法性的判断给予景观等利益一定保护的手法，反映了上述两种功能。问题是，违法性要件的上述功能是否能融入我国的法律体系当中？

《民法典》第990条的规定具有开放性，其不排斥新型人格权益的产生。某种人格权益是否受到保护，还需要结合侵害行为的形态等因素进行利益衡量，如上文所述，这种利益衡量可以依据第998条规定在权利和过错的结构下进行讨论。侵害行为是否具有公共性，可以结合当事人双方的职业以及社会地位、行为的方式等因素进行考察，当行为涉及公共利益时，受害人权利的保护将受到一定限制；

---

[1]　杨立新：《人格权法》，法律出版社2020年版，第102~104页。

[2]　大塚直「不法行為法における権利論の展開と限界（序説）」中田裕康先生古稀記念『民法学の継承と展開』（有斐閣，2021年）692頁、697頁参照。

侵害行为的形态，可以结合行为的目的、方式、后果等主观和客观的因素进行判断，其一定程度上反映了加害人过错的程度以及受害人权益受侵害的程度。

现在，司法实践中法院如何运用《民法典》第 998 条规定还无法得出定论，不过在人格权侵害禁令申请的第一案中，法院的判断一定程度反映了第 998 条规定的主旨，具有示范意义[1]。法院认为，是否符合《民法典》第 997 条人格权禁令的条件，"结合禁令的特点、效力及影响……应当综合考虑如下四方面因素：①申请人请求保护的权利是否属于其依法享有的人格权；②是否有证据证明被申请人正在实施或者即将实施的行为具有侵害申请人人格权的较大可能性；③如不及时制止相关行为是否将使申请人合法权益受到难以弥补的损害；④作出禁令是否会造成申请人与被申请人之间的利益失衡或损害社会公共利益"。从以上表述可以看出，当行为有侵害申请人人格权的较大可能性时，则属于第 997 条所指的违法行为。在说明第二点"是否具有侵害申请人人格权的较大可能性"时，法院认为"应当综合考虑双方的法律关系、行为的性质、目的、方式等因素进行判断"，申请人"出于维权目的而发布的可能性较大，不同于故意捏造事实、恶意诽谤，某房地产公司作为房地产开发商对此应当予以必要的容忍"。在这里，法院正是在判断行为人的过错程度，并结合第三点和第四点综合衡量了当事人双方的利益。

（二）人格权请求权与侵权责任请求权的关系

我国理论界强调人格权请求权与侵权责任的分离，然而《民法典》第 1167 条仍保留了停止侵害、排除妨碍、消除危险的侵权责任。因此，应当如何理解人格权请求权与侵权责任之间的关系？对此学说上存在两种观点：其一，程啸教授主张"停止侵害、排除妨碍、消除危险"的请求属于绝对权请求权，同时明确强调人格权请

---

[1] 许燕玲：《广州互联网法院对民法典施行后首份人格权侵害禁令申请作出裁定》，载中国法院网，https://www.chinacourt.org/article/detail/2021/01/id/5782110.shtml，最后访问日期：2023 年 12 月 28 日。

求权和第 1167 条仅适用于性质上属于绝对权的权利[1]；其二，王利明教授也认为人格权请求权是绝对权请求权，不过王教授同时认为人格权请求权可以适用于人格权权益，而第 1167 条属于预防性侵权责任规定，能够保护绝对权以外的股权、继承权等民事权益，具有兜底的性质[2]。笔者赞成第二种观点，考虑到各国都存在扩大人格权保护和预防性请求权适用范围的趋势，不应将人格权请求权和第 1167 条责任的范围限制为绝对权。

我国理论强调人格权请求权来自绝对权的人格权的排他效力，然而什么是人格权的排他效力？与物权不同，除了物质性人格权以外，多数人格权并不具备明确的实体。一方面，现代社会个人有权独立自主地决定其人格的发展；另一方面，人不可能脱离社会关系和制度去实现、发展自己的人格，人的姓名、肖像、名誉等人格权依附于社会关系，人很难绝对地支配自己的人格权益。笔者认同人格权具有排除他人干涉的效力，同时，某种人格权益具体能够排除哪些行为的干涉，不能仅通过"绝对权与否"来抽象地决定，而是需要结合该人格权益的目的和侵害行为的性质确定。

因此，关于人格权请求权与侵权责任之间的关系笔者认为，其一，第 1167 条的预防性侵权责任规定起到补充人格权请求权的作用；其二，人格权请求权与侵权责任在保护范围上有重合、在要件上有关联性，人格权请求权和侵权责任都可适用于广泛的人格权权益，物质性人格权以外的人格权受到侵害时，需要依据第 998 条考虑行为人的过错程度等因素判断人格权请求是否成立。

（三）人格权请求权要件之试论

综上所述，《民法典》第 998 条为人格权请求权的要件指出了方向。人格权请求权是否成立，需要动态地考虑"行为人和受害人的职业、影响范围、过错程度，以及行为的目的、方式、后果等因

---

[1] 程啸：《侵权责任法》（第3版），法律出版社 2021 年版，第 746 页。
[2] 王利明：《论人格权请求权与侵权损害赔偿请求权的分离》，载《中国法学》2019 年第 1 期。

素"。另外，"动态系统论"的思想更要求衡量法律背后的基本原理和价值。因此笔者认为，人格权请求权的要件应围绕以下四个因素展开：其一，人格权益的重要性程度；其二，侵害行为的过错程度；其三，对抗利益的重要性程度；其四，人格权请求权适用或不适用时当事人受到影响的程度。具体示例如下：

首先，生命、身体和健康受到侵害时，除非有法律或最高人民法院司法解释明确规定的免责事由，否则应立即承认人格权请求权。其次，《民法典》明确规定的名誉、隐私、肖像等人格权受到侵害时，一般需考虑行为人的过错程度。不过，具体案件中需要考虑的因素和程度有所不同，例如，侵害名誉权的言论涉及公共利益时，可适用于《民法典》第1025条的规定，当行为人有捏造、歪曲事实等重大过错的情形下可承认人格权请求权；相反，当侵害行为不涉及公共利益或公众正当的关心时应全部或部分承认人格权请求权。此外，实现人格权请求权的具体方法会对其他因素的考虑产生影响。例如，防止网络上人格权侵害的手段具有多样性，可以要求删除、更正全部或部分内容，添付当事人回应文，必要时还可禁止用户发表类似言论等。当人格权请求权的方法会对公共利益和他人正当利益造成重大限制时，应衡量人格权请求权的效果和受害人可能遭受的损害后果，只有在行为人可能遭受重大损害时才可承认人格权请求权。最后，基于人身自由、人格尊严产生的新型人格权益受到侵害时——例如祭奠权[1]，该种人格权益涉及人的主观感受、具有外延不明确的问题，应更加慎重考虑人格权请求权的适用，因此一般需要行为人具有重大的过错，或受害人可能遭受难以弥补的损害时，才可承认人格权请求权。需要指出，人格权与人格利益的区分、某种人格权益受到保护的程度可能会随着社会观念变化而发生改变。

六、总结

民法是以人为本的法律，人格权请求权将发挥越来越重要的作

---

　〔1〕于某某1、于某某2等一般人格权纠纷案，天津市第一中级人民法院（2022）津01民终3984号民事判决书。

用。日本的生活妨害案件中，基于人格权的停止请求权曾经仅被视为对物权请求权的补充，但时至今日，人格权说已成为判例和理论的主流立场。这可能是因为，比起财产关系，越来越多的判例和理论开始重视人与人之间的关系。人生活在社会之中不可避免地会受到他人行为的影响，然而，人之"人格"在社会关系中往往非常脆弱，现实生活中存在众多不必忍受的对"人格"的干涉。人格权请求权的产生并非简单地源自绝对权的排他效力，还来自保护人格免受不合理干涉的现实必要性。承认人格权请求权的独立性、界定"人格"不受干涉的范围，具有重大意义。

另外，承认人格权请求权的独立性，不需要一味强调人格权请求权与侵权责任的区别，人格权请求权与侵权责任的具体要件之间既有差异又存在联系。从条文来看，《民法典》第995条的人格权请求权一般规定没有限制人格权保护的范围。然而，过于宽泛的保护可能会导致适用困难的问题。因此笔者认为，必须在保护权益和具体效果的关联之下对人格权请求权的要件做出一定限制，以平衡当事人之间的利益。如何平衡当事人之间的利益，可以利用侵权责任中的过错要件，还应运用《民法典》第998条提供的思考范式。人格权请求权的适用离不开对案例的实证分析，只有这样《民法典》关于人格权请求权的创新规定才能保持强大的生命力。

从人身监护到人身保护

——日本成年监护制度的新发展

李淑梦*

序 论

现行日本成年监护制度实施于 2000 年，分为法定监护和意定监护两大类，其中，法定监护又细分为监护、保佐和辅助三种[1]。制度的保护对象是因为精神障碍导致判断能力不足的成年人，他们在签订契约等法律行为上存在意思决定的困难。通过监护人等[2]的支援，可以补足被监护人等的判断能力，保护其人身和财产等权利。监护人等的职责主要分为"人身保护"和"财产管理"两类。其中，人身保护是指在被监护人等的生活、疗养看护等方面提供监护保护的职责。过去，人身保护一直被称为"人身监护"。这是因为日本成年监护的理论和立法中并未对此有明确的称呼，于是立法者和

---

* 李淑梦，北海道大学法学研究科民法专业博士研究生。本文的写作得到"日本 JST 次世代研究者挑战计划"（项目编号：JPMJSP2119）博士生奖学金的资助。

〔1〕 日本成年监护制度被称为"成年后见制度"（日文：成年後見制度）。"后见"一词最早用于指代日本歌舞伎舞台上的辅助角色。"后见"演员会遮住脸登场，其中全身穿着黑色衣服的"后见人"被称为"黑衣"。在表演中，约定黑色是看不见的颜色，所以"黑衣"在舞台上也是看不见的。之后，"后见"一词被引入法律制度中，寓意有人站在判断能力不足者的身后提供支援。我国法律中对该制度一贯称为"监护制度"，因此本文在介绍时仍使用"监护"一词。

〔2〕 "监护人等"一词是监护人、保佐人、辅助人、意定监护人及监督人的统称。同样，"被监护人等"是被监护人、被保佐人、被辅助人及意定被监护人的统称。使用监护人和被监护人的称呼时则仅指代法定监护中的"监护"这一类型中的当事人。

学者借用了未成年亲权制度中的 "人身监护"[1] 一词。然而，直接将亲权制度中的称呼套用在成年监护制度中并不妥当，两者的内涵并不相同。例如，在亲权制度中，作为亲权人的父母可以对未成年人进行惩戒，而在成年监护制度中，监护人等并没有惩戒权。

2016 年，日本公布并实施了《成年监护制度利用促进法》（以下简称《利用促进法》)[2]。这是继 1999 年之后，时隔多年公布的又一部重要法律[3]。引人注意的是，《利用促进法》将 "人身监护" 修改为 "人身保护"[4]。这一变更凸显出对人身保障在制度中独特性的重视，使其成为司法实务、理论探讨和立法发展的重点。因此，本文聚焦日本成年监护制度中的 "人身保护" 这一主题，探讨其演变历程及最新发展。

一、人身保护的前身：人身监护的确立过程

（一）人身监护是财产管理的一环

成年监护制度的前身是禁治产制度，其中并没有直接规定人身监护的内容。人身监护这一概念也不是一开始就存在的，而是在探讨过程中逐渐产生的新概念（最初，人身监护甚至被认为是日常生活照料[5]）。讨论人身监护时，涉及的法律条文仅有旧《民法》第858 条。该条第 1 项规定："禁治产者的监护人必须根据禁治产者的

---

〔1〕 日本民法亲权制度中的 "人身监护"，包括对未成年人的 "监护教育、居所指定、惩戒、职业许可" 等内容。

〔2〕《利用促进法》(「成年後見制度の利用の促進に関する法律」) 于 2016 年 5 月13 日实施。

〔3〕「民法の一部を改正する法律（法律 149 号）」「任意後見契約に関する法律（法律 150 号）」「民法の一部を改正する法律の施行に伴う関係法律の整備等に関する法律（法律 151 号）」「後見登記等に関する法律（法律 152 号）」。有关成年监护制度的利用状况及《利用促进法》实施的相关内容，参见何心蕙：《日本成年监护制度的现状及利用促进法的实施——兼论对我国的启示》，载于宪会主编：《日本法研究》（第 4 卷·2018)，中国政法大学出版社 2018 年版，第 48~70 页，本文不再过多赘述。

〔4〕 日文中将「身上監護」变更为「身上保護」。

〔5〕 小賀野晶一『成年身上監護制度論——日本法制における権利保障と成年後見法の展望』（信山社，2000 年）53 頁参照。书中第 2 章「成年身上監護制度論の基礎」是在之前发表的「成年身上監護制度論（1）~（4·完）」（ジュリスト 1090 号·1092号·1093 号·1094 号，1996 年）的基础上修订的。

资力来努力进行疗养看护。"[1] "疗养看护"被认为是人身监护，但此时的人身监护却是以财产为基准的，与财产无关的其他涉及人身方面的事项并不属于监护职责的范畴。对此，田山辉明教授指出："疗养看护的范围有限，无法涵盖所有与人身相关的内容。并且，疗养看护与生活照料等事实行为的界限也并不清晰。"[2] 由此可以看出，在忽视人身监护偏重财产管理的禁治产制度中，保障人身权利的法律基础是极其不充分的。

伴随日本少子老龄化的加深，痴呆症老人、独居老人及高龄夫妇的比例不断增加。禁治产制度无法应对社会中日益增长的监护需求，改革势在必行。在此背景下，1995 年日本法务省民事局设立了"成年监护问题研究会"，于 1997 年发表了《成年监护问题研究会报告书》。研究会中的有力说（少数说）认为："人身监护应从监护人等在进行与财产管理相关的法律行为时应尽的善良注意义务的角度来理解，否定将人身监护与财产管理独立开"[3]，其理由主要有以下两点：

其一，由于无法强制要求赡养义务人履行赡养义务，如果对监护人等强加人身监护的义务，可能会导致监护人等在现实中承担起生活照料的职责。

其二，由于大多数涉及人身监护的事项都可以归结为行使财产管理权，因此没有必要将其规定为单独的职责。

学界也有类似观点。内田贵教授认为："对无产的高龄者和残疾人的保障不应是民法成年监护制度所调整的内容，而是应当在民法之外的社会福利法领域中发挥作用。"[4] 米仓明教授将人身监护的

---

〔1〕 日本旧民法第 858 条：①禁治産者の後見人は、禁治産者の資力に応じて、その療養看護に努めなければならない。②禁治産者を精神病院その他これに準じる施設に入れるには、家庭裁判所の許可を得なければならない。

〔2〕 田山輝明『成年後見法制の研究（上巻）』（成文堂，2000 年）69 頁。

〔3〕 成年後見問題研究会『成年後見問題研究会報告書』（法務省民事局参事官室，1997 年）47 頁。

〔4〕 内田貴『民法Ⅰ（初版）』（東京大学出版社，1994 年）119 頁。

事项分为两类，道垣内弘人教授对此进一步强调："前者是在医疗手术等问题上的同意权和决定权，但这不在成年监护制度的范围内；后者是在需要长期护理时，与护理机构和人员签订合同，其本质上还是财产管理或财产行为。"[1]星野英一教授指出："由于成年监护制度与行为能力制度密切相关，而行为能力制度又被认为仅适用于财产管理。因此，成年监护制度也只与有产者的交易行为有关，以财产管理为中心也是理所应当的。"[2]床谷文雄教授也认为："监护人的作用是利用现有的资产和未来可获得的财产，为被监护人提供更好的生活条件，成年监护人本质上就是财产管理者。"[3]

总之，研究会中的有力说（少数说）和同时期的多数学者的观点认为：成年监护制度主要是财产管理制度，而在财产管理的过程中要兼顾人身方面的需求。这一观点将财产管理视为成年监护的核心，将有产者的人身监护视为财产管理的一部分。如此一来，无产者或低收入者的人身监护需求就被排除在成年监护制度之外。究其根本，该观点欠缺了对人身监护独立性的认识。

（二）人身监护是有别于财产管理的监护职责中的一环

与前述观点相反的是，研究会中的多数说认为："应当将旧《民法》第858条中的疗养看护在新法中以人身监护的形式重新讨论"[4]，其理由主要有以下四点：

其一，随着日本社会的高龄化，高龄夫妇和独居老人的数量不断增加。这些群体中对日常生活及医疗上的支援需求也在不断增加。因此，有必要赋予监护人等一定的人身监护权。

其二，不应当将人身监护理解为是生活照料，而是在人身方面

---

〔1〕 道垣内弘人「成年後見制度試案（二）」ジュリスト1075号（1995年）94頁。

〔2〕 星野英一「成年後見制度と立法過程~星野英一先生に聞く」ジュリスト1172号（2000年）6頁。

〔3〕 床谷文雄「成年後見における身上配慮義務」民商法雑誌122巻4・5号（2000年）549頁。

〔4〕 成年後見問題研究会『成年後見問題研究会報告書』（法務省民事局参事官室，1997年）46頁。

事项上的决定权及监督权。

其三，财产管理并非仅为了本人的财产，也是为了使本人能有更好更健康的生活。换句话说，财产管理是为人身监护服务的。

其四，其他国家纷纷在成年监护领域内加强了对人身监护的立法规定。

多数说的支持者讨论了与人身监护相关的 60 余项事务后，总结出人身监护就是在以下事务上签订合同和支付相应的费用[1]：①健康方面的就诊、治疗和住院；②确保本人的住所；③养老院等设施的入居和退居（包括对设施内待遇的监视和提出异议等）；④长期护理和生活维持；⑤教育和康复训练。

学说方面，小贺野晶一教授的观点是："应当将人身监护纳入私法（民法）中，以特别法的形式构建，并提出了立法提案。"[2] 该观点一改过去将人身监护作为财产管理附属品的地位，强调人身监护才是成年监护制度的核心。按照旧制度的规定，如只考虑有财产管理需求的禁治产者的人身监护，是对制度利用对象的筛选，显然是在法律适用上的不公平。因此，修改旧制度应体现出人身监护的独立性，使有此需求的无产者和低收入者也能成为利用者。

随后，以研究会的讨论为基础，日本法制审议会民法部会设立了"成年监护小委员会"，正式启动对新法修正案的讨论，于 1988年公布了《成年监护制度修正案草案》《成年监护制度修正案草案概要》及《成年监护制度修正案补充说明》[3]。《成年监护制度修正案草案》中指出："监护人等的职责大体上分为财产管理和人身监护，但在实际的监护过程中二者是密不可分的"[4]，对新法提出了

---

〔1〕 成年後見問題研究会『成年後見問題研究会報告書』（法務省民事局参事官室，1997 年）47 頁参照。

〔2〕 小賀野晶一『成年身上監護制度論——日本法制における権利保障と成年後見法の展望』（信山社，2000 年）77 頁。

〔3〕 法務省民事局参事官室『成年後見制度の改正に関する要綱試案の解説—要綱試案・概要・補足説明—』（金融財政事情研究会，1998 年）。

〔4〕 法務省民事局参事官室『成年後見制度の改正に関する要綱試案』（金融財政事情研究会，1998 年）ix 頁。

两点建议：

其一，在旧《民法》第 858 条的基础上新增原则性的规定，将人身监护纳入监护人的职责范畴，并规定在监护的全过程中都要尊重被监护人的意愿。

其二，监护人在处分本人居住用的不动产时，必须获得家庭法院的许可。

此外，旧制度中仅在法定监护的"监护"中涉及人身监护，《成年监护制度修正案草案概要》中指出："按照意定监护合同，委托人可以将自己的事务全部或部分委托给受托人，其中不仅财产管理，也应包含人身监护。"[1] 基于之前研究会上总结出的人身监护的内容，《成年监护制度修正案补充说明》进一步确定为：①与医疗相关的事项；②与确保住所相关的事项；③与设施的入居退居、设施中待遇的监督和提出异议等相关的事项；④与长期护理、生活维持相关的事项；⑤与教育、康复训练相关的事项上签订合同、监督合同的履行、支付相应的费用、辅助合同的履行等[2]。

《成年监护制度修正案草案》等文件的公布，明确否定了"人身监护可以全部纳入财产管理范畴"的观点，从正面强调了人身监护是独立于财产管理的监护职责中的一环，并将人身监护的适用范围从法定监护扩展到意定监护，进一步丰富了人身监护的具体内容。

（三）人身监护在成年监护制度中的确立

《成年监护制度修正案草案》公布之后，汇总社会各界的意见，于 1999 年 1 月公布了《民法部分修正案草案》，明确要在新法中创设有关人身监护的原则性规定和具体规定[3]。草案对原则性规定的

〔1〕 法務省民事局参事官室『成年後見制度の改正に関する要網試案概要』（金融財政事情研究会，1998 年）11-12 頁参照。

〔2〕 法務省民事局参事官室『成年後見制度の改正に関する要網試案補足説明』（金融財政事情研究会，1998 年）41 頁参照。

〔3〕 法務省民事局「『民法の一部を改正する法律案等要綱』の概要」（1999 年 2 月），載法務省 HP，https://www.moj.go.jp/shingi1/shingi_990216-4.html，最后访问日期：2024 年 6 月 30 日。

建议是："考虑到尊重本人的自主决定权和人身监护的重要性，监护人在履行人身监护（生活、疗养看护）和财产管理的监护职责时，必须尊重被监护人的意愿，顾及被监护人的身心状况和生活条件；同时建议删除旧《民法》第 858 条第 2 项有关精神病院或其他类似机构的入院必须得到家庭法院的许可的规定。"对具体规定的建议是："成年监护人在处分本人居住用不动产时，必须获得家庭法院的许可。"居住环境的变化会对本人身心及生活产生巨大的影响，在处分居住用的不动产时必须慎重。这一建议也明确了对居住用不动产的处分不应当归于财产管理范畴，而应归于人身监护的范畴。

随后，日本在 1999 年 12 月陆续公布了 4 部法律，成年监护制度于 2000 年 4 月 1 日起正式实施。新法原则上采纳了草案的建议，以《民法》第 858 条为原则性规定："监护人在处理与被监护人的生活、疗养看护和财产管理有关的事务时，必须尊重成年被监护人的意愿，并顾及成年被监护人的身心状况和生活条件。"[1] 新法在法定监护的"监护"和"保佐"的基础上又新增了"辅助"这一类型。日本《民法》第 858 条的规定也同样适用于保佐（日本《民法》第 876 条之 5 第 1 项）和辅助（日本《民法》第 876 条之 10 第1 项）。在民法之外，通过特别法确立的《意定监护合同法》中，第 2 条第 1 项规定："本人可以将涉及生活、疗养看护和财产管理的全部或部分事务与受托人签订意定监护合同。"[2] 至此，无论是在法定监护还是意定监护中，都明确了人身监护的规定。此外，作为人身监护的具体规定之一，日本《民法》第 859 条之 3 规定："成年监

---

〔1〕 日本民法第 858 条（成年被後見人の意思の尊重及び身上の配慮）：成年後見人は、成年被後見人の生活、療養看護及び財産の管理に関する事務を行うに当たっては、成年被後見人の意思を尊重し、かつ、その心身の状態及び生活の状況に配慮しなければならない。

〔2〕 日本任意後見法第 2 条（定義）：任意後見契約。委任者が、受任者に対し、精神上の障害により事理を弁識する能力が不十分な状況における自己の生活、療養看護及び財産の管理に関する事務の全部又は一部を委託し、その委託に係る事務について代理権を付与する委任契約であって、任意後見監督人が選任された時からその効力を生ずる旨の定めのあるものをいう。

护人代替成年被监护人，将其居住用的建筑物或用地进行出售、出租、解除租借或设定抵押权及其他类似处分时，必须获得家庭法院的许可。"[1]

尽管在现行成年监护制度中对人身监护的规定仅有原则性规定和个别的具体规定，但人身监护的独立性得到肯定，奠定了其在后续发展中的基础。在研究会和小委员会的讨论中形成的人身监护的具体内容，虽然没有全部规定在民法修正案中，却也得到了学界和实务界的广泛认可。

二、人身监护确立后的"一个明确"和"一个转变"

（一）明确了人身照料的法律性质

日本《民法》第858条的标题为"尊重成年被监护人的意愿及人身照料"。新法实施后，该条中"人身照料"的法律性质存在一定的争议和讨论，主要聚焦在两个问题上：第一，人身照料是人身监护吗？第二，人身照料义务是日本《民法》第644条中在委托合同中规定的善管注意义务吗？

对于第一个问题，《民法》第858条要求成年监护人在处理与被监护人的生活、疗养看护及财产管理有关的监护事务时，必须顾及本人的身心状况及生活状况。其中的"生活、疗养看护"是人身监护，而人身照料则是在人身监护和财产管理的过程中都需要注意的内容。立法负责人对此表示："第858条在理念上明确了人身照料是处理监护事务时的指导原则，有助于提高与人身方面相关的成年监护人的职责和机能的实效性。"[2] 因此，人身照料的法律性质不是人身监护，而是人身监护和财产管理所共同涵盖的概念，在监护的全过程中都应当注意的内容。同时，日本《民法》第858条将旧法

[1] 日本民法第859条の3（成年被後見人の居住用不動産の処分についての許可）：成年後見人は、成年被後見人に代わって、その居住の用に供する建物又はその敷地について、売却、賃貸、賃貸借の解除又は抵当権の設定その他これらに準ずる処分をするには、家庭裁判所の許可を得なければならない。

[2] 小林昭彦・原司『平成11年民法一部改正法等の解説』（法曹会，2002年）259頁。

中的"疗养看护"扩展到"生活、疗养看护"，扩充了人身监护的范围。

对于第二个问题，日本《民法》第869条（监护）、第876条之5第2项（保佐）、第876条之10第1项（辅助）都规定要准用第644条中有关委托合同的规定；意定监护合同的本质是委托合同，在没有特别规定的情况下，也应当准用民法中有关委托合同的规定。日本《民法》第644条规定："受委托人有义务依照委托宗旨，以良好管理人的注意处理委托事务。"[1] 那么，成年监护制度中的人身照料义务和第644条的善管注意义务之间有何关系？如果二者的内涵相同，在新法中规定人身照料的意义又是什么？如果二者的内涵不同，人身照料的独特性又体现在哪里？

立法负责人指出："人身照料义务是《民法》第644条善管注意义务在成年监护制度中的具体体现。"[2] 类似的规定如日本《公司法》第355条[3]中董事对公司的忠诚义务也是日本《民法》第644条在《公司法》上的具体体现。此外，人身照料除了是第644条的延伸外，也具有独特意义。由于旧法中"根据禁治产者的资力来努力进行疗养看护"的规定，监护人在履行监护职责时的善管注意义务更容易偏向于财产管理。新法的独特性意义在于将旧法中"在财产管理中"扩充到"在人身监护和财产管理中"，从而在民法这一法律层面强调了人身监护和财产管理的平等法律地位。

（二）转变了财产管理的指导理念

禁治产制度的核心是财产管理，监护人等在进行财产管理时多以"财产保全"为指导理念。财产管理的目的一方面是防止本人滥用财产，另一方面是防止财产受到他人的不法侵害。这种消极的财

---

〔1〕 日本民法第644条（受任者の注意義務）：受任者は、委任の本旨に従い、善良な管理者の注意をもって、委任事務を処理する義務を負う。

〔2〕 小林昭彦・大鷹一郎『わかりやすい新成年後見制度［新版］』（有斐閣、2000年）39頁。

〔3〕 日本会社法第335条（忠実義務）：取締役は、法令及び定款並びに株主総会の決議を遵守し、株式会社のため忠実にその職務を行わなければならない。

产保全模式抑制了监护人等在人身监护方面的决策。例如，在接受教育等问题上，监护人等的态度多是回避或拒绝。尽管新法明确区分了人身监护和财产管理，但在具体的监护职责中，二者并没有绝对的界限，更多的是相互关联、相互影响。监护人等在财产管理过程中，需要考虑本人在人身监护方面的需求；而在人身监护事项上签订的合同也多是有偿合同，也要考虑到被监护人等的资产状况。需要特别注意的是，不能因为人身监护中涉及"费用支付"，就认为成年监护制度的核心是财产管理。相反，人身监护才是该制度的核心。

人身监护的独立性被立法确认后，为了更好地保障本人在人身方面的需求，有必要将财产管理的指导理念从"财产保全"转换为"财产活用"。即，为了追求本人的幸福生活，应积极利用这些财产。一方面，将这些财产积极用于人身监护事项上；另一方面，妥善将财产用于投资使其增值。

不过，要求监护人等以"财产活用"为理念进行财产管理也会带来一定的挑战。首先，监护人等需要具备一定的专业知识。在"财产保全"模式下，监护人等只需要将财产做好登记并保存好相关证件即可。但在"财产活用"模式下，监护人等不仅需要具备专业知识，还需要有准确的判断能力。选择专业人士（或法人）进行财产管理或许是一个好的方式，但这也意味着需要支付相应的报酬。其次，"财产活用"可能导致监护人等与本人的亲属之间产生矛盾冲突。特别是在本人是高龄老人时，从亲属的立场来看，财产越被活用，作为"遗产"的资产就越可能减少。因此，无论监护人等是由亲属还是由第三人担任，与其他亲属之间的关系及是否能妥善地沟通也是重点考虑的因素之一。

三、人身保护的确立：学说、国际动态与立法的共同推动

人身监护自确立之初一直处于边缘地带，未能引起足够的关注。虽然强调了人身监护应当比财产管理受到更多的重视，但在最终的立法结果上，与人身监护相关的法律条文仍屈指可数，并且内容也

较为模糊。过去，成年监护制度理念是"尊重本人的意愿""尊重自己的决定"和"平常化"[1]，也没有体现对人身监护的足够重视。制度实施十年后，新井诚教授指出："尽管人身监护的需求在增加，但成年监护制度本身对人身监护的事务仍坚持着极为谦抑的立场。"[2] 虽然对人身监护的探讨和立法远不如财产管理，但近年来，在学说、国际动态与立法的共同推动下，人身监护终于成功迈向人身保护。

（一）学说的发展

在学说上，以小贺野教授和上山泰教授为代表的学者聚焦人身监护，提出了相应的主张，成为近年来的有力学说。

1. 小贺野说

民法与社会福利法的融合成为当代社会的显著特征。小贺野教授是最早对人身监护这一主题进行全面论述的学者。最初认为人身监护应该由社会福利法所调整的主要原因是将其理解为生活照料。日本在成年监护制度改革的同时，也创设了"介护保险制度"（即长期护理保险制度）。介护保险制度解决了被保险人在生活照料上的困境，同时也明确了人身监护并不包括介护这一事实行为。小贺野教授认为："日本的民法和社会福利法的融合在当代社会是显著的，尤其是介护保险制度的创设，改变了传统的民法体系，将民法和社会福利法以契约为媒介紧密联系起来"[3]，并批判了将人身监护理解为事实行为从而加重监护人等在生活照料上负担的观点[4]。

---

〔1〕 小林昭彦・原司『平成 11 年民法一部改正法等の解説』（法曹会，2002 年）3 頁参照。平常化（日语：ノーマライゼーション；英语：normalization）：这是一个社会福利领域的用语，指的是不对社会的弱者（如残疾人、高龄者等）进行特殊化或隔离，而是让他们与一般人一样享有平等的权利和尊严，参与到社会生活中。

〔2〕 新井誠「『横浜宣言』と成年後見制度の改革」ジュリスト1415 号（2011 年）3 頁。

〔3〕 小賀野晶一『成年身上監護制度論——日本法制における権利保障と成年後見法の展望』（信山社，2000 年）33 頁。

〔4〕 小賀野晶一『成年身上監護制度論——日本法制における権利保障と成年後見法の展望』（信山社，2000 年）67 頁。

小贺野教授在《人身监护法》的立法提案中指出："人身监护的客体是在维持生活基本能力（包括精神认知能力或意思沟通能力）上有所减退的人；人身监护是指在介护、医疗等方面有需要的被监护人等作出相应的决定和安排有困难时，由监护人等提供相应的支援。"[1] 小贺野教授提出的另一种立法方式是修改日本《民法》将人身监护的相关内容纳入《民法》中，或是在《民法》第4编第5章之后追加，或是修改第858条，以第858条之2、第858条之3的形式追加[2]。关于人身监护的具体范畴，小贺野教授将其大致分为三类，即社会福利上的事务（签订介护合同等）、医疗上的事务（签订医疗合同等）、生活上的事务（签订有关衣食住行的合同等）[3]。

2. 上山说

财产管理是为了本人的全部生活。首先，上山教授肯定了："成年监护制度的立法摆脱了一直以来偏重财产管理事项的姿势，积极承认监护职责中所包含的人身监护。"[4] 其次，上山教授指出："人身监护和财产管理是一体的，应当将'为了财产管理的财产管理'转变为'为了本人的财产管理'，财产管理的目的是将财产应用到本人生活的全方面上。"[5] 如今，包括社会福利性质的服务在内的商品和服务大多都是有偿的，因此在人身监护中也伴随着不同程度的财产支出。实践中，监护职责的大部分都涉及人身监护和财产管理两方面，二者的区别只不过是在个案中所占比例的多少。尽管在很多情况下不必严格定义某项事务是人身监护还是财产管理，但在选

---

〔1〕 小賀野晶一『成年身上監護制度論——日本法制における権利保障と成年後見法の展望』（信山社，2000年）76-128頁参照。

〔2〕 小賀野晶一『成年身上監護制度論——日本法制における権利保障と成年後見法の展望』（信山社，2000年）129頁。

〔3〕 小賀野晶一「身上監護の職務と意思の尊重及び身上配慮の義務」赤沼康弘編『成年後見制度をめぐる諸問題』（新日本法規，2012年）184-185頁参照。

〔4〕 上山泰『成年後見と身上配慮』（筒井書房，2003年）79頁。

〔5〕 上山泰『専門職後見人と身上監護（第3版）』（民事法研究会，2015年）77頁。

择复数监护人的案件中，二者的区别就变得十分重要。对此，上山教授指出："在①医疗；②确保住所；③设施的入退所、设施中待遇的监督和异议的申请；④介护、生活维持；⑤教育、康复训练；⑥工作；⑦娱乐活动等相关的事务上，人身监护的色彩更为浓厚。"[1]

小贺野说和上山说的观点虽然侧重不同，前者强调人身监护本身的重要性，后者强调人身监护和财产管理的一体性，但都指出了成年监护制度的本质是为了本人的福利和幸福。两位学者的观点都立足于日本社会的变化，指出现有的成年监护制度中对人身监护的规定较为薄弱，今后的制度构造应当以人身监护为核心。

（二）国际的动态

1.《残疾人权利公约》——以人身权利为主要内容的协定

《残疾人权利公约》（Convention on the Rights of Persons with Disabilities，以下简称《公约》）于 2006 年 12 月 13 日在第 61 届联合国大会上一致同意通过，2008 年 5 月 3 日起生效。日本于 2007 年 9 月 28 日签署加入《公约》。2014 年 1 月 20 日《公约》正式在日本生效[2]。《公约》的宗旨是促进、保护和确保所有残疾人充分和平等地享有一切人权和基本自由，并促进对残疾人固有尊严的尊重。《公约》中的残疾人指的是长期在身体、精神、认知和感觉上有机能性障碍的人。日本成年监护制度中的被监护人等是因为精神障碍导致的判断能力欠缺的人，属于公约中所说的残疾人范围。因此，《公约》在日本生效后，其内容将指导成年监护制度的发展方向。

《公约》全文共 50 条，其中第 9 条至第 30 条规定了各缔约国在保障残疾人权利方面的具体义务。在这些具体义务中，与财产权利相关的规定仅有第 12 条第 5 项。相反，在人身权利方面，有第 24 条的教育；第 25 条的健康；第 26 条的适应训练和康复；第 29 条的

---

[1] 上山泰『専門職後見人と身上監護（第 3 版）』（民事法研究会，2015 年）119-120 頁参照。

[2]《公约》的日文为：「障害者の権利に関する条約」。

参与政治和公共生活；第 30 条的参与文化生活、娱乐、休闲和体育活动等多条规定。可以说《公约》就是以保障残疾人的人身权利为主要内容的协定。

2.《横滨宣言》——不应以资产的多寡来提供监护支援

2010 年 10 月 4 日，在日本横滨召开了第 1 届世界成年监护法大会。此次会议上形成的《横滨宣言》，经过 2016 年 9 月 16 日在德国召开的第 4 届世界成年监护法大会的修订，成为我们如今看到的《横滨宣言》。《横滨宣言》全面肯定了《公约》的内容，并指出日本现行法上监护人等仅对本人的财产拥有代理权，而代理权不应该局限于财产管理，应予以修改。因此，应尽快摆脱传统观念的束缚，满足利用者在人身方面保障的需求，特别是目前的成年监护制度中没有明确承认监护人等对本人的医疗同意权，这点迫切需要进行讨论和修改。《横滨宣言》强调，对成年人的法律支援和保护制度应定位为"任何人都可以利用的制度"，不论使用者的资产多寡。因此，行政部门必须建立公共支援系统，实现对成年人的法律支援和保障的社会化，进一步扩大和加强对成年人的法律支持和制度运行。也就是说，成年监护制度不该与资产的多寡挂钩，应是在法律支援之下，使被监护人等在住宅、医疗和社会保障等人身方面均能享有平等保护的制度。

过去一直侧重于财产方面的保障，忽视了人身方面的需求。《公约》强调并规定了多项与人身权利相关的具体规定，《横滨宣言》也指出在成年监护领域中应加强对人身监护的保障。这些国际上的动态进一步推动了日本成年监护制度中人身监护的发展。

（三）立法的确立

受学说以及《公约》和《横滨宣言》的影响，日本在 2016 年 4 月的第 190 届通常国会众议院会议上通过了《利用促进法》和《促进成年监护事务顺利进行的民法及家事事件诉讼法的部分修正法》（以下简称《平成 28 年民法部分修正法》）。

《利用促进法》中将人身监护正式变更为人身保护。《利用促进法》第 3 条第 1 项规定："促进成年监护制度利用的基本理念是，尊重被监护人等的个人尊严，保障其过上与尊严相符的生活；支持被监护人等的意思决定，并尊重其自主意思；保障被监护人等的财产管理和人身保护。使被监护人等与其他人一样平等地享有基本人权。"在之前的三大基本理念中，"尊重本人的意愿"和"尊重自己的决定"的含义大致相同，存在重复性表述。《利用促进法》中明确了人身保护作为基本理念之后，更加现代化的日本成年监护制度的基本理念被确立为：尊重自主决定、重视人身保护和平常化。新的基本理念也得到了学界的肯定[1]。

在人身保护事项上，监护人等拥有在医疗、长期护理等方面与第三方签订合同的权利。其中是否包括医疗同意权一直是讨论的焦点，未能达成明确有效的结论。对此，《利用促进法》第 11 条规定："对于在接受医疗、长期护理等方面的意思决定上有困难的成年人，为了使其能顺利地接受医疗、长期护理等服务，有必要对监护人等的职责范围进行讨论，并采取必要措施。"按照此要求，接下来应当对人身保护的范围进行慎重的再讨论，力求早日形成明确结果。此外，监护人等该以何种方式支援被监护人等在医疗等方面作出决定也是接下来需要探讨的重点问题之一。

同时，《平成 28 年民法部分修正法》中新增了关于邮件管理和被监护人死亡之后监护人权限的规定。家庭法院认为有必要时（仅在法定监护的"监护"中），可以委托邮件的送达者将寄往被监护人的邮件等配送给成年监护人，监护人有权开封邮件（日本《民法》第 860 条之 2、第 860 条之 3）。明确监护人在被监护人死亡后仍可执行一定的监护职责（日本《民法》第 873 条之 2），但是在缔结与遗体的火化或埋葬相关的合同时，必须经过家庭法院的许可（同条但书）。信件涉及本人隐私，遗体被视为是个人尊严的延伸，二者应属于人身保护的范畴。

---

[1] 山野目章夫編『新注釈民法（1）総則（1）』（有斐閣，2018 年）488 頁参照。

综上，日本学界已经承认成年监护制度的核心是对人身方面的保障，受《公约》和《横滨宣言》的影响，《利用促进法》正式将人身监护修改为人身保护，《平成 28 年民法部分修正法》也新增了两项具体规定，但是在人身保护的具体职责范围上仍有部分内容未形成明确的结论，相关立法仍有空白。

四、人身保护的新发展：基本计划[1]的推动和改革的动向

（一）《基本计划Ⅰ》进一步推动人身保护的发展

2017 年，日本内阁公布了《基本计划Ⅰ》，实施期间自 2017 年至 2021 年。《基本计划Ⅰ》提出了今后成年监护制度应用上的目标："①进一步改善制度的规定并促进制度的运用，让利用者能够切实感受到成年监护制度的好处；②在每个地区建立起区域合作网络，以便所有有需要的人都能利用成年监护制度；③一方面防止不正当行为，另一方面平衡制度利用的便利性，建设让利用者能安心使用的环境；④重新审视涉及限制被监护人等权利的措施。"[2] 在作为首要目标的①中，《基本计划Ⅰ》指出："成年监护制度不仅要重视财产管理，更要重视人身保护，使利用者能够真正受益。尤其是对于残疾人来说，人身保护尤为重要。要考虑残疾人从机构或医院转移到社区后的生活、就业和社会参与需求，消除他们从医学模型转变为社会模型[3]过程中可能遇到的身心障碍和社会障碍。"

---

〔1〕《利用促进法》实施之后，以该法第 12 条为基准，在内阁府中设置专家委员会讨论具体的措施。随后，以专家委员会的总结意见为基础，于 2017 年 3 月通过了《成年监护制度利用促进基本计划》（以下简称《基本计划Ⅰ》），又于 2022 年 3 月通过了《第二期成年监护制度利用促进基本计划》（以下简称《基本计划Ⅱ》）。［閣議決定「成年後見制度利用促進基本計画について（第一期）」，載厚生労働省 HP，https：//www.mhlw.go.jp/file/06-Seisakujouhou-12000000-Shakaiengokyoku-Shakai/keikaku1.pdf，最后访问日期：2024 年 6 月 30 日；閣議決定「第二期成年後見制度利用促進基本計画」，載厚生労働省 HP，https：//www.mhlw.go.jp/content/000917303.pdf，最后访问日期：2024 年 6 月 30 日。］

〔2〕閣議決定「成年後見制度利用促進基本計画について（第一期）」3-6 頁参照。

〔3〕医学模型（医学モデル，Medical model）向社会模型（社会モデル，Social model）转变过程中的限制是指：残疾人在社会生活中所受到的限制，不仅包括自身的身心障碍所造成的限制，还有在来自他人及社会的各类限制。

　　尽管强调要尊重本人的自主决定，但在实践中，监护人等直接代替本人作出决定的情况并不少见。人身保护涉及个人隐私，如果监护人等在此方面拥有过多决定权，可能会干涉到本人的私生活，导致其产生抗拒感。此外，在没有充分考虑到本人的意愿或者没有充分了解本人过去的情况下，监护人等容易根据自己的价值观履行监护职责。法定监护中"监护"类型的案件数量一直占据绝对多数，表明在判断能力尚未严重不足的情况下，多数人排斥利用成年监护制度的，最明显的顾虑就是担心在人身保护事务上的过度干涉。然而，在日本医疗和急救现场中，没有代替本人做出医疗判断的人，导致无法进行必要医疗措施的情形也存在。因此，《基本计划Ⅰ》再次强调："要对在接受医疗和长期护理等方面难以做出意思决定的被监护人等提供支援。"[1]

　　按照《基本计划Ⅰ》的要求，日本于 2019 年公布了《关于支援无亲属者入院及医疗决定困难者的指南》[2]，并于 2020 年公布了《基于意思决定支援的成年监护事务指南》[3]。意思决定支援，是指包括监护人等在内的与本人有关的支援者在本人的判断能力不足时，向本人提供必要的信息，帮助其根据自己的价值观和偏好作出决定。在人身保护事务上，个人的价值观和真实意思各有不同，因此在实践中需要特别关注个案中的具体情况。

　　《基本计划Ⅰ》是《利用促进法》实施后制定的第一期计划，是对《利用促进法》提出要重视人身保护后的及时响应，很大程度上推动了人身保护的发展。

---

〔1〕 閣議決定「成年後見制度利用促進基本計画について（第一期）」6 頁。

〔2〕 医政総発 0603 第 1 号「身寄りがない人の入院及び医療に係る意思決定が困難な人への支援に関するガイドラインについて」（2019 年 6 月），載厚生労働省 HP，https://www.mhlw.go.jp/content/000516178.pdf，最后访问日期：2024 年 6 月 30 日。

〔3〕 意思決定支援ワーキング・グループ「意思決定支援を踏まえた後見事務のガイドライン」（2020 年 10 月），載厚生労働省 HP，https://www.mhlw.go.jp/content/000750502.pdf，最后访问日期：2024 年 6 月 30 日。意思決定支援ワーキング・グループは由日本最高裁判所、厚生労働省及专门团体（日本律师联合会、公益社团法人成年监护法律支援中心及公益社团法人日本社会福祉士联合会）成立的工作小组。

（二）《基本计划Ⅱ》关注人身保护的同时扩充监护人手

《基本计划Ⅰ》实施结束后，基本上构建了能够使利用者安心利用的制度环境，但仍然存在不重视人身保护，导致利用者不安和不满的情况。从 2025 年开始，日本战后婴儿潮时期出生的人口将步入晚期高龄者时代。为了进一步应对这些情况，在《基本计划Ⅰ》之后，日本内阁公布了《基本计划Ⅱ》，实施期间为 2022 年至 2026 年。

《基本计划Ⅱ》中再次强调，不仅要关注财产管理，还要充分理解认知症高龄者和残疾人，尊重他们的自主决定权，侧重于意思决定支援和人身保护[1]。在选任合适的监护人等以及保障监护人等顺利交接等问题上，要求家庭法院在考虑人身保护的基础上进行决策[2]。同时，作为监护监督的一部分，家庭法院要确保监护人等妥善履行了人身保护的职责，从司法的角度提供适当的建议和指导[3]。此外，市町村与中核机构[4]应与各方合作，共同解决本人在人身保护事务上的困难，包括医疗等方面[5]。

此外，《基本计划Ⅱ》也从丰富监护人队伍的角度考虑，拓展第三者监护人中的市民监护人，保障制度在实际中的运用。在禁治产制度中，亲属监护人占全体监护人等的 90% 以上（例如，1995 年，亲属以外的第三者担任监护人等的情况仅占全体的 4.4%[6]）。如今，第三者监护人已经占全体监护人等的 81.9%[7]。因此，要充

---

〔1〕 閣議决定「第二期成年後見制度利用促進基本計劃」4 頁参照。

〔2〕 閣議决定「第二期成年後見制度利用促進基本計劃」13 頁参照。

〔3〕 閣議决定「第二期成年後見制度利用促進基本計劃」19 頁参照。

〔4〕 根据《基本计划Ⅰ》，区域合作网络由被监护人等、监护人等及他人共同组成的"团队"和区域内的"协议会"两个基本组织构成。为了建立和有效运营区域合作网络，需要有一个"中核机构"。中核机构的功能主要是：①信息发布；②相谈咨询；③促进成年监护制度的利用；④支援监护人等；⑤防止成年监护过程中的违法行为。

〔5〕 閣議决定「第二期成年後見制度利用促進基本計劃」14 頁参照。

〔6〕 上山泰『專門職後見人と身上監護（第 3 版）』（民事法研究会，2015 年）2 頁参照。

〔7〕 「成年後見關係事件の概況―2022 年 1 月~12 月―」10 頁，載日本最高裁判所 HP，https：//www. courts. go. jp/vc-files/courts/2024/20240315koukengaikyou-r5. pdf，最后访问日期：2024 年 6 月 30 日。

分考虑第三者监护人在履行人身保护事务中的问题。例如，确保第三者监护人与本人的会面，充分了解本人的需求；保障无产者和低收入者在获得人身保护与监护报酬之间的平衡等。

（三）成年监护制度改革的动向

在成年监护制度实施的二十余年中，尽管社会各界都在积极推进制度的利用，但是利用情况整体上并不乐观，需要对制度本身进行重新讨论。2022 年 6 月，日本法务大臣成立了专门的研究会，成员包括民法学家、成年监护的相关专家、法务省的官员，共同讨论成年监护制度未来的改革方向。以专家身份出席研究会的西川浩之（行政书士）指出："成年监护制度的使用期限通常较长。如果能够在合适的时机、范围和期限内利用该制度，或许会更为妥当。尤其是当人身保护的需求发生变化时，监护人等提供的保护不再必要，可以优先选择其他制度，从而终止成年监护制度的使用。"[1] 在涉及财产管理的监护过程中，监护人等履行职责的时间跨度通常较大。但在人身保护事项上，例如，支援本人签订长期护理合同，一旦合同签订，相关的人身保护需求即已满足。如果继续维持监护关系，则会引发另一个重要问题：监护报酬。

担任监护人等的绝大多数是第三者监护人，其中又以律师、行政书士等具备专业技能的专业人士占比最大。专业人士对家庭法院计算的监护报酬时常感到不满，特别是在涉及人身保护事务时，报酬未能得到恰当评价，导致监护职责与报酬不匹配[2]。此外，相关团体也对那些仅进行财产管理而不提供人身保护的专业人士收取监护报酬表示不满[3]。因此，今后日本成年监护制度的改革动向之一，就是充分考虑人身保护的内容和性质的特殊性，讨论监护制度

---

〔1〕 山野目章夫・川端伸子・西川浩之・星野美子・山城一真「座談会・成年後見制度改革の動向」ジュリスト1596 号（2024 年）29 頁。

〔2〕 山野目章夫・川端伸子・西川浩之・星野美子・山城一真「座談会・成年後見制度改革の動向」ジュリスト1596 号（2024 年）31 頁参照。

〔3〕 山野目章夫・川端伸子・西川浩之・星野美子・山城一真「座談会・成年後見制度改革の動向」ジュリスト1596 号（2024 年）32 頁参照。

的启动和终止要件以及监护报酬的问题。

五、结语

日本成年监护制度实施以来，对人身保护的关注度一直较为薄弱。但是在高度社会福利化发展的社会中，成年监护制度的利用者对人身保护的需求客观上在不断增加，社会各界也纷纷关注到人身保护的重要性。这种关注不仅唤起了对人身保护在法理论层面的价值探讨，也为接下来的立法和司法实践提供了新的发展方向。

人身保护从作为财产管理的附属品，成为独立的监护事务的一环，体现了民法对人身权利的重视。有关人身保护发展以《利用促进法》为基础逐步推进，但这并非易事。出于对立法严谨性的考虑，人身保护的具体范围至今为止一直没有能够形成统一明确的结论。接下来，对人身保护的探讨也会从多角度出发，重新对体系进行构建。另外，《公约》要求保障残疾人与其他人一样平等地享有权利，要将过去的"代替决定"转变为"意思决定支援"。《公约》也对人身保护在实践中的应用提出了新的要求，即如何为本人提供充足的信息，在本人判断能力不足的情况下确定其真实意愿。至今关于成年监护制度的见解仍有分歧，观念的统一和制度上的设置都是接下来要面临的挑战和改革的动向。

破产程序中所有权保留的中日比较研究

——以买受人破产的情形为中心

金　霄[*]

一、引言：问题的提出

《中华人民共和国民法典》（以下简称《民法典》）第388条首次在传统的担保法理论中引入"具有担保功能的合同"这一创新概念。随后公布的《最高人民法院关于适用〈中华人民共和国民法典〉有关担保制度的解释》（以下简称《担保制度司法解释》）明确将所有权保留合同、融资租赁合同、保理合同等纳入"具有担保功能的合同"的范畴之内[1]。此次变革不仅显著拓宽了担保合同的范畴，还为这些合同形式提供了功能主义担保理论的解释空间[2]。

值得注意的是，当前破产法及其相关司法解释仍受传统形式主义担保思维的束缚。担保制度作为与破产程序紧密相关的一个法律领域，其改革势必将引发一系列新的法律问题及实践挑战。特别是在处理具有担保功能的非典型担保合同时，如何确立恰当的法律定位和处理方式，无疑是未来法律实践中亟待解决的重要课题。

在此背景下，本文选取了具有代表性的所有权保留制度作为研究对象。针对所有权保留的买受人进入破产程序的情境下，所有权保留买卖合同的待履行合同性质以及出卖人应行使的是取回权还是

　*　金霄，早稻田大学法学研究科民法专业博士研究生。本论文的写作得到国家留学基金资助。

〔1〕《担保制度司法解释》第1条，让与担保的相关规定则在第68、69条。

〔2〕　詹诗渊：《破产程序中所有权保留卖方权利的法律性质》，载《法学》2023年第7期。

别除权等问题展开深入研究。同时，鉴于日本法在所有权保留与破产程序方面具有深厚的学术积淀和丰富的实践经验，并且目前正积极推进担保制度（包括与破产程序的衔接）的立法改革。因此，本文选取日本法作为比较法研究的对象。通过对日本法当前理论与实践的发展状况进行深入分析，为我国的所有权保留制度的优化提供有益参考与启示。

二、中国法的状况

（一）形式主义主导下现行破产程序法规状况的梳理

1. 所有权保留的标的物是否纳入买受人的破产财产

确定所有权保留的标的物是否属于破产财产的核心目的在于，买受人在破产时，该标的物是否能作为买受人的破产财产用于偿还买受人债务[1]。我国现行破产程序相关法规均明确指出，买受人在所有权保留合同中尚未取得所有权的财产，不应视为买受人的破产财产。这一立场基于所有权保留特殊约定的设立，主要目的在于确保交易安全，本质上属于附带条件的所有权转移[2]。当合同的一方进入破产程序时，若买受人未支付全部价款或未履行特定义务，出卖人仍按照约定保留标的物的所有权[3]。申言之，由于所有权保留的标的物并未纳入买受人的破产财产范畴，因而买受人的破产管理人无权直接对标的物进行处分。出卖人可依据《中华人民共和国企业破产法》（以下简称《企业破产法》）及《最高人民法院关于适用〈中华人民共和国企业破产法〉若干问题的规定（二）》（以下

---

〔1〕 吴光荣:《〈民法典〉背景下破产财产的范围及其认定》，载《法律适用》2022年第1期。

〔2〕 该观点为德国通说，陈荣宗:《破产法》，三民书局1986年版，第221页；［德］乌尔里希·福尔斯特:《德国破产法》（第7版），张宇晖译，中国法制出版社2020年版，第137~138页。

〔3〕 最高人民法院民事审判第二庭编著:《最高人民法院关于企业破产法司法解释理解与适用——破产法解释（一）、破产法解释（二）》，人民法院出版社2013年版，第133页。

简称《破产法司法解释二》）的规定，通过管理人取回标的物[1]。在实践中，司法裁判大多均遵循这一规则[2]。

2. 破产程序中所有权保留买卖合同的性质：待履行合同

在我国现行的破产程序相关法律法规中，关于待履行合同的规定主要体现在《企业破产法》第 18 条及《破产法司法解释二》第 34 条。这些规定认为，所有权保留买卖合同是典型的双务合同。如果当事人一方启动破产程序时，买受人尚未完全履行支付价款等义务，即意味着未满足合同规定的所有权转移条件，出卖人仍保留标的物的所有权，应视为尚未履行合同约定的所有权转移义务[3]，故买受人与出卖人双方的义务均未履行完毕。因此，所有权保留买卖合同应被视为待履行合同[4]。

3. 出卖人取回权

《破产法司法解释二》第 37 条、第 38 条，对出卖人的取回权进行了明确规定，这表明，在制定《破产法司法解释二》时，采纳了取回权说而非别除权说。

其理由在于：首先，尽管所有权保留的实际目的在于担保标的物的买卖价款债权，但我国并未将所有权保留作为动产担保的一种

---

〔1〕 在《民法典》施行前，所有权保留并未纳入登记制度的对象。因此，有学者指出，由于所有权保留的公示性较弱，破产债权人无法准确判断标的物是否属于债务人财产的范围。因而要优先保护破产债权人的利益，将所有权保留的标的物纳入债务人的破产财产，出卖人不能行使取回权。王欣新主编：《破产法原理与案例教程》，中国人民大学出版社 2010 年版，第 124 页（余艳萍执笔）。

〔2〕 最高人民法院（2021）最高法民申 1214 号民事裁定书；辽宁省大连市中级人民法院（2021）辽 02 民初 1602 号民事判决书等。

〔3〕 最高人民法院民事审判第二庭编著：《最高人民法院关于企业破产法司法解释理解与适用——破产法解释（一）、破产法解释（二）》，人民法院出版社 2013 年版，第 394 页。学界也多持此观点。王欣新：《破产法》（第 4 版），中国人民大学出版社 2019 年版，第 173 页。

〔4〕 曲宗洪：《债权与物权的契合：比较法视野中的所有权保留》，法律出版社 2010 年版，第 470 页。

形式，因此，别除权说的主张与我国现行法律不尽相符〔1〕。其次，如果买受人的破产管理人决定继续履行所有权保留买卖合同，出卖人仅在买受人及破产管理人存在违约或侵害债权行为时，才能行使合同取回权。在此情境下，出卖人行使取回权所依据的不是《企业破产法》第38条，而是《中华人民共和国合同法》（已失效，以下简称《合同法》）第134条（即现行《民法典》第641条等规定）〔2〕。最后，取回权更符合当事人的真实意思，因为出卖人保留所有权是为了获得一个比普通担保物权更为优先的权利〔3〕。

从《破产法司法解释二》的相关规定不难看出，在破产法领域，我国将保留的所有权视为"所有权"而非"担保权"处理〔4〕。有学者主张，此时出卖人保留的所有权，可以解释为"所有权+余额清算义务"〔5〕。

（二）民法典时代功能主义担保立法模式下的所有权保留与破产程序

1. 所有权保留法律性质的形式主义与功能主义之争

《合同法》第134条是我国首次明确了所有权保留制度〔6〕，但

〔1〕 需注意的是，最高人民法院的此观点是基于《民法典》之前的形式主义所有权构成得出的结论。最高人民法院民事审判第二庭编著：《最高人民法院关于企业破产法司法解释理解与适用——破产法解释（一）、破产法解释（二）》，人民法院出版社2013年版，第416~417页。

〔2〕 最高人民法院民事审判第二庭编著：《最高人民法院关于企业破产法司法解释理解与适用——破产法解释（一）、破产法解释（二）》，人民法院出版社2013年版，第416~417页。

〔3〕 谢九华：《所有权保留标的物取回权的性质及其在破产程序中的适用》，载《求索》2011年第12期。

〔4〕 王欣新：《破产法》（第4版），中国人民大学出版社2019年版，第363~364页。

〔5〕 全立：《论破产清算中保留所有权出卖人的权利实现》，载《西南石油大学学报（社会科学版）》2023年第6期。

〔6〕 原《中华人民共和国民法通则》（已失效）第72条第2款以及《最高人民法院关于贯彻执行〈中华人民共和国民法通则〉若干问题的意见（试行）》（已失效）第84条的规定虽未直接规定所有权保留制度，但为所有权保留的运用提供了解释空间。

该条款仅确立了一项原则，并未对其作出详尽阐述[1]。《民法典》采取了形式主义与功能主义相结合的方式，使得其法律性质的判断更为复杂。因此，如何理解出卖人保留的所有权，成为所有权保留领域中最具争议且核心的问题之一。

目前，关于所有权保留的法律性质，主要存在两种观点：

（1）形式主义所有权构成说。持有此观点的学者主张，《民法典》中的所有权保留，虽具备实质意义上的担保功能，被视为一种非典型担保，但不宜直接将其等同于担保物权纳入物权法体系[2]。当事人选择签订所有权保留买卖合同时，其目的在于保障买卖价款的请求权。在此情况下，应重视当事人之间的意思自治，允许所有权人通过行使取回权来实现其担保目的[3]。过度强调出卖人保留的所有权的功能化，可能导致所有权在概念上的"虚置"[4]。这种"'只顾功能，不顾逻辑'带来的概念分裂严重破坏了我国民法典的体系性"。[5]

此外，形式主义所有权构成说认为，出卖人保留的所有权"仍是绝对性物权，出卖人对标的物享有完整的物权权能，无须登记便可基于所有权返还请求权排除第三人的不法干预"。[6] 再者，根据《民法典》第 642 条第 1 款第 3 项规定，在所有权保留的持续期间，

---

〔1〕 胡康生主编：《中华人民共和国合同法释义》（第 2 版），法律出版社 2009 年版，第 214 页。

〔2〕 李永军：《论民法典形式意义与实质意义上的担保物权——形式与实质担保物权冲击下的物权法体系》，载《西北师大学报（社会科学版）》2020 年第 6 期。

〔3〕 许德风：《破产法论：解释与功能比较的视角》，北京大学出版社 2015 年版，第 219~220 页。

〔4〕 张家勇：《体系视角下所有权担保的规范效果》，载《法学》2020 年第 8 期。

〔5〕 李运杨：《动产担保立法中的功能主义：缘起、内涵及发展》，载《比较法研究》2023 年第 6 期；另外，李永军：《论民法典形式意义与实质意义上的担保物权——形式与实质担保物权冲击下的物权法体系》，载《西北师大学报（社会科学版）》2020 年第 6 期，也持此立场。

〔6〕 庄加园还主张："民法典第 641 条第 2 款仅加强价款担保的公示功能，并未改变买卖合同的性质，也不能消除对价牵连功能，因而保留出卖人有权在第 641 条的两个条款中选择不同的救济路径。"庄加园：《超越所有权保留的名实之争——选择性救济路径之证成》，载《法学研究》2023 年第 1 期。

若买受人对标的物的出卖或出质被视为一种"不当处分"，出卖人可以行使取回权。这意味着，买受人对标的物并不享有所有权[1]。并且，《企业破产法》及相关司法解释在《民法典》实施后未作实质性修改，侧面反映出形式主义所有权构成说在解释所有权保留制度方面仍具有发挥作用的空间[2]。

（2）功能主义担保权构成说。本文秉承担保权构成说的立场。首先，有学者认为，《民法典》第641条第2款的登记制度针对的是标的物的"所有权"或"保留的所有权"，其登记的目的是公示出卖人对标的物的所有权[3]。然而，如果依照形式主义所有权构成说，标的物并未发生物权变动，这一情况与登记对抗主义及动产物权变动模式的规定相冲突[4]。此外，全国人大常委会法工委也指出，所有权保留进行登记的目的是"实现优化营商环境，消灭隐性担保"。所谓"保留的所有权"，实质上属于"可以登记的担保权"。[5]

其次，根据《担保制度司法解释》的相关规定，出卖人保留的所有权具有担保物权的性质[6]。最高人民法院亦开始重视所有权保留的实质目的，进而明确："所有权保留中出卖人享有的所有权，属

---

〔1〕 关华鹏：《所有权保留出卖人取回权论——形式主义与功能主义担保观的统合》，载《中国政法大学学报》2023年第4期。

〔2〕 邹海林：《所有权保留的制度结构与解释》，载《法治研究》2022年第6期。

〔3〕 邹海林：《论出卖人在破产程序中的取回权——以所有权保留制度为中心》，载《上海政法学院学报（法治论丛）》2021年第4期。

〔4〕 高圣平：《动产担保交易的功能主义与形式主义——中国〈民法典〉的处理模式及其影响》，载《国外社会科学》2020年第4期。

〔5〕 黄薇主编：《中华人民共和国民法典合同编释义》，法律出版社2020年版，第406页；黄薇主编：《中华人民共和国民法典合同编解读》（上册），中国法制出版社2020年版，第618页。

〔6〕 高圣平：《〈民法典〉视野下所有权保留交易的法律构成》，载《中州学刊》2020年第6期。

于担保物权。"[1] 因此，买受人享受的是实质所有权，在履行完毕支付价款或其他义务后发生的"所有权转移"，仅意味着出卖人的担保物权归于消灭[2]。

2. 功能主义担保立法对破产程序的影响

（1）对破产财产认定的影响。形式主义路径（所有权构成）认为出卖人享有所有权，标的物不应纳入买受人的破产财产。而功能主义路径（担保权构成）解释下，出卖人实际享有的为担保权，根据《破产法司法解释二》第 3 条第 1 款，标的物应纳入买受人的破产财产。也有学者主张，在审判执行中，所有权保留应按担保权处理，但破产领域例外，应参照破产法，标的物不应视为买受人的破产财产[3]。

（2）所有权保留买卖合同的待履行合同性质。《破产法司法解释二》在起草过程中，主要借鉴了德国法与法国法的经验[4]。然而，德国法与法国法中的所有权保留均基于所有权构成[5]，这与我国现行的功能主义担保立法观念存在差异。有学者指出，《破产法司法解释二》第 34 条是基于所有权构成为前提设计的，在担保权构成的情况下，标的物的所有权已转移至买受人。因此，所有权保留制

---

　　〔1〕 最高人民法院最初并未对所有权保留的性质进行判断。最高人民法院民法典贯彻实施工作领导小组主编：《中华人民共和国民法典合同编理解与适用（二）》，人民法院出版社 2020 年版，第 1089 页以下。但在之后的出版物中明确将保留的所有权称作"担保物权"。最高人民法院民事审判第二庭：《最高人民法院民法典担保制度司法解释理解与适用》，人民法院出版社 2021 年版，第 540 页；最高人民法院民法典贯彻实施工作领导小组编著：《中国民法典适用大全合同卷（二）》，人民法院出版社 2022 年版，第 1480 页。

　　〔2〕 王立栋：《〈民法典〉〈民法典〉第 641 条（所有权保留买卖）评注》，载《法学家》2021 年第 3 期。

　　〔3〕 薛庆玺、王建军：《所有权保留动产执行的实务操作》，载《人民司法》2021 年第 19 期。

　　〔4〕 最高人民法院民事审判第二庭编著：《最高人民法院关于企业破产法司法解释理解与适用——破产法解释（一）、破产法解释（二）》，人民法院出版社 2013 年版，第 393 页。

　　〔5〕 德国法根据所有权保留的类型区别对待：简单型所有权保留采用所有权构成，延长型以及扩大型所有权保留则采取担保权构成。[德] 乌尔里希·福尔斯特：《德国破产法》（第 7 版），张宇晖译，中国法制出版社 2020 年版，第 137~138 页。

度应不再适用《破产法司法解释二》中的相关规定[1]。

笔者认为，在所有权保留的法律性质尚未定论的背景下，判断所有权保留买卖合同是否属于待履行合同，应回归合同履行本身的视角，而非过分拘泥于其法律性质的构成。出卖人是否仍负有剩余的积极义务，才是判断合同是否属于待履行合同的核心所在。

（3）功能主义路径解释下别除权说的兴起。自《民法典》及《担保制度司法解释》实施以来，担保权构成已成为主流观点，别除权说亦在逐渐兴起[2]。本文主张，任何对所有权保留的法律性质的理解都应考虑其担保目的，出卖人保留的所有权亦非传统物权观念中的所有权[3]。因此，所有权保留的出卖人应行使别除权，而非取回权[4]。

首先，出卖人行使别除权具备适用法律依据的空间。《民法典》在制定过程中，草案中已显现出担保权构成的倾向，虽最终未能在《民法典》中明确体现[5]，但在《担保制度司法解释》第 56 条与第 57 条中给予了肯定。同时，《民法典》第 642 条第 2 款与《担保制度司法解释》第 64 条亦确定了出卖人可依据《民事诉讼法》"实现担保物权案件"的有关规定，拍卖、变卖标的物。甚至，《担保制度司法解释》第 56 条第 2 款直接将出卖人称为"担保物权人"。

其次，《民法典》第 642 条和第 643 条所规定的出卖人权利救济

---

〔1〕 纪海龙：《民法典所有权保留之担保权构成》，载《法学研究》2022 年第 6 期。

〔2〕 李飞、李玉霞：《〈民法典〉施行后出卖人在所有权保留中的别除权》，载《山西师大学报（社会科学版）》2024 年第 2 期；詹诗渊：《破产程序中所有权保留卖方权利的法律性质》，载《法学》2023 年第 7 期；汪铁山：《论破产别除权的权利基础及其裁判规则的选择》，载《南京社会科学》2015 年第 3 期等。

〔3〕 即使持形式主义所有权构成说立场的学者，也承认保留的所有权并非传统意义上的所有权。周江洪：《所有权保留买卖的体系性反思——担保构成、所有权构成及合同构成的纠葛与梳理》，载《社会科学辑刊》2022 年第 1 期。

〔4〕 吴光荣主张，买受人破产的情况下，出卖人可选择以担保物权人的身份参与破产财产的分配。吴光荣：《〈民法典〉背景下破产财产的范围及其认定》，载《法律适用》2022 年第 1 期。

〔5〕 何勤华、李秀清、陈颐编：《新中国民法典草案总览》（增订本·续编），北京大学出版社 2020 年版，第 44 页、第 152 页。

规则，已与完整所有权的救济规则存在明显差异[1]。如前所述，《破产法司法解释二》中关于出卖人取回权的规定，其法律依据源于《合同法》的相关条款。然而，这种取回权不应被视为基于所有权而行使的权利，将其解释为担保的私力救济更为恰当。当出卖人在实施私力救济过程中遭遇阻碍时，依据相关规定，采取"参照担保物权的实现程序"这一公力救济方式，更为符合逻辑。《担保制度司法解释（征求意见稿）》第 63 条的内容亦证实了最高人民法院最初即持有此类观点。

再次，赋予所有权保留的出卖人破产别除权，有助于最大化破产制度效益，并统一规定担保破产债权人优先顺序。此外，遵循破产法应尊重其他实体法产生权利的原则，在功能主义担保立法改革后，出卖人就标的物仅享有担保权，因此只能赋予出卖人破产别除权[2]。

最后，最高人民法院所持立场亦有所转变，认为在破产程序中，所有权保留合同、融资租赁合同、保理合同等持有特定财产担保权的权利人，可以行使别除权[3]。

三、日本法的状况

（一）所有权保留的法律性质

1. 日本过去的观念倾向于注重形式上的所有权保留

在这种模式下，当事人通过所有权保留的特殊约定，出卖人依照字面意义保留标的物的所有权，而买受人则享有在支付完毕价款后取得所有权的条件性权利[4]。现代日本学说不再将出卖人视为字面意义上的"所有权人"，而是将其保留的所有权理解为仅限于担保

---

〔1〕 高圣平、叶冬影：《论民法典上所有权保留买卖交易的担保功能》，载《法学评论》2023 年第 3 期。

〔2〕 詹诗渊：《破产程序中所有权保留卖方权利的法律性质》，载《法学》2023 年第 7 期。

〔3〕 最高人民法院民法典贯彻实施工作领导小组编著：《中国民法典适用大全商事卷·企业破产法（二）》，人民法院出版社 2022 年版，第 791 页。

〔4〕 安永正昭『講義物権·担保物権法〔第 3 版〕』（有斐閣，2019 年）444 頁参照。

目的的 "所有权"，同时赋予买受人某种物权性地位[1]。在学说上，关于所有权保留的法律性质，主要存在三种观点[2]：

第一，债权期待权说。该学说认为，出卖人保留的所有权是完整无限制的所有权，而买受人在支付完毕价款后方可取得所有权。因此，在所有权保留买卖合同存续期间，买受人仅享有债权期待权[3]。

第二，物权期待权说。该理论认为，在所有权保留中，标的物的所有权并未发生转移，出卖人对标的物享有所有权，该所有权受到担保目的的限制，买受人则拥有物权期待权。此学说在日本学说中占据主流地位[4]。

第三，担保权类似说。担保权类似说主张，标的物的所有权已从出卖人转移至买受人，但为确保出卖人能按期收回买卖价款，买受人在标的物上为出卖人设定担保权。此学说的代表性观点包括：①标的物的所有权转移至买受人，买受人直接占有标的物，相应地出卖人随即获得该所有权的抵押权[5]；②标的物的所有权转移至买受人，但根据所有权保留买卖合同的特殊约定，出卖人获得以买卖价款债权为担保的担保权[6]；③所有权保留买卖合同中的出卖人仅为实现买卖价款债权担保而保留标的物的所有权，出卖人保留的 "所有权" 实际上是一种担保权。无论形式上如何称谓，均应关注其 "担保" 的实质，以明确所有权保留的法律性质[7]。

---

〔1〕 柚木馨＝高木多喜男编『新版注釈民法（9）物権（4）〔改訂版〕』（有斐閣，2015 年）738 頁参照〔安永正昭〕。

〔2〕 关于所有权保留的法律性质，整理较为详细的有：森田修编『新版注釈民法（7）物権（4）』（有斐閣，2019 年）619 頁〔青木則幸〕、田中淳子「判批」愛知學院大學論叢・法學研究 61 巻 3・4 号（2020 年）103-105 頁等。

〔3〕 我妻栄『債権各論 中巻一（民法講義 V2）』（岩波書店，1957 年）318 頁参照。

〔4〕 道垣内弘人『担保物権法（第 4 版）』（有斐閣，2017 年）367-368 頁参照。

〔5〕 米倉明『所有権留保の研究』（新青出版，1997 年）378 頁参照。

〔6〕 高木多喜男『担保物権法』（有斐閣，2005）380 頁。

〔7〕 近江幸治『民法講義Ⅲ担保物権（第 3 版）』（成文堂，2020 年）339 頁参照。

2. 小结

物权期待权说与担保权类似说皆以担保权构成为基础，然二者分歧在于标的物的所有权是否发生转移[1]。担保权类似说倾向于以让与担保等担保权的规则来阐释出卖人保留的所有权。有学者指出，在所有权保留的情形下，鉴于被担保的债权为买卖价款债权，标的物的价值与买卖价款之间差异较小。且在私力救济时，出卖人可以凭借其独有的销售渠道轻易处置标的物。随着价款的逐步支付，买受人的剩余债务逐渐减少，而标的物的价值却可能发生贬值。因此标的物的价值超过被担保债权金额的情形极为罕见。故即使对出卖人施加清算义务，其实际效力亦相对较弱，这与让与担保有所区别[2]。

此外，有学者认为，所有权保留可以借鉴动产买卖先取特权类似的担保权构成，从而避免使用复杂的所有权分属构成[3]或物权期待权等新的权利概念，直接以买卖价款债权的担保目的为基础进行构建[4]。

还有学者主张，尽管标的物的所有权未发生转移，但保留的所有权已转变为担保权（担保权变容说）[5]。然而，若依循此观点，将导致标的物的所有权既不属于出卖人，亦不属于买受人的矛盾。在此情境下，仅能认为买受人依据日本《民法》第 239 条的原始取得规则获得标的物的所有权[6]。

---

[1] 所有权是否发生转移的论争主要影响到所有权保留的出卖人是否需要满足对抗要件的要求才能对抗第三人，该问题在日本法中产生了激烈的争论，由于篇幅原因，本文此次不涉及这方面的讨论。

[2] 本田純一ほか『新ハイブリッド民法 2 物権・担保物権法』（法律文化社，2019 年）300 頁参照。

[3] 粟口口太郎「所有権留保の本質と諸相」道垣内弘人ほか編『社会の発展と民法学上巻—近江幸治先生古稀記念論文集—』（成文堂，2019 年）694-697 頁参照。

[4] 今尾真「所有権留保と倒産処理手続」明治学院大学法学研究 101 号（上巻）（2016 年）10-12 頁参照。

[5] 田高寛貴「讓渡担保と所有権留保」法学教室 424 号（2016 年）85 頁、田高寛貴「所有権留保の効力と法的構成に関する一考察」片山直也ほか編『民法と金融法の新時代—池田眞郎先生古稀記念』（慶應義塾大学出版社，2020 年）230 頁参照。

[6] 水津太郎「所有権留保の立法的課題」田高寛貴編『担保法の現代的課題』（商事法務，2021 年）91 頁参照。

（二）所有权保留买卖合同是否视为待履行合同

目前，关于所有权保留是否视为破产程序中的待履行合同，日本学界主要存在二分说以及否定说两种观点。

1. 二分说

作为目前日本的通说，支持二分说的学者们认为应根据所有权保留买卖合同的具体情形判断是否视为待履行合同。当标的物无须进行登记，且出卖人已实际将标的物交付给买受人的情况下，出卖人并无剩余的积极义务，应排除适用待履行合同的规定。若出卖人仍需承担以买受人支付剩余全部价款为条件的变更登记义务时，则原则上应承认其待履行合同的性质[1]。尤其在需要进行登记财产（如机动车等），如果出卖人尚未履行变更登记义务，通常应视为破产程序中的待履行合同[2]。在实务中，司法裁判亦支持此立场[3]。

此外，有学者提出，当事人约定在支付剩余价款后方可进行变更登记的情况下，若该登记的目的仅限于展示标的物所有权保留之担保目的，应否定其待履行合同的性质[4]。

---

〔1〕 神崎克郎「所有権留保売買とその展開」神戸法學雑誌 14 巻 3 号（1964 年）527–530 頁、竹下守夫「非典型担保の倒産手続上の取扱い」鈴木忠一＝三ケ月章監修『新・実務民事訴訟講座 13 倒産手続』（日本評論社，1981 年）400–403 頁、竹下守夫『担保権と民事執行・倒産手続』（有斐閣，1990 年）256–257 頁、伊藤眞ほか『条解破産法（第 3 版）』（弘文堂，2020 年）537 頁参照等。

〔2〕 山本和彦ほか編『倒産法概説（第 2 版補訂版）』（弘文堂，2015 年）242 頁〔沖野眞已〕参照。

〔3〕 如東京高判昭和 52 年 7 月 19 日判決高民集 30 巻 2 号 159 页，大阪高判昭和 59 年 9 月 27 日判決判例タイムズ542 号 213 頁等。

〔4〕 伊藤真教授之前一直持传统二分说的立场，在『破産法・民事再生法（第 2 版）』（有斐閣，2016 年）347 頁中，伊藤真教授认为在所有权保留的情况下，如果合同内容规定仅在买受人支付全部价款时，出卖人才将登记或注册转移给买受人，那么由于出卖人还负有剩余的积极履行义务，因此应当适用《破产法》第 53 条的规定。但后面伊藤真教授改变了自己的立场，即所有权保留买卖合同无论是否涉及登记或注册的情况，原则上均不属于待履行合同。伊藤眞『破産法・民事再生法（第 5 版）』（有斐閣，2022 年）499 頁以及伊藤眞「最二小判平成 22.6.4 のNachleuchten（残照）—留保所有権を取得した信販会社の倒産手続上の地位—」金法 2063 号（2017 年）39 頁中，伊藤真教授主张，如果所有权保留采用别除权的构成模式，那么即使存在登记或注册义务尚未履行，也不能将其视为待履行合同。

2. 否定说

持否定说的学者们则主张，如果标的物已经交付，即便该标的物上存在需要变更登记的情况，出卖人也应视为已完成需履行的交付义务，所有权保留买卖合同不应视为待履行合同[1]。其理由在于：首先，出卖人已将标的物的所有权转移至买受人，通过所有权保留的特殊约定，买受人在标的物上为出卖人设立担保权[2]。其次，在需要变更登记的情形中，登记仅作为所有权的公示手段和对抗要件，并不具有独立于所有权的价值。最后，出卖人可视为选择从完全所有权的公示手段转向实质性担保的公示手段。因而在破产程序中，作为待履行合同的当事人所享有的保护将受到限制[3]。综上，无论所有权保留买卖合同的标的物是否涉及登记，在买受人破产的情形下，均不应将其视为待履行合同，买受人的破产管理人无法选择继续履行或解除合同[4]。

（三）出卖人应行使取回权还是别除权

1. 通说的变化：从取回权说转向别除权说

在竹下说[5]之前，通常按照一般所有权的处理方式，将其作为

---

〔1〕 米仓明教授认为，动产的登记或注册制度与不动产的登记并不能同一而论，所有权保留更类似于抵押权的结构，因此，形式上的对抗要件并不能让所有权保留买卖合同适用破产法中待履行合同的规定。米倉明「非典型担保における倒産法上の問題点（3）」NBL175 号（1978 年）18-23 頁。加藤哲夫教授认为"如果目的物已经被交付，则可以认为出卖人的履行已经完成，因此不应将其视为待履行合同"。但并未提及对于涉及登记或注册制度的所有权保留买卖合同的看法。加藤哲夫『破産法（第 6 版）』（弘文堂，2012 年）189 頁。

〔2〕 杉本和士「破産管財人による所有権留保付動産の換価—前提となる法的問題の検討」岡伸浩ほか編著『破産管財人の財産換価（第 2 版）』（商事法務，2019 年）789-790 頁参照。

〔3〕 印藤弘二「所有権留保と倒産手続」金融法研究 29 号（2013 年）15 頁参照。

〔4〕 粟田口太郎「所有権留保の本質と諸相」道垣内弘人ほか編『社会の発展と民法学上卷—近江幸治先生古稀記念論文集—』（成文堂，2019 年）710-711 頁参照。

〔5〕 竹下守夫「所有権留保と破産・会社更生（下）」法曹時報 25 巻 3 号（1973年）411 頁以下、438 頁以下参照。

取回权对待[1]。然而，现今通说已转向别除权说[2]。最新学说大多认为，由于买受人已获得条件性所有权，被保留的所有权本质上不再是传统意义上的所有权，而是一种以买卖价款债权为目的的担保权[3]。如果重新审视所有权保留买卖合同中当事人合意的真实目的[4]，无论从何种角度理解所有权保留的法律性质，均可推导出其目的实为担保买卖价款债权[5]。

有学者指出，在实务操作中，出卖人行使何种权利并无明显差异。因此在实际处理中，存在将保留的所有权作为取回权处理的情况[6]。二者主要区别在于，买受人的破产管理人是否有权介入标的物的变卖，以及是否可以采取如担保权实现程序中止命令、担保权消灭许可等手段应对出卖人[7]。

2. 取回权说

坚持取回权说的学者主张，可暂且允许出卖人行使取回权。买受人的破产管理人根据实际情况，通过担保权实现程序中止命令等措施，对出卖人的取回行为（即所有权保留的执行）予以适度限制，从而确保买受人的利益[8]。

---

[1] 我妻栄『債権各論 中巻一（民法講義 V2）』（岩波書店，1957 年）318 頁、中田淳一『破産法・和議法』（有斐閣，1959 年）116 頁、神崎克郎「所有権留保売買とその展開」神戸法學雑誌 14 巻 3 号（1964 年）530-531 頁参照。

[2] 竹下守夫「非典型担保の倒産手続上の取扱い」鈴木忠一＝三ヶ月章監修『新・実務民事訴訟講座 13 倒産手続』（日本評論社，1981 年）403 頁；加藤哲夫『破産法（第 6 版）』（弘文堂，2012 年）189 頁、伊藤眞『破産法・民事再生法（第 5 版）』（有斐閣，2022 年）498 頁、山本和彦ほか編『倒産法概説（第 2 版補訂版）』（弘文堂，2015 年）242 頁〔沖野眞已〕、加藤哲夫＝山本研編『プロセス講義倒産法』（信山社，2023 年）179 頁〔田頭章一〕、商事法務編「動産・債権を中心とした担保法制に関する研究会報告書」別冊 NBL177 号（2021 年）104-105 頁参照。

[3] 伊藤眞『破産法・民事再生法（第 5 版）』（有斐閣，2022 年）498 頁参照。

[4] 水津太郎「所有権留保の立法的課題」田高寛貴編『担保法の現代的課題』（商事法務，2021 年）94 頁参照。

[5] 生熊長幸「所有権留保における解釈論と立法論」法律時報 73 巻 11 号（2001 年）38 頁参照。

[6] 伊藤眞ほか『条解破産法（第 3 版）』（弘文堂，2020 年）537 頁参照。

[7] 伊藤眞『破産法・民事再生法（第 5 版）』（有斐閣，2022 年）498 頁参照。

[8] 道垣内弘人『担保物権法（第 4 版）』（有斐閣，2017 年）373 頁参照。

针对这一观点，有学者指出，以标的物的所有权未转移至买受人为依据，对破产程序中出卖人应行使取回权的理解过于拘泥于形式化，忽略了所有权保留的本质目的在于为剩余的买卖价款债权提供担保[1]。

3. 法律性质分离说

这一观点认为，通过直接讨论所有权保留的法律性质来推断出卖人行使的是取回权还是别除权，虽然看似直观，但并不适宜[2]。在破产法领域，权利的归属和变更更多由破产法的程序和法律关系决定[3]。因此，实体法的法律性质应与破产法的视角予以区分。即便某项权利基础源于破产程序前的实体法，也应从破产法特有的"合目的性"视角进行评估。在破产或重整程序中，原则上应重视所有权保留的担保实质。因此，出卖人应行使别除权。破产管理人或重整债务人可以控制所有权保留合同的标的物[4]。

同时，有学者认为，法律性质分离说仍需进一步阐明出卖人行使别除权的正当性，否则无法自然地推导出破产管理人有权限可以处分标的物的合理性[5]。

（四）司法实践

日本在过往的司法实践中，对于所有权保留的处理方式通常遵循所有权构成的原则。在破产法领域，所有权保留的处理也以取回

---

〔1〕 今尾真「所有権留保と倒産処理手続」明治学院大学法学研究 101 号（上卷）（2016）11-12 頁。

〔2〕 山野目章夫「非典型担保」竹下守夫＝藤田耕三編代『破産法大系第 2 卷 破産実体法』（青林書院，2015 年）193-196 頁参照。

〔3〕 田村耕一「所有権留保の判例・裁判例，学説，倒産法の横断的考察——最判平 22 年以降の展開（不調和?）」田村耕一＝堀田親臣＝町田余理子編『民事改革の現代的課題——鳥谷部茂先生・伊藤浩先生古稀記念—』（信山社，2023 年）101-102 頁参照。

〔4〕 杉本和士「倒産手続における集合動産譲渡担保と所有権留保の競合問題に関する覚書」道垣内弘人ほか編『社会の発展と民法学上卷—近江幸治先生古稀記念論文集—』（成文堂，2019 年）653 頁参照。

〔5〕 宇野瑛人「倒産手続における留保所有権の法性決定論についての覚書」東北ローレビュー 9 号（2021 年）33-34 頁参照。

权说为通说[1]。然而，近年来，在破产重整案件中，被保留的所有权作为别除权处理已逐渐成为裁判案例的立场[2]。

在最高裁判所平成 22 年（2010 年）6 月 4 日判决[3]中（以下简称"平成 22 年判决"），日本最高裁判所首次确认，在买受人陷入破产或重整程序时，所有权保留出卖人的法律地位应为别除权人[4]。该判决还明确指出，在买受人进入破产或重整程序时，出卖人必须在破产或重整程序启动前已完成登记或注册，方可主张行使别除权[5]。这一判断对破产程序中所有权保留的处理产生了深远影响。

在平成 22 年判决之后，日本下级裁判所逐渐重视担保权构成。部分裁判所将该判决中的"登记或注册"直接理解为"对抗要件"，相继出现了要求所有权保留的出卖人需具备对抗要件方可行使别除权的判决[6]。

在随后的实务操作中，针对所有权保留买卖合同的条款进行了修订，明确表述了法定代位原则和代位债权的范围[7]。最高裁判所平成 29 年（2017 年）12 月 7 日判决[8]（以下简称"平成 29 年判决"）处理了根据所有权保留买卖合同新条款而设定的所有权保留争议。该判决基于与"平成 22 年判决案件事实不同"的考量，未采

---

〔1〕　例如最高裁判所昭和 49 年 7 月 18 日判决民集 28 卷 5 号 743 页，该判决认为所有权保留的出卖人可以通过案外人执行异议之诉排除买受人的债权人对标的物的强制执行。

〔2〕　杉本和士「倒産手続における集合動産譲渡担保と所有権保留の競合問題に関する覚書」『社会の発展と民法学上巻—近江幸治先生古稀記念論文集—』（成文堂，2019 年）652 頁参照。

〔3〕　民集 71 卷 10 号 1925 頁。

〔4〕　田高寛貴「譲渡担保と所有権留保」法学教室 424 号（2016 年）85 頁参照。

〔5〕　坂井秀行＝武士俣隆介「所有権留保—判例理論の到達点と今後」伊藤眞＝園尾隆司＝多比羅誠編代『倒産法の実践』（有斐閣，2016 年）212 頁、山本研「判批」法学教室 450 号（2018 年）13 頁参照。

〔6〕　例如：東京地判平成 22 年 9 月 8 日判決判例タイムズ 1350 号 246 頁；東京地判平成 27 年 3 月 4 日判決判例時報 2268 号 61 頁等。

〔7〕　山本研「判批」法学教室 450 号（2018 年）15 頁参照。

〔8〕　民集 71 卷 10 号 1925 頁。

纳登记或注册需在信贷方名下的观点，仅要求在法定代位的情况下，标的物登记在出卖人名下即可，无须信贷方完成登记或注册[1]。同时，信贷方通过法定代位获得出卖人的买卖价款债权及为此担保而保留的所有权。因此，在求偿权范围内（买卖价款债权），信贷方可直接向买受人主张行使出卖人保留的所有权的效力[2]。

但需注意的是，尽管两份判决均认为保留所有权的权利人可行使别除权，但在判决书中均回避了所有权保留应采取所有权构成还是担保权构成这一问题，并未明确对所有权保留的法律性质进行判断[3]。

现今日本裁判所会根据案件的具体情况采取不同的处理策略[4]。在平时（非破产）情形下，注重所有权构成；而在破产情境下，则侧重于担保权构成[5]。因此，产生了实体法与程序法之间的规则抵牾[6]。

（五）法制审议会担保法制部会的立法动向

日本法务省就担保法制改革相关问题，设立了法制审议会担保部会。自 2021 年 4 月 13 日起，至 2024 年 1 月 23 日止，共举行了 44 次会议[7]。在会议过程中，关于所有权保留在实体法以及破产法上

---

〔1〕 小林和彦「判批」金融法務事情 1910 号（2010 年）12 頁、小山泰史「判批」金融・商事判例 1548 号（2018 年）10 頁参照。

〔2〕『最高裁判所判例解説民事篇平成 29 年度（下）』（法曹会，2020 年）681 頁〔堀内有子〕参照。

〔3〕『最高裁判所判例解説民事篇平成 30 年度』（法曹会，2021 年）329–330 頁〔松本展幸〕参照。

〔4〕 宮元健蔵『新・マルシェ物件法・担保物権法』（嵯峨野書院，2020 年）435 頁参照。

〔5〕 内田貴『民法Ⅲ第 4 版債権総論・担保物権』（東京大学出版社，2020 年）655 頁参照。

〔6〕 最高裁判所平成 30 年 12 月 7 日判決民集 72 卷 6 号 1044 頁，该判决与平成 22 年判决以及平成 29 年判决不同，最高裁判所认为在平时（非破产）的情况下，如果出卖人保留标的物的所有权，则保留的所有权无须具备对抗要件也可以对抗已经登记的集合动产让与担保权。因此，引发了保留的所有权的对抗要件与效力在实体法与程序法上的差异。

〔7〕 参见法制审议会担保部会官网，https：//www. moj. go. jp/shingi1/housei02_003008. html，最后访问日期：2024 年 1 月 25 日。

的处理方式，各方意见仍存在分歧。

1. 所有权保留的标的物是否纳入破产财产[1]

立法委员认为："所有权归属于买受人的立场是否能明确地适用于整个立法，作为事务当局，仍希望保留解释的余地。因此，在某些情况下，标的物能否纳入买受人的破产财产之问题，可能存在争议。这需要我们在考虑法律条文的具体措辞时，进一步思考和评估。"[2]

2. 破产程序上应如何处理所有权保留

2022 年 12 月 6 日公布的《关于担保法制修改的中间试案》[3] 第 4 章第 16 条规定，所有权保留的出卖人属于破产法上的别除权人、更生担保权人[4]。

同时，在《关于担保法制修改的要纲案的原案》[5] 第 24 条第 1 款详细规定了所有权保留的出卖人在破产程序中的法律地位[6]。第 2 款则规定，买受人的破产管理人可以：①申请担保权实现程序中止命令；②变卖标的物或指定出卖人在合理期限内再次出售标的物；③主张适用担保权消灭许可制度[7]。

---

[1] 受到平成 22 年判决的影响，名古屋高判平成 28 年 11 月 10 日金融法务事情 2056 号 62 页判决认为，根据平成 22 年判决的主旨，出卖人行使的应为别除权。因此破产的买受人是否已经取得标的物的所有权暂且不论，信贷方关于标的物不属于买受人的破产财产的主张，不予采纳。但因其为下级裁判所的判断，因此不能代表目前判例的趋势。

[2] 法制審議会担保部会第 36 回議事録，载法務省 HP，https://www.moj.go.jp/content/001403214.pdf，14-15 頁〔笹井朋昭幹事発言〕。

[3] 《担保法制の見直しに関する中間試案》，载法務省 HP，https://www.moj.go.jp/shingi1/shingi04900001_00179.html，最后访问日期：2024 年 1 月 20 日。

[4] 《担保法制の見直しに関する中間試案》，载法務省 HP，https://www.moj.go.jp/shingi1/shingi04900001_00179.html，22 頁，最后访问日期：2024 年 1 月 20 日。

[5] 《关于担保法制修改的要纲案的原案》，载法務省 HP，https://www.moj.go.jp/shingi1/shingi04900001_00228.html，部会资料 37-3，最后访问日期：2024 年 1 月 20 日。

[6] 《关于担保法制修改的要纲案的原案》相较于《关于担保法制修改的中间试案》的规定更为详尽，从 6 种不同的情况分别确定出卖人的法律地位，载法務省 HP，https://www.moj.go.jp/shingi1/shingi04900001_00228.html，部会资料 37-3の6 页，最后访问日期：2024 年 1 月 20 日。

[7] 《关于担保法制修改的要纲案的原案》，载法務省 HP，https://www.moj.go.jp/shingi1/shingi04900001_00228.html，部会资料 37-3の6-7 頁，最后访问日期：2024 年 1 月 20 日。

四、日本法带来的启示

（一）破产程序中所有权保留买卖合同的性质认定

在破产法中对所有权保留买卖合同的性质进行认定时，可借鉴日本法的经验，根据合同具体情况区分为以下两种情形：

1. 当标的物为普通动产时

在此情况下，所有权保留合同通常不应视为破产法上的待履行合同。首先，出卖人已经将标的物交付给买受人，买受人实际占有、使用并获取收益，表明出卖人的交付义务已履行完毕。

其次，根据《民法典》第 224 条、第 641 条的规定，当买受人支付完毕价款或履行特定义务后，标的物的所有权将自然转移至买受人，这种物权变动无须出卖人做出特别的意思表示[1]。因此，标的物为普通动产的情况下，除非存在其他特殊约定，应当认为出卖人实质上已履行完毕合同所约定的义务，此类合同应被视为一方已履行完毕的合同，而非破产法上的待履行合同[2]。

最后，关于《民法典》新规定的所有权保留登记制度的影响。本文认为，《民法典》第 224 条、第 226 条、第 641 条等规定并未将所有权保留登记与普通动产的物权变动相联系。所有权保留的登记或注销行为，不等同于物权变动的意思表示，对普通动产的物权变动无实质影响。因此，即便普通动产已完成登记手续，买受人在支付完毕价款或履行特定义务后，标的物的所有权将直接转移至买受人。出卖人需履行的注销登记义务，仅作为附随义务[3]，不影响合同性质的判断。因此，当标的物为普通动产时，原则上不属于破产法上的待履行合同。

---

〔1〕 有学者主张，出卖人需要作出转移所有权的行为后才能认为是履行了转移所有权的义务。笔者认为，所有权保留交易中，所有权的转移合意在所有权保留特殊约定中已经达成，此后出卖人无须再单独作出意思表示。曲宗洪：《债权与物权的契合：比较法视野中的所有权保留》，法律出版社 2010 年版，第 470~471 页。

〔2〕 丁燕、尹栋：《论破产管理人待履行合同解除权的限制》，载《法律适用》2022年第 3 期。

〔3〕 兰晓为：《破产法上的待履行合同研究》，人民法院出版社 2012 年版，第 20~21 页。

2. 当标的物为特殊动产（例如船舶、航空器和机动车等）时

根据特殊动产登记的方式，可将登记的情况分为两种：

（1）《民法典》第 225 条规定的所有权变更登记。在实务操作中，出卖人通常将特殊动产交付给买受人，但所有权人仍登记在出卖人名下，以实现保留该特殊动产所有权的效果。此时，尽管出卖人已完成交付，但仍需在买受人支付完毕价款或履行特定义务之后，履行将登记名义变更至买受人名下的义务。因此，在该特殊动产的所有权人名义未变更至买受人名下之前，不应认为出卖人已履行其应尽义务，买受人并未取得该特殊动产的完整所有权。据此，此类情况应视为破产法上的待履行合同。

（2）《民法典》第 641 条第 2 款规定的所有权保留登记。如果特殊动产已实际交付给买受人，且所有权人的登记名义亦转移至买受人名下的情况下，出卖人进行的所有权保留登记行为应理解为其对外公示所有权保留的担保目的[1]。此时的情况与普通动产相仿，不应视为破产法上的待履行合同。

（二）出卖人行使别除权的合理性

1. 实体法与程序法的连贯性

首先，可借鉴日本法的经验。日本法在司法裁判、学说乃至立法讨论方面均已达成共识：出卖人在破产程序中应行使的是别除权而非取回权。此外，有学者对破产程序中"担保"应具备的要件进行了梳理[2]，这一观点与所有权保留的担保功能相契合，因此本文采纳此观点。

其次，如果依照担保权构成承认所有权保留在破产程序中的担保属性，需考虑其是否与我国现行《民法典》等实体法存在冲突。

---

〔1〕　伊藤眞『破産法・民事再生法（第 5 版）』（有斐閣，2022 年）499 頁参照。

〔2〕　加藤主张，担保应满足以下几个要件：①担保权人原则上放弃标的物的使用、收益价值；②担保权人可享有排他性地独占处置该标的物所得的价款；③担保权人的目的是谋求优先收回特定债权。加藤甲斐斗「別除権該当性における非典型担保権の法律構成及び法形式の意義—倒産財団帰属性要件の解釈を踏まえつつ—」都法 63 巻 2 号（2023 年）319 頁以下参照。

如前所述，日本最高裁判所对于所有权保留在平时以及破产情况所持立场的差异，引发了实体法与程序法规则之间的矛盾。在我国，《民法典》第641条第2款及《担保制度司法解释》第54条的相关规定表明，所有权保留在登记后，出卖人方可对抗买受人的破产管理人。这意味着，出卖人在破产程序中主张其保留的所有权应作为别除权对待时，应遵循实体法中担保权利需完成登记才具备对抗善意第三人效力的规定，所有权保留的对抗效力规则在实体法与程序法中的连贯性得以维持。因此，出卖人保留的所有权作为别除权处理，并不会出现日本法关于是否需要具备对抗要件以及对抗效力相关规范的抵牾问题。

最后，自《民法典》颁布以来，尽管所有权保留的法律属性之争尚未落幕，但多数观点认为其不应被视为传统的所有权。因此，实体法中受到限制的"保留所有权"在破产程序中，直接恢复为"完整所有权"不合情理。

综上，允许所有权保留的出卖人行使别除权而非取回权，既不会与现行别除权体系产生冲突，又能增强实体法与程序法之间的连贯性。

2. 维持统一的登记优先顺位规则

首先，根据《担保制度司法解释》第57条的规定，所有权保留的出卖人与"为价款支付提供融资而在该动产上设立抵押权的债权人"（以下简称"融资提供方"）均作为购置款担保权人。如果允许所有权保留的出卖人在破产时行使取回权，实则打破了该条款对于"按照登记的时间先后确定清偿顺序"规则的限制[1]。例如：出卖人于某月1日将标的物交付给买受人，买受人于2日在标的物上为融资提供方设立抵押权。如果允许出卖人行使取回权，意味着出卖人仅需在买受人进入破产程序前进行登记即可。在此情境中，无论融资提供人登记时间的早晚，都将置于出卖人之后，这将使得登

---

［1］ 詹诗渊：《破产程序中所有权保留卖方权利的法律性质》，载《法学》2023年第7期。

记优先顺位规则变得形同虚设，不利于融资提供方，同时也对融资需求方（买受人）造成不利影响。

其次，购置款担保权相较于其他担保物权已具备极为强大的保障权益，如果允许出卖人行使取回权，势必也会对《民法典》第414条的登记优先顺位规则造成影响。

3. 促进破产重整程序的稳步推进

如前所述，在日本法中，尽管所有权保留的法律性质尚未明确，但已普遍认同出卖人应行使别除权。这一观点部分源于在破产重整程序中，出卖人行使取回权可能对买受人的破产重整进程产生影响，如果出卖人行使的为别除权，则允许买受人通过担保权实现程序中止命令等方式加以缓和。

在我国破产重整程序中，一般认为，由于担保财产可能是企业破产重整所需的财产[1]。如果出卖人行使的是别除权，根据《企业破产法》第75条规定，在破产重整期间，担保物权暂停行使，除非担保物存在损坏或者价值明显减少的可能，足以危害担保权人的权益，否则担保权人不得向人民法院请求恢复行使担保权。此外，买受人的破产管理人可以通过支付剩余价款消灭担保权，取得标的物的完整所有权。

因此，出卖人行使别除权能够有效地减轻出卖人取回标的物对破产重整所带来的负面影响，进而有利于破产重整程序的稳步推进。

五、结语

近年来，随着现代担保模式的多样化，《美国商法典》第九编以及联合国《贸易法委员会担保交易立法指南》等所倡导的功能主义担保立法主义日益盛行。然而，由于所有权保留的交易结构特殊，导致形式主义下传统"所有权"观念与功能主义下具有"担保功能的所有权"之间的观念差异，这在同属大陆法系的中日两国的担保法制改革中引发了诸多争议。

---

　　[1]　王欣新：《论破产程序中担保债权的行使与保障》，载《中国政法大学学报》2017年第3期。

　　从实体法担保制度的目的来看，可以概括为债权人遵循担保制度的相关规定，享有对特定财产的优先受偿权利，这一目的原则上应延伸至破产程序，除非破产法领域基于立法意图的差异，才可在破产程序中对实体法的规则进行调整。然而，我国破产法领域仍停留在形式主义担保观念，与实体法中推进的功能主义担保观念存在差异。因此，我国现行破产法的规则应作出合理的修正，强化与《民法典》等实体法之间的连贯性。

日本自动驾驶事故责任主体及责任要件之考察

沈建波*

一、前言

近年来，随着自动驾驶技术的革新，与其相关的刑事责任、行政责任、民事责任等问题也被诸多学者所注目。本文将围绕日本自动驾驶汽车所引发的交通事故民事责任的立法动向和学说争鸣进行系统考察，以期求教于大方。

目前，我国主要通过《中华人民共和国民法典》（以下简称《民法典》）和《中华人民共和国道路交通安全法》（以下简称《道路交通安全法》）对交通事故侵权责任案件进行规制。比如《道路交通安全法》第 76 条规定了"机动车与机动车之间的事故适用过错责任原则，机动车与非机动车或行人之间适用无过错责任原则[1]或过错推定责任原则[2]"；《民法典》第 1209 条规定了"机动车所有

---

* 沈建波，早稻田大学法学研究科民法专业博士研究生。

[1] 学说和判例倾向于采用该立场。程啸：《侵权责任法》（第 3 版），法律出版社 2021 年版，第 591 页；王利明、周友军、高圣平：《中国侵权责任法教程》，人民法院出版社 2010 年版，第 556 页；最高人民法院民法典贯彻实施工作领导小组主编：《中华人民共和国民法典侵权责任编理解与适用》，人民法院出版社 2020 年版，第 361 页；江苏省宿豫区（县）人民法院（2021）苏 1311 民初 935 号民事判决书。

[2] 孙玉荣：《〈中华人民共和国道路交通安全法〉第 76 条之法律适用》，载《法学杂志》2011 年第 5 期；郑志峰：《自动驾驶汽车交通事故责任的立法论与解释论——以民法典相关内容为视角》，载《东方法学》2021 年第 3 期；白景富：《关于〈中华人民共和国道路交通安全法修正案（草案）〉的说明——2007 年 10 月 24 日在第十届全国人民代表大会常务委员会第三十次会议上》，载《中华人民共和国全国人民代表大会常务委员会公报》2008 年第 1 期；杨立新：《修正的〈道路交通安全法〉第 76 条的进展及审判对策》，载《法律适用》2008 年第 3 期。

人，管理人与使用人"的责任，第1210条至第1215条规定了一些特殊主体所引发的交通事故责任。应如何协调《道路交通安全法》中的责任主体和《民法典》中的责任主体的关系呢？对此，程啸教授认为，《民法典》中规定的特殊主体可以等同于比较法上的"保有者"（在日本称为"运行供用者"），并把"保有者"这一概念收束到《道路交通安全法》第76条第1款第2项所规定的"机动车一方"的概念中（图1模式）[1]。

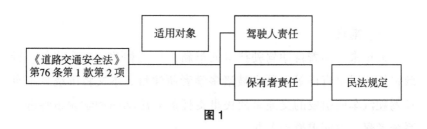

图1

笔者认为上述解释也存在两个问题：①该解释方式与《道路交通安全法》第2条"中华人民共和国境内的车辆驾驶人、行人、乘车人以及与道路交通活动有关的单位和个人，都应当遵守本法"的规定冲突。比如，《民法典》第1209条机动车使用人和所有人不一致时，该机动车所有人并不是实际驾驶人。如此来看，把保有者放入《道路交通安全法》第76条第1款第2项，与《道路交通安全法》第2条的规定相矛盾。②《道路交通安全法》第76条第1款第1项中并没有"机动车一方"的表述，所以程啸教授的解释方式怎么适用到机动车之间事故，仍不明确。因此，考察日本法现行法中"运行供用者"的规定，对协调《道路交通安全法》中的责任主体和《民法典》中的责任主体的关系有一定借鉴作用。

此外，制定《机动车交通事故责任强制保险条例》（以下简称《交强险条例》）配合《道路交通安全法》共同构建"交强险"制度来救济被害者等。

---

〔1〕　程啸：《侵权责任法》（第3版），法律出版社2021年版，第601~614页。

上述我国应对交通事故侵权责任现行制度框架下，目前国内学界对自动驾驶汽车侵权责任主要从以下方面进行探讨：①是否需要"过错"要件。有观点认为自动驾驶汽车侵权责任不需要"过错"要件[1]。②是否需要"因果关系"要件。学说中倾向于采用"举证责任倒置"的方式来解决"因果关系"要件的证明问题[2]。③责任承担方式。有观点认为应该采用分担责任的观点[3]；也有观点认为应该责任集中到机动汽车的生产者上[4]，同时用强制保险来配套责任集中的处理方式[5]。

立法实践层面，深圳经济特区也制定了《深圳经济特区智能网联汽车管理条例》（以下简称《智能汽车条例》）。其第53条规定："有驾驶人的智能网联汽车发生交通事故造成损害，属于该智能网联汽车一方责任的，由驾驶人承担赔偿责任。完全自动驾驶的智能网联汽车在无驾驶人期间发生交通事故造成损害，属于该智能网联汽车一方责任的，由车辆所有人、管理人承担赔偿责任。"第54条规定："智能网联汽车发生交通事故，因智能网联汽车存在缺陷造成损害的，车辆驾驶人或者所有人、管理人依照本条例第53条的规定赔偿后，可以依法向生产者、销售者请求赔偿。"即"第一次责任由汽车驾驶人或所有人/管理人承担，再由其向生产者，销售者求偿"。

---

〔1〕 刘召成：《自动驾驶机动车致害的侵权责任构造》，载《北方法学》2020年第4期；宋宗宇、林传琳：《自动驾驶交通事故责任的民法教义学解释进路》，载《政治与法律》2020年第11期；项波、张志坚、钟梅茹：《不同应用场景下无人驾驶汽车交通事故责任认定》，载《江西社会科学》2021年第8期。

〔2〕 郑志峰：《自动驾驶汽车的交通事故侵权责任》，载《法学》2018年第4期。

〔3〕 杨立新：《民事责任在人工智能发展风险管控中的作用》，载《法学杂志》2019年第2期；刘召成：《自动驾驶机动车致害的侵权责任构造》，载《北方法学》2020年第4期。

〔4〕 冯洁语：《人工智能技术与责任法的变迁——以自动驾驶技术为考察》，载《比较法研究》2018年第2期；郑志峰：《自动驾驶汽车的交通事故侵权责任》，载《法学》2018年第4期。

〔5〕 郑志峰：《自动驾驶汽车的交通事故侵权责任》，载《法学》2018年第4期；张祖阳、樊启荣：《论我国智能汽车产品责任强制保险的制度构建》，载《江汉论坛》2023年第7期。

从上述学说讨论和立法例可看出，目前国内对自动驾驶汽车侵权责任探讨呈现出"百花齐放，百家争鸣"的状态。概而观之，主要集中在"侵权责任成立要件"（视点一）和"侵权责任承担主体和方式"（视点二）两个方面。此外，也正如《深圳经济特区智能网联汽车管理条例》制定理由[1]中所说，对新兴的自动驾驶汽车的讨论离不开对外国法的借鉴。

综上，本文将从上述两个视点考察日本自动驾驶汽车相关的法律法规和学说。

由于中日间应对机动车侵权责任的制度框架多少存在差异，因此，本文将从上述两视点出发考察日本交通事故侵权责任的现行制度框架（部分二），同样基于上述两视点考察日本政府的政策讨论和立法机构的立法动向（部分三），以及日本的学说讨论（部分四），最后得出对中国的启示（部分五）。

二、现行交通事故民事侵权责任考

日本自明治时代制定《日本民法》（以下简称《民法》）以来，交通事故侵权责任由《民法》第709条[2]规制。但随着机动车的普及，交通事故高发，且伴随大量人员死伤。以此为契机，日本参照了德国1909年制定的《机动车交通法》（Gesetz über den Verkehr mit Kraftfahrzeugen）第7条[3]制定了《自动车损害赔偿保障法》（以下

---

〔1〕《深圳经济特区智能网联汽车管理条例》，载深圳市人大常委会网站，https://www.szrd.gov.cn//v2/zx/szfg/content/post_966190.html，最后访问日期：2023年3月4日。

〔2〕《民法》第709条规定，因故意或过失侵害他人的权利或被法律上保护利益的人需要承担由此产生的损害赔偿责任。

〔3〕 浦川道太郎「自動走行と民事責任」NBL1099卷（2017年）30頁参照。

简称《自赔法》）。该法第 2 条到第 4 条[1]创设了新的交通事故的责任主体和归责方式，以及强制责任保险制度。但如条文所述，该《自赔法》也只能适用于"他人损害"，而不能适用于"自损"。

自此，日本形成了"二元体系"应对交通事故侵权责任。即，《自赔法》救济"他损"中的人身损害，《民法》救济"自损"（包括人身损害和财产损害）和"他损"中的财产损害。

基于上述两试点，先考察《民法》中交通事故的侵权责任成立要件及责任主体和责任承担方式（一），再考察《自赔法》适用于交通事故的侵权责任成立要件（二）及责任主体和责任承担方式（三）。

（一）《民法》中侵权责任成立要件及责任主体和责任承担方式

1. 侵权责任成立要件

（1）一般论"过失"。对于过失，起草者的观点并不明确，既有主观的理解也有客观的理解[2]。日本最高法的判例，倾向于对过失采用"客观"的理解，比如"过失可以被理解为在一定的情况中的客观的行为义务违反"[3] 或者"过失可以理解为结果义务违

---

[1] 《自赔法》第 2 条至第 4 条译文——第 2 条（定义）：①本法所称"自动车"指，《道路运输车辆法》（昭和 26 年法律第 185 号）第 2 条第 2 项规定的自动车（以用于农业耕作为目的制作地小型特殊机动车除外）以及第 3 项规定的带有原动机的自行车。②本法所称的"行驶（運行）"指，不管运送人或物（的目的），只要按该装置的用法来使用（该）自动车。③本法所称的"保有人"指，机动车所有人以及其他有权使用该机动车的人（之中）为了自己（的目的）而将汽车用于运行的人。④本法所称的"驾驶人（運転者）"指，为他人驾驶机动车或者（为他人）从事驾驶辅助事务的人。第 3 条（自动车损害赔偿责任）为了自己（的目的）而将汽车用于运行的人（以下简称"运行供用者"），因其运行侵害他人的生命或者身体时，需要承担由此产生的损害赔偿责任。但是，自己以及驾驶人没有懈怠机动车行驶期间应尽的注意；被害人或者驾驶人以外的第三人是故意或者过失；以及，机动车没有构造上的缺陷或（没有）功能的障害时，则不在此限。第 4 条（民法的适用）为了自己（的目的）而将汽车用于运行的人所产生的损害赔偿责任，除适用前条规定之外，还可以适用民法（明治 29 年法律第 89 号）的规定。

[2] 该具体内容，参见于宪会：《日本法上关于权力侵害、违法性与过错之关系的讨论——兼论对我国侵权责任法发展的启示》，载牟宪魁主编：《日本法研究》（第 1 卷·2015），中国政法大学出版社 2015 年版，第 55 页。

[3] 大判明治 32 年 12 月 7 日民録 5 輯 11 巻 32 頁。

反"[1]。

（2）交通事故中的过失。基于客观"过失"，日本在《道路交通法》（以下简称《道交法》）中也规定了驾驶人的"注意义务"。但《道交法》上的义务与一般论"过失"中的"行为义务"并不必然相等。一般而言，违反《道交法》等行政强制法规的行为并不必然具有民法上的过失，只有当行政强制法规的保护法益与侵权责任法的保护法益一致时，才可以推定违反行政强制法规的行为有民法上的过失[2]。

2. 责任主体和责任承担方式

《民法》第709条规定的责任主体为直接侵权人。即机动车的驾驶人承担"自己责任"。

（二）《自赔法》的责任成立要件

被害人X证明《自赔法》第3条规定的：①自己是《自赔法》第3条中的"他人"；②身体·生命权益受到侵害；③身体·生命权益的侵害是由Y的"运行"导致；④损害（及额度）；⑤Y是车辆甲的"运行供用者"；⑥因果关系等要件[3]，可以向Y请求损害赔偿。

被告人Y证明《自赔法》第3条但书规定的三个要件可以免责，即：①自己以及驾驶人没有懈怠机动车行驶期间应尽的注意；②被害人或者驾驶人以外的第三人是故意或者过失；③机动车没有构造上的缺陷或（没有）功能的障害。

1. "运行"要件

要件③与2022年《道交法》的修正相关，故，此处先对日语词的"運行（运行或行驶）""運転（驾驶）"和"運転者（驾驶人）"进行释义和区别。

---

[1] 大判大正5年12月22日民録22輯2474頁。

[2] 窪田充見『不法行為法（第2版）』（有斐閣，2018年）95-98頁参照。

[3] 潮見佳男『不法行為法Ⅱ〔第2版〕〈法学の森〉』（信山社，2011年）325頁参照。

（1）"運行"（运行或行驶）。日本学界就"运行"有提出"发动机说"[1] "行走装置说"[2] "固有装置说"[3] "从车库到车库说"[4] 和"危险性说"[5] 等[6]。

"運行"是指移动方向盘、车轮，从而使机动车在地面移动的行为[7]。因此，本文译为"运行或行驶"。

（2）"'運転'及び'運転者'"（驾驶及驾驶人）。根据《道交法》第2条第1项第17号规定和第70条规定，"運転"指"在道路上按照车辆本来的用法来对其进行使用的行为"[8]。"運転"概念主要从"车辆和道路（公路）之间的关系来把握理解"[9]。因此，本文译为"驾驶"。

---

〔1〕 坂本雄三「自動車損害賠償保障法第三条の損害賠償原因（1）」法律論叢 34 巻 5 号（1961 年）117 頁，神戸地裁昭和 34 年 4 月 18 日民集 10 巻 4 号 781 頁。

〔2〕 井上健一「自動車損害賠償保障制度の実施状況とその問題点」ジュリスト 172 号（1959 年）39 頁、海老名惣吉「自動車損害賠償責任保険」総合法学 32 号（1961 年）30 頁参照。

〔3〕 木宮高彦・羽成守・坂東司朗・青木荘太郎『新版・註釈自動車損害賠償保障法』（有斐閣，2003 年）18 頁参照。鷺岡康雄「荷下ろし中の事故」小川昭二郎編『新版交通事故損害賠償の基礎』（青林書院新社，1979 年）48 頁参照。

〔4〕 寺本嘉弘「運行によって」判例タイムズ22 巻 15 号（1971 年）57 頁、中村行雄「自賠法における『運行』及び『運行によって』」吉岡進編『現代損害賠償法講座 3』（日本評論社，1972 年）95 頁、平井一雄「『運行』の範囲」中川善之助・兼子一監修『交通事故』（青林書院新社，1973 年）197 頁参照。

〔5〕 石田穣「判例評釈 二 同法三条が規定している『運行によって』の意味」法学協会雑誌 86 巻 12 号（1969 年）1528 頁参照。

〔6〕 学说详细内容，参见赵银仁：《日本机动车交通事故损害赔偿责任考察——以自赔法第 3 条之"运行"要件为视角》，载牟宪魁主编：《日本法研究》（第 1 卷·2015），中国政法大学出版社 2015 年版，第 94~107 页。

〔7〕 運輸省自動車局編『自動車損害賠償保障法の解釈・時の法令シリーズ2』（大蔵省印刷局，1955 年）30 頁以下参照。

〔8〕 今井猛嘉「自動車の自動運転と運転及び運転者の概念（2）」研修 840 号（2018 年）4 頁。

〔9〕 今井猛嘉「自動車の自動運転と運転及び運転者の概念（2）」研修 840 号（2018 年）4 頁。

2. "运行供用者" 要件

(1) 运行供用者的判断。当时的立法负责人[1]和判例[2]都认为，需要通过"运行支配"和"运行利益"要件来判断"运行供用者"。此外一元说[3]认为只需通过"运行支配"即可判断运行供用者，"运行利益"只是"运行支配"要件的外在表现。

"运行支配"的有无通过是否"能够在事实上支配，管理机动车的运行，（处于）社会通念上机动车的运行不会给社会带来恶害的监视，监督立场（地位）"的观点来判断。

"运行利益"可以通过"从机动车运行中产生的利益"[4] "有形·无形利益"[5] "给予租赁方的恩惠，给予顾客的服务之类的间接利益"[6] 等角度认定。

(2) 运行供用者的具体例。

一是机动车所有人。机动车驾驶人和所有人分离时，该机动车的所有人对其所有的机动车是否还有"运行支配"，还需要承担"运行供用者"责任呢？判例认可了"机动车（有偿）出租方"[7] "机动车（无偿）出借人"[8] "被擅用的机动车的所有人"[9] "委

---

〔1〕 運輸省自動車局編『自動車損害賠償賠償保障法の解説』時の法令シリーズ2（大蔵省印刷局，1955 年）29 頁参照。

〔2〕 最判昭和 43 年 9 月 24 日判例タイムズ228 号 112 頁。

〔3〕 浜崎恭生「名義貸·名義残り」判例タイムズ18 巻 15 号 （総 212 号） （1967 年）54 頁；宮崎富哉「交通事故における使用者責任と運行供用者責任との関係—要件事実の構成を中心に—」判例タイムズ18 巻 14 号 （総 211 号） （1967 年）126 頁参照。

〔4〕 伊藤文夫「運行供用者について」石田満編『保険法学の諸問題：田辺康平先生還暦記念』（文真堂，1980 年）28 頁。

〔5〕 佐藤邦夫「使用貸借」判タイムズ18 巻 15 号 （総 212 号） （1967 年）60 頁。

〔6〕 最高裁昭和 46 年 11 月 16 日判時 653 号 88 頁。

〔7〕 最判昭和 50 年 5 月 29 日裁判集民 115 号 33 頁，最判昭和 46 年 11 月 9 日民集 25 巻 8 号 1160 頁。

〔8〕 最判昭和 46 年 1 月 26 日民集 25 巻 1 号 102 頁。

〔9〕 最判昭和 39 年 2 月 11 日民集 18 巻 2 号 315 頁、最判昭和 46 年 7 月 1 日民集 25 巻 5 号 727 頁、最判昭和 52 年 9 月 22 日裁判集民 121 号 281 頁、最判昭和 42 年 11 月 30 日民集 21 巻 9 号 2512 頁、最判昭和 41 年 4 月 15 日裁判集民 83 号 201 頁、最判昭和 40 年 7 月 16 日裁判集民 79 号 853 頁、最判昭和 49 年 11 月 12 日裁判集民 113 号 169 頁。

托代驾的机动车所有人在于第三人关系中"[1]对机动车的"运行支配",从而肯定其"运行供用者"责任。此外,判例否定了"有偿委托代驾人的机动车所有人"[2]"所有权留保的卖方·融资租赁公司"[3]"被盗、被抢车辆的所有人"[4]"委托道路运输的机动车所有人"[5]的"运行供用者"责任。当然,上述判例中都认可了机动车驾驶人的运行供用者责任。

二是机动车所有人以外的人。判例认可了"作为借款担保而暂管机动车的贷款人"[6]"机动车修理业者在修车期间"[7]"雇员驾驶自己的汽车引发事故的雇主（公司）""被挂靠人（或名义出借人）"[8]对机动车的"运行支配",从而肯定其"运行供用者"责任。此外,判例否定了"承揽人所有机动车引发交通事故的定做人"[9]"子女驾驶其所有自动车引发交通事故的父母"的"运行供用者"责任。

（3）小结。综上,判断机动车所有人是否具有"运行支配",可以从"返还期限"[10]"密切的人际关系"[11]"归还机动车的意思"[12]"主观容忍加客观容忍"[13]等要素进行判断。判断机动车所有人以外的人是否具有"运行支配",可以从"占有管理的转移""职务关联性"等要素进行判断。

---

〔1〕 最判平成9年10月31日民集51卷9号3962页。

〔2〕 北河隆之＝中西茂＝小賀野晶一＝八島宏平『逐条解説 自動車損害賠償保障法（第2版）』（弘文堂, 2017）35页。

〔3〕 神戸地判平成3年9月4日判夕791号209页。

〔4〕 最判昭和48年12月20日民集27卷11号1611页。

〔5〕 最判昭和47年10月5日民集26卷8号1367页。

〔6〕 最判昭和43年10月18日判夕228号115页。

〔7〕 最判昭和44年9月12日民集23卷9号1654页。

〔8〕 最判昭和44年9月18日民集23卷9号1699页。

〔9〕 最判昭和45年2月27日裁判集民98号295页。

〔10〕 神戸地判平成10年3月19日交民31卷2号377页。

〔11〕 昭和46年11月26日民集25卷8号1209页中的"顾客和卖车公司之间的特定契约产生的关系",最判昭和53年8月29日交民11卷4号941页中的父子关系,等等。

〔12〕 最判昭和39年2月11日民集18卷2号315页。

〔13〕 最判平成20年9月12日裁判集民228号639页。

3. "运行供用者"的免责要件

根据《自赔法》第3条但书规定，运行供用者要免责需要证明上述①②③三个要件。本文着重对要件③"机动车没有构造上的缺陷或（没有）功能的障害"进行说明。

日本的《自赔法》第3条但书延续了德国《机动车交通法》第7条的规定，认为机动车的"运行供用者"需要承担由驾驶员的过错（人的危险）和作为物的机动车的缺陷（物的危险）所引发的事故责任[1]。因而，"运行供用者"想要免责，需要证明要件③。

通说上认为，要件③所指的"缺陷或障害"与《制造物责任法》中的"缺陷"基本是一致的[2]。且可把"缺陷"分为"制造上的缺陷，设计上的缺陷和警告上的缺陷"。通说认为"制造上的缺陷"根据"标准脱离说"来判断，"设计和警告上的缺陷"根据"消费者期待说或者危险效用说"来判断[3]。

基于上述理解，也产生了"运行供用者的代替责任"的问题。具体而言，运行供用者为了免责，需要证明要件③。而该要件所说的"缺陷"不仅指"保有人保有机动车后，在该机动车上产生的缺陷"，也包括"制造者在制造机动车的过程中所产生的缺陷/障害"（以下简称"原始缺陷"）[4]。因而，和（"他损"）被害人的关系中，运行供用者和制造物责任法上的制造者都需要承担机动车"原始缺陷"带来的风险[5]。

机动车的原始缺陷所产生的"他损"中的人身损害，存在运行供用者责任和制造者责任的交叉领域，该交叉领域的被害人可以选择向运行供用者追究责任或向制造者追究责任，如果被害人追究运

〔1〕 浦川道太郎「自動運転における民事責任のあり方」法律のひろば71巻7号（2018年）25頁参照。

〔2〕 塩崎勤「自賠法三条の運行供用者と製造物責任」塩崎勤＝園部秀穂編『新・裁判実務大系交通損害訴訟法』（青林書院，2003年）17頁参照。

〔3〕 山口斉昭「運転者・運行供用者等の人的被害の補償・賠償について」交通法研究第46号（2018年）63頁参照。

〔4〕 舟本信光『自動車事故民事責任の構造』（日本評論社，1970年）31頁。

〔5〕 舟本信光『自動車事故民事責任の構造』（日本評論社，1970年）33頁参照。

行供用者责任,则由运行供用者负担该"原始缺陷"的证明责任;如果被害人追究制造者的制造物责任,则由被害人负担该"原始缺陷"的证明责任。此外,由于《制造物责任法》中不存在"缺陷"推定规定,被害者难以追究制造者的责任。因此实务中,被害人倾向于追究运行供用者的责任。这种在法律适用中,运行供用者承担了本来应该由制造者承担的第一次责任(甚至是承担了最终责任)的现象就被称为"运行供用者的代替责任的问题"[1]。

(三)《自赔法》中的责任主体和责任承担方式

《自赔法》规定的"保有者"[2]实际上就是指"运行供用者"中,有正当权限使用机动车的人。因此,"运行供用者"就是《自赔法》中的责任主体,其责任承担方式为"中间责任(过错推定责任)"。

(四)小结

基于两视点对日本交通事故责任的考察,可以发现"日本的交通事故,主要通过损害类型来区分责任主体(即上述二元体系)"。根据判例,该"运行供用者"可以是直接侵权人的驾驶人,也可以是非驾驶人的其他人(图2)。

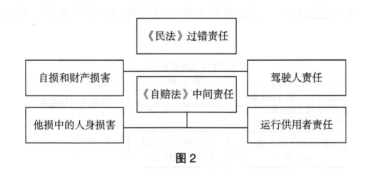

图 2

---

[1] 舩見菜々子「自動運転に関する損害賠償責任——運行供用者責任と製造者責任の交錯領域における問題——」立命館法政論集 19 卷(2021 年)177 頁。

[2] 保有者判断要件:①有使用机动车权利的人。即"不管怎么样的法律关系,有基于法律上正当权限的使用权的人"。比如租赁人、被委任人等人符合"有使用机动车权利的人"。车辆的盗窃者、没有使用人同意使用车辆的人等不符合"有使用机动车权利的人"。②为了自己驾驶用而提供机动车的人。即与第 3 条中的概念相同。

上述日本应对交通事故的模式, 对 "我国的《道路交通安全法》和《民法典》规定的责任主体之间的协调" 问题也有一定借鉴作用。

换言之, 我国《民法典》第 1209 条所规定的 "租赁、借用", 第 1210 条所规定的 "名义残留", 第 1211 条所规定的 "挂靠", 第 1212 条所规定 "擅用", 第 1215 条所规定的 "盗窃、抢劫或者抢夺" 等规定的责任主体, 与前述日本判例确定的具体的 "运行供用者" 相同, 该点也与程啸教授的观点相映衬。

由此, 笔者认为, 可把我国《民法典》第 1209 条至第 1217 条所属的第七编第五章解读为是对 "运行供用者（或保有者）" 责任的规定。《民法典》第 1165 条或第 1166 条所属的第七编第一章则是对直接侵权人责任的规定。发生交通事故时, 机动车的驾驶人不仅仅是《道路交通安全法》上的驾驶人, 也是《民法典》第 1165 条或第 1166 条所规定的直接侵权人。也即《道路交通安全法》第 76 条的规定其实就是对《民法典》第 1165 条和第 1166 条规定的重申。如此解释, 既尊重《道路交通安全法》第 2 条立法主旨, 也协调了《道路交通安全法》和《民法典》的规定。因此,《道路交通安全法》和《民法典》规定的责任主体之间的协调可以采用图 3 模式。

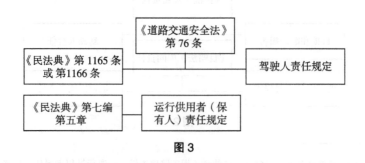

图 3

三、自动驾驶汽车引发交通事故的立法讨论

日本专管交通事务的政府部门 "国土交通省" 就 "现行法律与自动驾驶相关问题" 召开了专门会议, 并在该会议中确定了日本的

发展方向。本章将先考察国土交通省会议的核心内容，再继续考察该会议所确定的方向对现行法修正的影响。

（一）国土交通省会议

1. 会议内容概括

自 2016 年 11 月起，国土交通省就"现行法律与自动驾驶相关问题"召开了六次会议[1]。本文对第一次会议[2]（2016 年 11 月 2 日），第二次会议[3]（2017 年 2 月 28 日），第三次会议[4]（2017 年 4 月 26 日），第四次会议[5]（2017 年 9 月 27 日），第五次会议[6]（2018 年 1 月 26 日），第六次会议[7]（2018 年 3 月 20 日）中重要内容进行如下概括。

第一，针对《自赔法》中的"运行供用者"应该如何考虑。给出以下三种提案（如表 1）。

表 1

	概　要
案①	维持现行的"运行供用者"责任，同时确保保险公司向机动车制造业者求偿的制度。
案②	维持现行的"运行供用者"责任，构建让机动车制造业者事先承担一定负担的制度。

---

〔1〕「自動運転における損害賠償責任に関する研究会」，載国土交通省 HP，https：//www. mlit. go. jp/jidosha/jidosha_tk2_000048. html，最后访问日期：2024 年 2 月 1 日。

〔2〕「自動運転における損害賠償責任に関する研究会」，載国土交通省 HP，https：//www. mlit. go. jp/jidosha/jidosha_tk2_000047. html，最后访问日期：2024 年 2 月 1 日。

〔3〕「自動運転における損害賠償責任に関する研究会」，載国土交通省 HP，https：//www. mlit. go. jp/jidosha/jidosha_tk2_000056. html，最后访问日期：2024 年 2 月 1 日。

〔4〕「自動運転における損害賠償責任に関する研究会」，載国土交通省 HP，https：//www. mlit. go. jp/jidosha/jidosha_tk2_000053. html，最后访问日期：2024 年 2 月 1 日。

〔5〕「自動運転における損害賠償責任に関する研究会」，載国土交通省 HP，https：//www. mlit. go. jp/jidosha/jidosha_tk2_000063. html，最后访问日期：2024 年 2 月 1 日。

〔6〕「自動運転における損害賠償責任に関する研究会」，載国土交通省 HP，https：//www. mlit. go. jp/jidosha/jidosha_tk2_000064. html，最后访问日期：2024 年 2 月 1 日。

〔7〕「自動運転における損害賠償責任に関する研究会」，載国土交通省 HP，https：//www. mlit. go. jp/jidosha/jidosha_tk2_000065. html，最后访问日期：2024 年 2 月 1 日。

续表

	概　　要
案③	构建系统缺陷引发的事故由机动车制造业者承担事实上的无过失责任的制度。

上述三种提案可以用图 4 表示[1]。

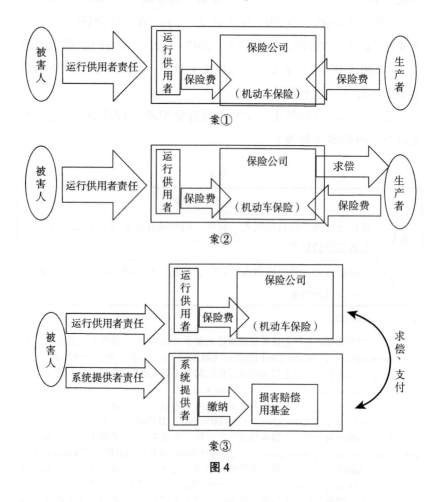

图 4

---

〔1〕 佐藤典仁『自動運転における損害賠償責任に関する研究会の論点整理』NBL 1102 号（2017 年）54 頁参照。

本次会议中认为：在过渡期 ［指作为高度自动驾驶系统导入初期阶段，即自动驾驶（SAE）等级 3 和 4 的自动驾驶系统混用阶段］，仍能认可机动车的所有人，机动车运送事业者等人具有运行支配和运行利益，即维持现行"运行供用者责任体系不变"。再者，"从迅速救济被害人的角度考虑，现行运行供用者来承担责任的现行制度是最有效的等理由来考虑，也应该维持现行的运行供用者责任（案①）"。

第二，"被黑客入侵的自动驾驶汽车引发的交通事故责任"类似于现在的被偷盗的机动车引发的交通事故，因此仍可适用现行制度。

第三，《自赔法》中的"他人"应该如何考虑。自动驾驶系统"缺陷"引发的自损事故，目前有以下两个论点（如表2）。

表2

	概　　要
案④	现行法可以应对自动驾驶系统"缺陷"引发的自损事故。例如，基于《制造物责任法》追究机动车制造者的制造物责任，基于《民法》追究经销商的瑕疵担保责任，现行的任意保险等。
案⑤	重新审视现行的自赔责任保险，重新探讨《自赔法》保护的对象。

会议认为："在过渡期，仍可以适用任意保险来应对自损事故（即认为应该采用案④）。"

第四，"没有懈怠机动车驾驶相关的注意义务"的议论。进入自动驾驶后，运行供用者需要在现行义务基础上额外承担"防止自动驾驶系统发生故障的注意义务，自动驾驶系统的软件或信息的更新义务"。

第五，"机动车没有构造上的缺陷或功能的障碍"的议论。预先设想外部数据错误、通信阻断等事态发生，设计出即使发生这些事态仍能够安全行驶的自动驾驶系统。若设计出的系统不能确保发生上述事态时的安全，则可认为系统有"构造上的缺陷或功能障害"。

2. 小结

基于上述两个视点对国土交通省会议进行如下总结。①过渡期，自动驾驶汽车引发的交通事故，仍维持现行"运行供用者"责任体系。即自损和他损中的财产损害基于《民法》的过错责任向作为直接侵权人的驾驶人请求损害赔偿；他损中的人身损害通过《自赔法》的"中间责任"向"运行供用者"请求损害赔偿（视点二）。②相比于现行机动车，自动驾驶汽车的"运行供用者"的注意义务的内容有所改变，如"运行供用者"需要承担"自动驾驶系统的软件或信息的更新义务"。在认定自动驾驶汽车"构造上的缺陷或功能障害"时，设计者需要预先设想外部数据错误、通信阻断等事态导致事故发生时，仍能确保自动驾驶汽车使用者或他人的安全。③提出使用 CDR 和 EDR 技术来解决"自动驾驶汽车导致的交通事故中因果关系的证明和保险公司向制造者求偿"等问题（视点一）。

（二）法改正

在国土交通省会议确定过渡期维持现行"运行供用者"责任体系方针后，2019 年 5 月 24 日对《道路运输车辆法》[1]进行了修正，在 2020 年 6 月 10 日[2]和 2022 年 4 月 27 日陆续对《道交法》进行修正。其中，2022 年《道交法》修正可以概括为以下几点。

其一，本次修正把"自动运行装置"从"驾驶"的定义中排除[3]，并采用新设第 2 条第 1 项第 17 号之 2 的方式来规定"特定自动运行"。从"驾驶"的定义中删除"自动运行装置"，并新设第

---

〔1〕 该次修改的具体内容，梁超：《日本自动驾驶汽车侵权责任的改正动向和学说论争》，载梁慧星主编：《民商法论丛》（第 76 卷），社会科学文献出版社 2023 年版，第 298~322 页。

〔2〕 该次修改的具体内容，梁超：《日本自动驾驶汽车侵权责任的改正动向和学说论争》，载梁慧星主编：《民商法论丛》（第 76 卷），社会科学文献出版社 2023 年版，第 298~322 页。

〔3〕 2020 年 6 月 10 日修正案第 2 条第 1 项第 17 号「道路交通法改正比較」，载新日本法規，https：//www.sn-hoki.co.jp/data/pickup_hourei/onct/DOURO-HOU20200610-42.html，最后访问日期：2024 年 4 月 17 日。2022 年 4 月 27 日修正案第 2 条第 1 项第 17 号「道路交通法改正比較」，载新日本法規，https：//www.sn-hoki.co.jp/data/pickup_hourei/onct/DOURO-HOU20221223-390.html，最后访问日期：2024 年 4 月 17 日。

2 条第 1 项第 17 号之 2 "特定自动运行"规定。这意味着'特定自动运行'"并不是"驾驶"而是"运行（行驶）"。因此与特定自动运行相关的人（即本次修正新增的特定自动运行实施者，特定自动运行主任者，现场措施业务实施者）不用承担《道交法》上课以"驾驶"或"驾驶员"的义务[1]。

其二，新增"特定自动运行实施者，特定自动运行主任者，现场措施业务实施者"等相关主体。修正后的《道交法》第 75 条之 20 第 1 项，第 75 条之 21 第 1 项，第 75 条之 23 第 1 项或第 3 项，第 75 条之 19 第 2 项等规定了特定自动运行主任者应该发挥的作用。《道交法》第 75 条之 19 第 3 项，第 75 条之 23 第 1 项，第 75 条之 23 第 2 项和第 5 项等规定了现场措施业务实施者应发挥的作用。《道交法》第 75 条之 12 第 2 项第 2 号，第 75 条之 19 第 1 项等规定了特定自动运行实施者应发挥的作用[2]。即新增"特定自动运行实施者，特定自动运行主任者，现场措施业务实施者"等相关主体来承接原来"驾驶人"的部分义务。

四、学说考察

本章将先从视点二考察日本学说对自动驾驶汽车所引发的交通事故的"侵权责任承担主体和方式"的探讨，再从视点一考察自动驾驶汽车所引发的交通事故的"侵权责任成立要件"。

（一）自动驾驶汽车引发的交通事故的责任主体与责任承担方式

1.《自赔法》上的责任主体

藤田友敬教授认为"即使是无人驾驶汽车也存在'运行供用者'"，"运行利益"要件的判断仍和现在的判断方式相同，"利用自动驾驶装置让该车行驶的人就对该车享有运行支配"。如此解释，也可能"运行供用者"不明。比如，"让幼儿乘坐无人驾驶汽车，

---

〔1〕 今井猛嘉「自動運転に関する法整備」IATSS Review（国際交通安全学会誌）47 卷 3 号（2023 年）176 頁参照。

〔2〕 梁超：《日本自动驾驶汽车侵权责任的改正动向和学说论争》，载梁慧星主编：《民商法论丛》（第 76 卷），社会科学文献出版社 2023 年版，第 298~322 页。该论文也对新增的三个主体的义务进行了说明。

（监护人等）输入目的地让该车行驶的情况，运行供用者是谁。再如，出租车，代驾等提供'运行'的场合，谁是'运行供用者'呢？［具体而言，比如乘坐无人驾驶的出租车，乘客只是输入目的地，这种情况和现在的有偿租车的情况相近，可认为无人驾驶出租车的乘客和有偿出租方同时成为'运行供用者'。再如，自动驾驶系统被黑客入侵，（乘客丧失）对该车的控制权时，谁又会被认定为'运行供用者'呢？］"[1]。

2.《民法》上的责任主体

如果是有驾驶人的自动驾驶汽车（比如 SAE 等级 2/3）所引发的"自损和财产损害"，买受人可以基于"买卖契约"追究销售者的"债务不履行责任"。该"债务不履行责任"表现为"交付不符合契约内容的标的物"和"违反对自动驾驶系统使用的说明义务"。比如，机动车内的自动驾驶装置（例如自动刹车装置）未准确运转时，则该机动车的交付就能被认为是"交付不符合契约内容的标的物"[2]。

"说明义务的违反"的"债务不履行责任"指"未合适地说明系统制造时就含有的风险，使本可回避的事故的发生"。但是，对自动驾驶汽车"如何说明，以及说明什么"都是之后将要面临的新问题[3]。

高等级自动驾驶汽车（比如 SAE 等级 4）卖方的"债务不履行责任"基本同上。但是，高等级自动驾驶汽车卖方的"说明义务"会缩小[4]。

---

〔1〕 藤田友敬「自動運転と運行供用者の責任」藤田友敬編『自動運転と法』（有斐閣，2018 年）134-135 頁。

〔2〕 窪田充見「自動運転と販売店・メーカーの責任」藤田友敬編『自動運転と法』（有斐閣，2018 年）163-164 頁参照。

〔3〕 窪田充見「自動運転と販売店・メーカーの責任」藤田友敬編『自動運転と法』（有斐閣，2018 年）171 頁参照。

〔4〕 窪田充見「自動運転と販売店・メーカーの責任」藤田友敬編『自動運転と法』（有斐閣，2018 年）181 頁参照。

3.《制造物责任法》上的责任主体

根据《制造物责任法》第 2 条第 1 项"制造物指被制造或者加工的动产"的规定，"系统或软件"因不是有体物，所以也不是制造物。但是，装有软件的动产是制造物，因此当该软件有漏洞时也可以认为装有该软件的动产有"缺陷"[1]。

由此观之，自动驾驶汽车仍可适用现行《制造物责任法》。自动驾驶汽车的制造者也会成为责任主体。

4. 责任承担方式

（1）山下友信教授的见解[2]。自动驾驶（Intelligent Transport Systems，ITS）装置引发的事故，山下教授假设了以下三种责任承担方式：

其一，运行供用者仍承担"中间责任"，但需要修改《自赔法》第 3 条但书，减轻其责任。比如，当机动车 ITS 装置的缺陷导致事故发生时，运行供用者无须证明"没有构造上的缺陷或（没有）功能的障害"这一要件就可免责。

其二，运行供用者承担"严格责任"。即废除《自赔法》第 3 条但书的规定。运行供用者仍需承担 ITS 装置的缺陷引发的事故责任。该做法好处为："ITS 装置的缺陷或瑕疵等判断困难的要素和责任成立要件脱钩，降低纠纷解决成本（如诉讼中对缺陷的证明），更好地救济被害者。"

其三，ITS 装置的制造者或运营者等承担"严格责任"和"集中责任"。被害人不需要证明 ITS 装置有缺陷，以及该缺陷是否是事故原因，就可向 ITS 装置的制造者或运营者等请求损害赔偿。ITS 装

---

〔1〕 经济企画厅国民生活局消费者行政第一课编『逐条解説製造物責任法』（商事法務研究会，1994 年）59 頁；通商産業省産業政策局消費経済課編『製造物責任法の解説』（通商産業調査会，1994 年）67 頁；土庫澄子『逐条講義製造物責任法［第 2 版］——基本的考え方と裁判例』（勁草書房，2018 年）41 頁参照。

〔2〕 山下友信「ITSと民事責任制度のあり方——議論の総括」山下友信編『高度道路交通システム（ITS）と法——法的責任と保険制度』（有斐閣，2005 年）253-258 頁参照。

置的制造者或运营者等赔偿后，可再向有责的运行供用者求偿。

（2）浦川道太郎教授的见解[1]。对于人身损害，浦川教授认为应该构建"被害人向运行供用者追责，运行供用者赔偿完被害者后，不是通过一对一的方式向生产者求偿，而是在分析大量行车记录仪数据的基础上，针对全体（或可能产生）的事故计算出自动驾驶汽车生产者应该承担的责任比例，并让生产者事先就把根据该比例计算出的保险费交付给运行供用者的强制保险"的制度。

财产损害只能由基于《民法》第709条的"机动车保险中的对物赔偿责任保险"填补。因此当SAE进入等级5后，由于没有人类驾驶员，该"对物赔偿责任保险"也将不能发挥作用。对此，浦川教授认为可以考虑把现行《自赔法》的保护范围扩大，或者新增"自动驾驶汽车"相关的保险种类，又或者构建让被害人更容易追究制造者的责任的制度（比如对自动驾驶汽车的"缺陷"进行推定，使该举证责任倒置等）。

（3）藤田友敬教授的见解[2]。对于自动驾驶汽车侵权责任承担方式，藤田教授认为有如下方案：

其一，运行供用者作为第一次责任主体承担责任，并且能够要求某类特定等级的自动驾驶车的生产者事先缴纳一定数额的资金用于被害者救济。

其二，运行供用者作为第一次责任主体承担责任。但在诉讼过程中，要让自动驾驶汽车的制造者共同参与。比如，被害者请求运行供用者损害赔偿的诉讼中，运行供用者在证明免责要件之一的"机动车没有构造上的缺陷或（没有）功能的障碍"时，可以要求该自动驾驶汽车的生产者提供与该要件相关的信息。如果生产者拒绝提供，则运行供用者向生产者求偿时，推定该引发事故的自动驾驶汽车有"缺陷"。

---

〔1〕 浦川道太郎「自動走行と民事責任」NBL 1099 卷 （2017 年）35–36 頁参照。

〔2〕 藤田友敬「自動運転をめぐる民事責任法制の将来像」藤田友敬編『自動運転と法』（有斐閣，2018 年）276–288 頁参照。

其三，自动驾驶系统的提供者作为第一次责任主体承担责任。此种类型中，被害人负有"缺陷"的证明责任，不利于保护被害人。如果没有对"缺陷"进行举证责任倒置，则应构建自动驾驶系统生产者支援被害者收集相关信息（或证据）的制度。

其四，运行供用者作为第一次责任主体承担责任同时强化自动驾驶系统提供者的责任。比如课以自动驾驶系统提供者"证明自动驾驶系统是安全"的义务。

（4）山口齐昭教授的见解。山口教授认为对于自动驾驶汽车引发的事故责任，应该维持现行《自赔法》的责任体系，把对被害人的赔偿责任集中到"运行供用者"。理由为：①被害人无须证明驾驶人的"过失"和机动车的"缺陷"，就能请求运行供用者赔偿；②运行供用者对自动驾驶汽车仍具有"运行支配"和"运行利益"，因此也应该承担自动驾驶汽车"运行"所产生的包含法律责任在内的风险；③自动驾驶汽车的生产者虽然能通过贩卖自动驾驶汽车获得利益，但该利益是让生产者承担"制造物责任"的理由，自动驾驶汽车的生产者并不能直接控制自动驾驶汽车运行，也不能直接从自动驾驶汽车的"运行"中获得利益；④无须再构建类似现行《自赔法》的制度来把责任集中到自动驾驶汽车的生产者上[1]。

（二）自动驾驶汽车所引发的交通事故的"侵权责任成立要件"

1.《自赔法》第 3 条的免责要件

（1）自己以及驾驶人没有懈怠机动车行驶期间应尽的注意。

一是山下友信教授的见解[2]。辅助类 ITS 装置发挥作用下仍发生事故时，倾向于认可（驾驶人有）过失。遇到 ITS 装置也无法回避的事故时，山下教授倾向于不追究驾驶人过失（笔者注）。但是，不管是对基础设施 ITS 装置的信赖，还是对机动车（包含自己的机

---

〔1〕 山口斉昭「自動走行における欠陥概念とその責任」松久三四彦等編『社会の変容と民法の課題［下巻］—瀬川信久先生・吉田克己先生古稀記念論文集—』（成文堂，2018 年）354-355 頁参照。

〔2〕 山下友信「ITSと運行供用者責任の免責要件」山下友信編『高度道路交通システム（ITS）と法——法的責任と保険制度』（有斐閣，2005 年）121-122 頁参照。

动车）搭载的 ITS 装置的信赖，都属于对高度电子化机械能正常工作的信赖。因此，适用信赖原则时不应该区分车内还是车外的 ITS 装置。

二是藤田友敬教授的见解[1]。传统机动车运行相关的"与机动车驾驶相关的注意义务"和"机动车检查修理维护等相关的注意义务"[2]，在自动驾驶汽车中，可以解释为："①利用 ITS 装置让机动车安全驾驶的注意义务和②维持自动驾驶汽车软件和硬件功能（正常）的注意义务。"

注意义务①与 ITS 装置的使用范围密切相关。例如，无人驾驶状态（SAE 等级 5）时，运行供用者不作为也可能认为其尽到注意义务①。再如 SAE 等级 3 时，在 ITS 装置没有要求驾驶人接管（即处于机器自动操作状态）时，发生事故也不当然认为驾驶人有过失。

注意义务②，既包含汽车硬件的检查修理维护，也包含软件或信息等及时更新升级的义务。

（2）机动车没有构造上的缺陷或（没有）功能的障害。无人驾驶阶段（如 SAE 等级 5），如果 ITS 装置不能确保行驶的安全，就能认为机动车有构造上的缺陷或功能的障害。但 ITS 装置也并不能防止所有事故的发生。因此，需重新考虑 ITS 装置安全性的问题。比如，ITS 装置确保行驶安全的程度是否需要超越人类驾驶员确保安全行驶的程度。

有人驾驶阶段（如 SAE 等级 3），从整体看，搭载了 ITS 装置的机动车比未搭载 ITS 装置的机动车的安全性有所提高。因此，该 ITS 装置故障而未运作，也可能认为该机动车没有构造上的缺陷或功能的障害。或者，把 ITS 装置作为附加的安全装置单独来看，该装置故障时也能认为机动车有构造上的缺陷或功能的障害。

---

〔1〕 藤田友敬「自動運転と運行供用者の責任」藤田友敬編『自動運転と法』（有斐閣，2018 年）137-141 頁参照。

〔2〕 北河隆之＝中西茂＝小賀野晶一＝八島宏平『逐条解説 自動車損害賠償保障法（第 2 版）』（弘文堂，2017 年）62 頁。

2. "缺陷"要件的认定

（1）藤田友敬教授的见解[1]。藤田教授把 ITS 装置分为了"情报提供（警报）装置和操作辅助/制动装置"两种类型，每种类型从"系统没有正常运作（即故障）导致事故发生"和"系统按设计运作导致事故发生"两方面进行讨论。

①情报提供（警报）装置对外来危险应该警报而未警报造成危险（事故）发生。判例[2]在类似问题中认可了"制造物本身虽没有创造危险，但未对外来危险进行警报也属于缺陷"。可见，判断警报装置是否有"缺陷"需要考虑"从通常被预见的使用形态来看，是否采取确保安全性的措施来应对被预见的危险；以及该措施（警报）对被预见危险的回避能否发挥重要作用；收到警报的人将采取的行动与该警报的密切性"等要素。

②情报提供（警报）装置按设计正常运作而未发出警报导致事故发生。此类型通常认为该警报装置的制造者没有责任。但是，该警报装置使用者的合理期待和该装置应实现的功能之间有巨大隔阂，并且该隔阂是事故发生原因时，也可以认可制造者的责任。

③操作辅助/制动装置没有正常运作的场合，（比如①的场合）更容易认可该装置有"缺陷"。比如，ITS 装置的系统漏洞导致自动驾驶汽车突然加速或刹车致使事故发生时，可认为该装置有"缺陷"。

④操作辅助/制动装置按设计正常工作仍发生事故的场合，（比如②的场合）更容易认可该装置有"设计上的缺陷"。比如，雨天行驶时，自动驾驶系统认为前方有车而做出刹车判断，但因雨天路滑仍使事故发生。

（2）山口齐昭教授的见解[3]。山口教授把自动驾驶分成①到

---

〔1〕 藤田友敬「ITS 装置と製造物責任」山下友信編『高度道路交通システム（ITS）と法——法的責任と保険制度』（有斐閣，2005 年）177–185 頁参照。

〔2〕 鹿児島地判平成 3 年 6 月 28 日判夕 770 号 211 頁。

〔3〕 山口斉昭「運転者・運行供用者等の人的被害の補償・賠償について」交通法研究 46 号（2018 年）50–55 頁、63 頁参照。

④有人驾驶的情形（低等级自动驾驶）和⑤到⑦无人驾驶的情形（高等级的自动驾驶）来讨论"缺陷"。

①"系统的制约"和驾驶员过失竞合而产生的事故。"系统制约"指系统按照"设计"没有运作导致事故发生。比如，自动刹车装置作为一种"故障安全系统"，本就应在人类驾驶员有失误时发挥作用不让损害发生。由此考虑，"系统制约"属于"缺陷"。

②"系统故障"和驾驶员的过失竞合而产生的事故。超脱"设计"产生的"系统故障"，是否属于"制造上的缺陷"取决于"驾驶员对ITS装置的依赖程度"。

③仅由"系统制约"产生的事故。从"消费者期待说"来看，装有ITS装置的机动车只要和现在的机动车具有相同的安全性就能认为装有ITS装置的机动车无"缺陷"；从"危险效用基准说"来看，装有ITS装置的机动车只要比通常的人类驾驶时有更高的安全性，就能认为装有ITS装置的机动车没有"缺陷"。

④仅由"系统故障"产生的事故。系统的故障是脱离设计的"制造上的缺陷"吗？

⑤"系统制约"产生的事故。和③的判断基本相同。但是，"缺陷"的判断会改变。如"消费者期待"的对象从"人类驾驶员的期待"转变为"乘客的期待"。"危险效用说"的判断框架也会发生改变。⑤中由于没有人类驾驶员，就需要重头探讨高等级自动驾驶汽车的"危险和效用"。需注意，机动车在判断"危险效用"时，不仅要考虑对使用者产生的危险，也要考虑对他人产生的危险。

⑥"系统故障"产生的事故。和④判断基本相同。

⑦系统没有故障但由于使用者的误用产生的事故。与一般制造物相同，根据《制造物责任法》第2条"通常被预见的使用形态"的规定来判断该制造物是否有"缺陷"。

（3）金冈京子教授的见解。"特定自动运行"机动车制造者多方面参与了"特定自动运行"相关的事项。如"数据的获得方法，处理数据的程序的内容，机动车内外的数据通信和安全管理，系统软件更新，自动运行装置相关的说明/指示/警告"等[1]。因此，被害者能够请求机动车制造者或系统提供者出示能证明"特定自动运行"装置"缺陷"的证据，若机动车制造者或系统提供者未按要求开示（或保全）相关证据，则推定该"特定自动运行"装置有缺陷[2]。

（三）小结

因为，日本学界对自动驾驶汽车引发的交通事故主要分为由现行"运行供用者"继续承担"中间责任"的观点和由"自动驾驶汽车的（软件或硬件）制造者"来承担"严格（缺陷）责任"的观点。

所以，对侵权责任的要件探讨也集中在"缺陷"要件和自己、驾驶人和第三人的"过失"要件上。①"缺陷"要件（即对《自赔法》第3条但书免责要件的"缺陷"和《制造物责任法》成立要件的"缺陷"）的讨论核心在于"自动驾驶汽车"的"危险性"。即认定危险性的对象是自动驾驶汽车还是自动驾驶系统，社会所能容许自动驾驶汽车危险性的程度等。②"过失"要件［即对《自赔法》第3条但书免责要件的"过失"和《制造物责任法》中的无"过失"（缺陷）］的探讨核心仍在于自动汽车的"危险性"。在认定第三人或驾驶人等主体是否有过失时，适用信赖原则和强制法规定的适用会随自动驾驶汽车的"危险性"而改变。

同理，自动驾驶汽车的"危险性"也与责任承担方式密切相关。即自动驾驶汽车引发的侵权责任应该采用"严格责任"和"集中责任"，还是采用"过错责任"和"分担责任"。学说普遍认为应该采用"集中责任"，即把第一次（甚至最终）责任集中到某一主体，然后让该主体承担"中间责任"或"严格责任（无过失责任）"。

---

〔1〕 金岡京子「特定自動運行装置の製造者の民事責任と保険」保険学雑誌661号（2023年）160頁参照。

〔2〕 金岡京子「特定自動運行装置の製造者の民事責任と保険」保険学雑誌661号（2023年）170頁参照。

当然也有学说观点认为应该让"运行供用者"承担"严格责任（无过失责任）"[1]。但是，对于把责任集中在哪个主体上仍存在分歧。

综上，虽然学说中对自动驾驶汽车引发的交通事故责任存在各种观点。但是结合第三部分的考察，至少在"过渡期"，日本实际上都会继续维持现行民事交通责任体系。即由"运行供用者"承担"中间责任"向被害人损害赔偿，交通强制保险配合补偿的制度。该点也表现为日本在 2022 年修正的《道交法》中新增"特定自动运行实施者，特定自动运行主任者，现场措施业务实施者"等相关主体来承接原来"驾驶人"的部分义务。使现行体系能在"过渡期"更好发挥作用。

当然，如果将来全面实现无人驾驶的话，也能期待现行责任主体、责任承担方式和责任要件发生改变。

五、对我国的启示

本文通过两个视点考察了日本自动驾驶汽车引发的民事责任的现状。即在"过渡期"，日本选择继续沿用现行制度（即案①由现行运行供用者继续承担责任）来处理自动驾驶汽车引发的交通事故损害赔偿问题。诚如上述，继续沿用现行制度应对自动驾驶汽车所产生的交通事故侵权责任，会使"运行供用者的代替责任"的问题更加突出。但是，由于日本长年适用《自赔法》解决交通事故，日本的实务界和学界对《自赔法》所带来的好处产生了依赖，因而也固执于用现行的《自赔法》来应对自动驾驶汽车引发的交通事故侵权责任问题。

与之对应，根据我国深圳所制定的《智能汽车条例》第 53 条和第 54 条的规定可以看出，该条例也采用了日本政府采用的案①模式。

但是，我国现行应对交通事故民事侵权模式不同于日本的"运行供用者"体系。具体表现为以下几点：

---

〔1〕 橋本佳幸「AIと無過失責任——施設・機械の自動運転に伴う事故の危険責任・瑕疵責任による規律」法律時報 94 卷 9 号（2022 年）57–58 頁参照。

第一，日本在制定《自赔法》时由于没有产品责任的概念，因此需要运行供用者来承担"作为人类驾驶员的过失所引起的事故的责任和作为机械的汽车的缺陷所引起的事故的责任"。但是，我国的《产品质量法》在 1993 年制定，《道路交通安全法》在 2003 年制定，《民法典》更是在 2021 年施行，因此，我国的《道路交通安全法》中并没有"作为机械的汽车的缺陷所引起的事故的责任"需要驾驶人或所有人／管理人来承担的规定。换言之，我国对于机动车引发的交通事故的处理可以是"交通事故责任和产品责任"分行的模式。

第二，日本只有"他损中的人身损害"适用《自赔法》。而，我国的《交强险条例》和《道路交通安全法》规定的交强险还包括"他损"中的财产损害。因此《智能汽车条例》选择类似日本的"运行供用者"体系会给现行的"交强险"带来更大的负担，或保险公司把该负担通过保险金的方式转嫁给自动驾驶汽车的使用者，从而给被保险人增加负担。

第三，我国《道路交通安全法》和《民法典》规定的责任主体如何协调也存在问题。不管是采用笔者观点（图 3）还是其他观点（图 1），在现行解释上，都需要被害人来证明机动车所有人管理人有"过失"[1]（该点也体现在了《智能汽车条例》第 53 条和第 54 条的规定中）。由于没有对交通事故责任进行集中，因此现行体系或者《智能汽车条例》的规定都不能快速、便利地救济被害人。

第四，日本目前讨论是在"过渡期"继续适用现行"运行供用者"责任体系，政府层面对"过渡期"之后的状况并未进一步讨论。我国深圳也只是作为试点制定了《智能汽车条例》，该条例所规定的制度是否适合，以及将来是否改变仍有待实践的检验。

综上，笔者认为日本采取现行的"运行供用者"体系，只是因为现阶段暂时没有更好的制度可以直接适用，因此，不得不在"过渡期"向现行法妥协所作的选择。虽然我国的《智能汽车条例》采

---

　　[1] 最高人民法院民法典贯彻实施工作领导小组主编：《中华人民共和国民法典侵权责任编理解与适用》，人民法院出版社 2020 年版，第 368 页。

用了类似于日本政府所讨论的案①的模式，但是如上分析，该模式直接在我国适用，并不能便捷迅速地救济被害人，且会增加保险公司或者保险人的负担；加之，我国学界已经从多方面多层次对自动驾驶汽车的侵权责任进行了探讨。基于此，笔者认为，我国不必拘泥于《智能汽车条例》所采用的模式，应该结合无人驾驶的情况，在现阶段就把自动驾驶汽车所引发的交通事故侵权责任集中到生产者上，并且构建产品责任强制保险的制度，让自动驾驶汽车（软件或硬件）的制造者，在最初就支付一定的保险金建立相应保险制度来对将来的被害人进行补偿。

日本医疗 ADR 制度的理念和现状

孟　晶*

随着我国人民法治思想的提高，针对复杂多样的医疗纠纷，除采用私下协商或民事诉讼的方式解决外，我国开设了更多的诉外调解方式。其中，医疗纠纷人民调解委员会（以下简称"医调委"）在近些年最具代表性。人民调解在中国已有漫长的历史和丰富的经验，全国近六成的医疗纠纷通过人民调解方式得到调解[1]。《医疗纠纷预防和处理条例》已经 2018 年 6 月 20 日国务院第 13 次常务会议通过并于同年 10 月 1 日起正式施行，其中医疗纠纷人民调解被明确为医疗纠纷的解决方式之一。

对于医疗纠纷的解决，很多国家设有诉讼外纷争解决制度。例如英国的国家医疗服务体系（National Health Service，NHS），德国的北德仲裁中心，以及日本的医疗 ADR 制度等。ADR 是"Alternative（替代性）、Dispute（纠纷）、Resolution（解决方式）"的缩写，即"诉讼外纷争解决方式"。一方面，日本和中国虽社会形态不同，但在对于利用非诉讼方式解决如医患关系复杂、医疗诉讼数量庞大、审判过程烦琐等医疗诉讼难以完全解决的课题上需求基本一致。另一方面，两国在医疗 ADR 制度上的一些理念，尤其是以当事人为中心，寻找双方当事人意见的交汇点的调停理念也相通。

日本的《关于促进诉讼外纠纷解决手续利用的法律》（以下简

---

* 孟晶，大阪大学法学研究科民事诉讼法专业博士研究生。
〔1〕 申少铁：《人民调解成为主渠道》，载自人民网，http://legal.people.com.cn/n1/2019/0215/c42510-30678045.html，最后访问日期：2024 年 9 月 14 日。

称《ADR 法》）自 2007 年 4 月 1 日起施行。律师会也针对医疗 ADR 发布了《关于医疗事故纠纷和 ADR 的建议书》[1]（以下简称《建议书》）。学术界则针对医疗 ADR 的建制理论发表了《医疗事故统合纷争解决系统的整备》[2]（以下简称《整备书》）。本文将基于以上法律，报告和相关文献，介绍日本医疗 ADR 的制度理念，并对其有借鉴意义的部分进行分析讨论。

一、日本医疗 ADR 的背景

（一）日本医疗 ADR 在司法制度中的地位

日本医疗 ADR 作为专业 ADR 的一种，是日本司法制度改革的重要一环。其在司法系统中的地位处于基于双方自由意志进行的协商解决与通过裁判进行的公权力解决之间，作为一种相对独立的纷争解决制度，对既有的诉讼制度起补充和辅助作用。

目前，日本的医疗纷争主要通过私下协商、ADR、法院调解（日本各地方法院内设有专门负责医疗纠纷的"医疗集中部"）、诉讼这四种方式解决。当事人可根据自己的需求自由选择，也可以选择跳过其中的某种直接前往更高一级的程序，并不会强制当事人调解。医疗 ADR 原则上负责对过失的存在与否没有争议的事件，如图 1 所示[3]。

---

〔1〕　東京三弁護士会医療関係事件検討協議会『医療事故紛争とADRのあり方に関する提言書』，載東京弁護士会 HP，https://www.toben.or.jp/know/iinkai/iryou/pdf/arikata_teigensyo.pdf，最后访问日期：2024 年 6 月 8 日。

〔2〕　日本学術会議法学委員会医療事故紛争処理システム分科会『医療事故をめぐる 統合的紛争解決システムの整備へ向けて』，載日本学術会議 HP，https://www.scj.go.jp/ja/info/kohyo/pdf/kohyo-20-t51-1.pdf，最后访问日期：2024 年 6 月 8 日。

〔3〕　「No108 裁判事例から学ぶ図 10」，載日本産婦人科医会 pr，https://www.jaog.or.jp/note/3-医療事故が紛争化した場合の解決の流れ，最后访问日期：2024 年 6 月 8 日。

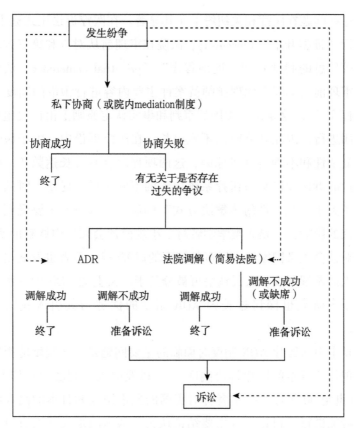

图 1

（二）制度原型：美国起源的"代替性纷争解决方式"

美国的"代替性纷争解决方式"是从 1960 年下半年到 70 年代成立的制度。该制度始于"邻里司法中心"（Neighborhood Justice Center），以提供近乎免费的小规模纠纷调解为其主要业务，同时附设于法院或其他机构进行仲裁活动。该制度的创立动机来源于美国社会当时广泛存在的诉讼成本过高的问题，案件数量爆发的问题和民众对法院信赖降低的问题[1]。

----

〔1〕　Jacueline M. Nolan-Haley, "Alternative Dispute Resolution", *Thomson West*, 2008, pp. 5-8.

这些问题在医疗相关纠纷上尤其显著。在医疗诉讼正式庭审前，会进行"证据开示"（discovery，法院在审理前从对方和第三方获得证据等信息的制度）和"庭前程序"（pre-trial conference，法院在开庭审理前召集双方代理律师就案件主要内容进行预审的制度）等预审程序[1]。这是由于美国的审判和事实认定原则上由市民组成的陪审团进行，因此开庭时间不宜过长。在医疗诉讼中，由于医学理论的复杂性和不确定性等原因，这两项程序有时会长达数年。再加上大量的诉讼和民众对医疗系统信赖的不断走低，促使当时的美国开展了关于"代替性纷争解决方式"的研究。该研究主要受到了两项研究的影响：一是人类学学者对于小规模社会领域内调解的研究，二是对社会主义国家的人民审判制度的研究[2]。后者也发展出了我国的人民调解制度。人民调解可被分类于广义上的 ADR 的一种，我国的很多研究也探讨过美国 ADR 制度的优劣与其引入我国的可能性。

日本引入医疗 ADR 制度时面临的主要问题是：该制度能否顺畅嵌入现行的日本的医疗诉讼制度[3]，以及引入该制度的具体形式。在 20 世纪 90 年代一些学者曾对美国的预审制度和日本的高和解率这一特征进行了讨论。其主要结论认为，两国的现代诉讼有以下两个共同特点：

一是当事人会提出金钱赔偿以外的主张，比如要求解释道歉或保证不再发生，但是因日本《民法》第 722 条所规定的"金钱赔偿原则"而无法直接实现。

二是很多案件会通过和解解决。根据 2017 年的日本司法统计，地方法院的案件整体件数为 145 971 件，和解结束的件数为 53 632

---

〔1〕 山本和彦＝山田文『ADR 仲裁法』（日本評論社，2015 年）19 頁参照。

〔2〕 村松悠史「医療 ADR の試みと医療訴訟の実務的課題」判例時報 2128 号（判例時報社，2011 年）10 頁参照。

〔3〕 根本晋一「医療事故の裁判外紛争解決——医療 ADR（Alternative Dispute Resolution）による民事紛争解決の現状と展望」日本大学歯学部紀要 39 号（日本大学歯学部，2011 年）58 頁参照。

件，即 37% 的案件是通过和解解决的，与通过判决解决的比例相当，较美国则更多。

基于这两点原因，日本社会具有有利于 ADR 制度建制的基础。虽然如何保持其中立性和权威性的问题仍需要个别探讨，但在日本的其他的专门 ADR，比如交通事故 ADR 或消费者 ADR 中已经有了一定的经验。《建议书》中也对 ADR 制度的快速性和简易性进行了认可。

但鉴于日本社会中的法律文化相较于美国，具有①法律服务在社会中的普及度较低；②当事人对权威的依存性更强，主体性更弱；③各地方法律意识强弱不一的特点[1]，在导入时对 ADR 的制度理念和内容进行了本地化。

（三）制度目的：补充医疗诉讼的救济范围

日本构建医疗 ADR 的目的在于医疗诉讼被认为存在客观不足，医疗 ADR 会对医疗诉讼有限的救济范围进行补充。

1. 诉讼内在的局限

无论是《建议书》还是《整备书》，都明确指出医疗诉讼能解决的问题有限。主要表现为，其一，诉讼仅限于法学的论点，有别于医生认为的"事实"或患者追求的"真相"；其二，诉讼只能分配法律上的责任，对于所谓的"系统性错误"（system error）没有相应解决方案，难以反馈回医疗系统以减少医疗事故的再发；其三，日本的医疗诉讼，需基于侵权（日本《民法》第 709 条）或违约（日本《民法》第 415 条）进行起诉，其结果仅限金钱赔偿（日本《民法》第 722 条第 1 项、第 417 条），这被称为"金钱赔偿的原则"。这意味着，日本民事诉讼中除存在损毁名誉的情况外难以要求对方道歉。

2. 诉讼实务中的问题

《建议书》认为，医疗诉讼的参考依据中往往包括了数量庞大的

---

〔1〕 和田仁孝「ADR 手続における専門性と法情報——日本型法環境とADRの機能」仲裁とADR1 号（仲裁 ADR 法学会，2006 年）10 頁参照。

文献和医生的个人经验，不同的判例也存在其各自的特殊性和局限性。这对于以法律解释及适用为职责的法官来说难以参考，也导致医疗诉讼与一般诉讼相比的审理所需时间相对偏长。针对这点，在2001 年起的日本民事诉讼改革中，东京、大阪等地方法院内设置了"医疗集中部"，将医疗诉讼作为一类特殊的诉讼单独处理，并由专业法官负责；同时构建了由全国各大学和医院构成的鉴定人网络，并定期开展例会交流鉴定经验。这些努力可以说卓有成效，根据日本最高裁判所的调查，医疗诉讼的平均审理期间从 1993 年的 42.3个月下滑至近年来稳定在 2018 年的 24 个月左右[1]，但是距离日本民事时间平均审理周期 9.1 个月[2]还存在明显的差距。过长的诉讼时间会加重原告方金钱、时间、心理上的负担，同时也加大了患者得到补充治疗及后遗症患者回归正常生活的难度。

　　日本的医疗诉讼中患者一方处于相对弱势的地位。这是由于患者一方缺乏相关证据（日本医院的病历一般不会主动提供给病人），医学理论的不确定性又使原告方往往难以主张和证明因果关系。法院对于原告主张的支持率（包括部分支持）一直在 20% 左右浮动（一般的民事案件的支持率在 85% 上下[3]）。同时复杂的事前调查、证据保全以及第三方医院出具意见书等手续使得诉讼总费用可能超过 100 万日元。极高的诉讼成本使当事人在承受身体和心理负担的同时又要承担巨大的经济和时间负担。

　　3. 诉讼外在的社会问题

　　由于患者一方长期处于相对弱势地位，如何合理地减轻原告方举证责任成了一个难题。东京大学附属医院的脊椎穿刺事故最高裁

---

　　〔1〕　最高裁判所『裁判の迅速化に係る検証に関する報告書（第 8 回）』（令和元年 7 月 19 日）13 頁図 15 参照。

　　〔2〕　最高裁判所『裁判の迅速化に係る検証に関する報告書（第 8 回）』（令和元年 7 月 19 日）4 頁図 1。

　　〔3〕　最高裁医事関係訴訟委員会「地裁民事第一審通常訴訟事件・医事関係訴訟事件の認容率」，載裁判所 HP，https://www.courts.go.jp/saikosai/iinkai/izikankei/index.html，最后访问日期：2024 年 6 月 8 日。

判决[1]给出了"高度盖然性"的证明标准，并在之后数年的最高裁判所判决中，倾向于逐渐减轻原告方的立证责任[2]。但是，从被告方的角度来看，由于法官更容易对患者产生同情，且患者在诉讼中的力量关系上确实较为弱势，会导致法官先入为主地将患者视为"受害者"，有失公平。一些医生认为，这种对患者的"包庇"会让医生承担沉重且模糊的义务。例如，一些判决要求医生承担"尽量高的"注意义务和说明义务[3]，该标准被质疑过于滥用且苛刻，大大提高了院方的诉讼风险[4]；再加上媒体针对这些案件频繁的报道，促使医生在治疗前会进行额外的留证，并倾向于采用保守的治疗方案，反而给患者带来不利影响，形成恶性循环。

4. 医疗诉讼爆发的问题

相较于美国，这个问题在日本并不明显。但《建议书》认为日本有大量未得到解决的"水面下的案件"。

以上四点问题会因为媒体的夸张报道而被放大。法学界指出，对医疗的无理攻击频繁发生的原因同时来自司法对患者的偏袒和媒体的煽动[5]。日本医师会认为，正是媒体的报道导致了妇产科等高风险科室医生的减少，将医疗系统引向崩坏[6]。以上的这些医疗诉讼的难点在我国也有着同样的情况，区别在于日本的医疗 ADR 最主要的目标还是补充诉讼的不足，而我国的医疗诉讼虽无论在成本上、患者举证难度上还是患者胜诉率上都优于日本，但在医患关系难以

---

〔1〕 最高裁昭和 50 年 10 月 24 日民集 29 卷 9 号 1417 頁。

〔2〕 最高裁平成 11 年 2 月 25 日民集 53 卷 2 号 235 頁、最高裁平成 15 年 11 月 14 日民集 57 卷 10 号 1466 頁。

〔3〕 最判昭和 36・2・16 民集 15-2-244 頁（東大梅毒輸血事件）。

〔4〕 新美育文「法における因果関係-不確実な事象に関する因果関係の認定」法律論叢 86 卷 1 号（明治大学，2013 年）130-134 頁、石川俊＝大場めぐみ「医療訴訟における『相当程度の可能性』の漂流」法と政治 61 卷 3 号（關西學院大學法政學會，2010 年）3 頁参照。

〔5〕 手嶋豊『医事法入門』（有斐閣アルマ，2005 年）137 頁、小松秀樹『医療の限界』（新潮新書，2007 年）8 頁参照。

〔6〕 日本医師会『マスコミ報道の在り方』日医ニュース 1106 号（2007 年 10 月 5 日）参照。

修复方面的问题比起日本更加激烈，媒体也同样起到了推波助澜的作用。

二、日本医疗 ADR 的制度理念

(一) 调解型 ADR 的理念

日本主流的医疗 ADR 为调解型 ADR。ADR 根据经营内容，可分为咨询型、调解型、仲裁型，其中调解者对调解过程的支配程度和对证据的准确性要求会以咨询型—调解型—仲裁型—诉讼的顺序依次提高[1]。选择调解型医疗 ADR 的原因在于，日本社会具有"和解""非争"的法意识形态[2]。这也是日本 ADR 理念和美国 ADR 理念的不同，即追求"双方都能接受的圆满解决"的制度理念[3]。又鉴于日本法院的医疗集中部已经设置了鉴定人相关制度，仲裁型 ADR 与该制度解决内容重叠，使 ADR 和诉讼的分界线变得模糊，致患者在遇到纠纷时难以选择。日本民事诉讼法中虽未对医疗纠纷的调解前置做出硬性规定，但参与纠纷解决过程的法官和调解员都会积极促进双方达成和解，与我国"调解优先，调判结合"的调解理念相同。

(二) 与诉讼的关系：补充诉讼型为主

日本在医疗 ADR 的形态上的讨论主要根据其与诉讼的关系分为两型——"补充诉讼型"及"对话自律型"。

1. 补充诉讼型

"补充诉讼型"认为医疗 ADR 应以诉讼制度为中心，补充诉讼的不完善点为目的，制订能合理融入现行司法体系的 ADR 制度。这是日本从 20 世纪末讨论 ADR 的引入以来各 ADR 的主要形态，也是《ADR 法》中所倾向的 ADR 的应有形态，亦是《整备书》中推荐的医疗 ADR 形态。该种类的 ADR 解决方案由律师等司法工作者负责，

---

〔1〕 山本和彦＝山田文『ADR 仲裁法』（日本評論社，2015 年）25 頁参照。
〔2〕 川島武宜『日本人の法意識』（岩波新書，1967 年）171–178 頁参照。
〔3〕 村松悠史「医療 ADRの試みと医療訴訟の実務的課題」判例時報 2128 号（判例時報社，2011 年）3–19 頁。

会以先前形成的案例理论为基础，提出书面解决方案，从而帮助当事人达成协议。

　　补充诉讼型 ADR 的理论基础丰富，调解效果被广泛认可。日本学界认为，民事纷争解决系统的基本理念应为，以"救济的最大化"为目的，成为"实现正义的普遍路径"，而 ADR 在其中起到补充诉讼的作用[1]。详细来说，在当事人的情感需求优先于对法律评价本身的需求时，诉讼是无法处理的。在医疗诉讼中，原告方的诉求往往包括恢复原状、查明真相、反省道歉、防止再发、赔偿损失这五方面，而基于债务违约或侵权法的医疗诉讼不能灵活地应对当事人的感情冲突和调节医患双方关系等非法律层面的需求[2]。其原因在于这样的需求会与诉讼程序相矛盾，比如"查明真相"这一需求会大幅度延长诉讼所需时间："况且查明真相不过是达成民事诉讼之目的，即达成金钱赔偿的手段。如果双方的争诉点主要在于因果关系，那么基于辩论主义，诉讼中就无法对真相进行查明，可通过高效的 ADR 解决这个问题。"[3]

　　由此，日本学术会议更认可补充诉讼型的理念。其认为，从患者的需求的观点来看，对 ADR 的需求，与以往的司法内部的高效运用这一功能性要求是一致的，可以说与考虑与传统司法制度合作的补充诉讼型 ADR 理念有亲近性。

　　2. 对话自律型

　　另一型被称为对话自律型 ADR，旨在 ADR 制度与现有诉讼制度并行，以通过促进双方对话的独特程序解决诉讼无法处理的纷争。该制度理念起源于美国的调停制度以及日本本土的家事调停制度。对话型 ADR 的研究往往集中于医疗纷争解决领域。支持该模型的学

---

　　〔1〕　小島武司「司法制度改革とADR——ADRの理念と改革の方向」ジュリスト No. 1207（有斐閣，2001 年）11 頁参照。

　　〔2〕　加藤良夫＝増田聖子『患者側弁護士のための実践医療過誤訴訟』（日本評論社，2004 年）32 頁参照。

　　〔3〕　山本和彦『ADR 法制の現代的課題——民事手続法研究Ⅲ』（有斐閣，2018 年）33 頁。

者认为，与诉讼类似的调解制度也同样不能满足患者多样的要求以及缓和医患关系[1]。其代表者认为，当进入诉讼阶段时，本应站在同一阵营的患者和医生的感情上的对立已经难以调和；而诉讼从一开始就不会考虑金钱赔偿以外的解决方式，这会使"患者"和"医生"被习惯性地分为两个阵营，加剧本就激烈的医患关系，这些问题在法志向型 ADR 中自然也会存在[2]。故此理念的 ADR 应以促成"双方产生自发消除纷争的共识"为主要目的。其调解员会更多地注重心理学知识及调停技法而非法律及医学知识。

《整备书》虽认可了对话自律型 ADR 理论的合理性，但目前其理念实际上主要应用于医疗纠纷调解技法的培养上。例如始于 2003 年的调解技术养成制度，旨在通过定期讲座，使医院内工作人员掌握医患关系修复、说明医疗内容等技巧，以达到在医患关系尚未过度恶化的纠纷形成初期就将其解决的目的。该制度在司法系统中的位置与我国医院内的医患关系办公室相对应，处于调解及诉讼前的私下协商阶段，故事实认定和确定赔偿额不在其业务范围之内。

（三）补充诉讼型与对话自律型理念的结合

综上所述，日本构建医疗 ADR 的动机一方面来源于欲解决诉讼内部"医疗诉讼存在局限性"的问题，另一方面也是为了解决诉讼外部的"医患关系"问题。且日本在引入 ADR 制度时综合考虑了本国的"和"的法意识和既存的诉讼制度，总结了医疗 ADR 的两种可能的构造，同时多少也受到了"反法制化"思潮的影响[3]。

而在现实的建制中，以上两种形态并非二元论。日本目前的医疗 ADR 基于《ADR 法》，以补充诉讼型为主要制度模板，并佐以对

---

〔1〕 和田仁孝＝中西淑美『医療コンフリクトマネジメント メディエーションの理論と技法』（シーニュ，2006 年）10 頁参照。

〔2〕 和田仁孝『法臨床学への転回 2 紛争過程と ADR 』（北大路書房，2020 年）191-192 頁参照。

〔3〕 和田仁孝「『個人化』と法システムのゆらぎ」社会学評論 54 巻 4 号（2004年）426 頁参照。

话型的部分理念和调停技法，是以上两种理念的中间制度[1]。理想化的对话型仅存在于初期调解技术养成制度等在纠纷解决初期介入的制度。

三、日本医疗 ADR 的现状

日本目前主流的医疗 ADR 是由民间出资组建的，根据主导者的不同，主要分为律师会主导、医师会主导、NPO 法人独立主导三种。

（一）律师会主导医疗 ADR[2]

律师会主导医疗 ADR 中具有代表性的是东京三会医疗 ADR，由东京三家律师会于 2007 年 9 月在东京律师会内设置。

律师会认为，比起从医学专业的角度进行评估鉴定，更应让受过相关培训的会员律师进行调解，以彰显其制度特色。律师会内医疗关系案件讨论协议会制作了推荐的医疗调解员候选人名单，刊登在东京律师会的主页。调解员的选定会同时考虑双方的意见。申请没有地域管辖。

调解委员会由 1 名仲裁委员和 2 名律师（代表患者方、代表医疗方各 1 名）构成。这种结构被称为"东京三会方式"。此外由运营委员会的 1 名委员担任程序管理人。程序管理人仅参与程序咨询、程序说明、调整出席日期等程序性工作，旨在减少仲裁员的压力，同时通过减少调解员和双方当事人私下沟通的方式来尽量确保调解的中立性。

该 ADR 原则上只受理对医疗行为本身的过失不存在争议的事例，理由是对过失的判定不符合 ADR 与当事人"自主解决的延长线"的定位。实际调解的案例多处于事故过程和因果关系明晰或无争议的情形，仅需就损害额没有达成合意的部分事例进行斡旋。另外，对于因果关系不明晰的案例，调解员往往也能根据实际情况和

---

〔1〕　日本弁護士連合会 ADR（裁判外紛争解決機関）センター編『医療紛争解決と ADR』（弘文堂，2011 年）92 頁参照。

〔2〕　東京三弁護士会「東京三弁護士会医療 ADR 第二次検証報告書」（2016 年）、西内岳「『新・東京三会方式医療 ADR』の特徴の概要」第 5 回医療 ADR 連絡調整会議資料（2011 年）2 頁参照。

自身经验给出参考赔偿金额。

东京三会方式的调解流程曾经过大幅度更改。2009年之前的流程类似一般的ADR，由"申请—审查—调解—调解结果"构成。改制后的调解程序分为两阶段，一阶段（免费阶段）中仅促进双方当事人的对话并加强相互之间的理解，二阶段（付费阶段）中才会加入专业意见，为具体解决达成协议而进行的调解。这旨在保证审理中的透明和中立，从而使双方能够在安心和信赖的基础上响应ADR出席，进一步促进ADR中的对话和相互理解。另外，设置免费阶段，可解决有的医生只是想进行说明而出席调解，结果却要支付相应费用的问题。

在东京三会医疗ADR方式中，由于不对过失的存在与否进行认定，不会有任何其他医疗专家作为第三者参与仲裁。这样的好处是，可省去确定第三方意见来源和正确性的时间，不会因医疗意见复杂多样从而干扰调解工作。同时一旦调解不成，双方律师可直接作为代理律师进行诉讼。但是一些新人调解员表示，如果调解员医疗知识储备不足，可能导致其难以理解甚至误会纠纷内容，反而增加调解的整体时长。

东京三会医疗ADR的费用虽然达不到免费，但其较诉讼而言时间优势和价格优势相当明显。截至2018年7月，东京三会的累计申请件数为604件，年平均60.4件。对方（院方）同意参与调解384件，应答率63.57%。和解的案件平均耗时5~6个月，其间会进行3~4次协商，每次需要1~2小时左右。

（二）医师会、医疗公益组织主导的医疗ADR

1. 医师会主导ADR

茨城县医师会医事纠纷处理委员会于1946年由当地医疗行业协会设立，由18名专业医生和2名顾问律师组成。申请由医疗机构受理，患者方和医疗方不必面谈。不同于德国医师会的鉴定仲裁型

ADR[1]，其主要目的不在于判定责任或决定赔偿额，而是作为第三方为双方提供协商的场所，并进行中立的支援性调解[2]。

针对每个案件，委员会会组建临时委员会，由律师、有相关学识经验的市民代表和医师会干部委员各 1 名构成。该方式目前在县内提供小范围服务，不收取任何费用。当事者不需要额外雇佣代理人，且调解过程中双方不对席，时间成本和精神压力相较律师会主导的医疗 ADR 更低。

2. 医疗公益组织独立运营的 NPO

医疗相关人员和律师、法学研究者于千叶县设立了"NPO 法人医疗纠纷咨询中心"。该组织前身是当地公益性质的医疗研讨会，《ADR 法》公布后，经 ADR 认证制度审查，取得了 ADR 资质并于 2009 年 4 月开始活动。

NPO 医疗 ADR 主导下的调解分为两个阶段。第一阶段中，患者需要先向负责咨询的医生或护士进行电话咨询，调解员会联系对方了解情况并进行相应调解，不适合调解的案件会被直接引导到其他解决方式。第二阶段主要处理电话咨询调解不能解决的问题，由 3 名委员会成员（医生、律师、有学识经验者各 1 人）组成的临时委员会进行线下调解，并收取调解费用。调解一般会在 3~5 个月内进行 3~4 次。

该医疗纠纷咨询中心于 2019 年 2 月 11 日结束营业。主要原因是大部分纷争在电话咨询调解阶段便成功调解或引导至其他机构，进入付费的线下调解的案例很少，导致咨询中心财政出现亏损。2007—2009 年间，该机构主要以研究经费为主要收入来源；研究项目结束后，该机构的运营由社会捐款支撑，但难以为继[3]。医师会

---

〔1〕　Krishan S. Nehra, *Medical Liability: Canada, England and Wales, Germany, and India*, The Law Library of Congress, August 2009, p. 6.

〔2〕　小松満「茨城県医療問題—中立処理委員会の活動」第 4 回医療の質の向上に資する無過失補償制度等のあり方に関する検討会資料 3（2011 年 12 月）2 頁参照。

〔3〕　植木哲「医療機関便り　医療紛争センターの運営報告」仲裁与 ADR 6 号（商事法務，2011 年）1 頁参照。

也曾提出了以购买其服务的方式出资的选项，但是该机构以保持中立性为由拒绝[1]。然而笔者认为，日本以购买其服务出资的方式若有相应的相关法律法规，未必会对其中立性产生影响。我国上海的医调委采取了由市、区两级政府财政部门购买服务的形式保障资金，其中立性得到高度评价[2]。

四、日本医疗 ADR 制度的功能和启示

（一）医疗 ADR 对诉讼制度的针对性补充功能

日本在司法改革时认为，ADR 对向社会普及法认知有显著作用，具有"促进法制主义从理念化到日常化，从政治化到社会化的思想转变的润滑剂"[3] 的效果。这在日本医疗 ADR 制度体现在其所负责的司法部分很明晰，即"没有对过失有无存在争端的纷争"（参见图1）。上文曾提到小岛武司的理念中诉讼作为司法制度的"核心"，其基本原则，如法的支配和意思自治原则，在 ADR 中也应当予以适用，从而达到补充诉讼，扩大法治范围的目的。在日本的医疗 ADR 乃至其他专业性 ADR 中，都将意思自治原则置于核心理念的地位。表现在以下三点：

第一，透明度高。调解员并不会与双方当事人进行无必要的私下讨论。

第二，调解员对调解的侵入性较低。调解员不会倾向于基于自己的意见进行说服，更多是作为双方对话的引导者。

第三，尽量减少公权力对调解的影响。政府在医疗诉讼外调解中主要起认定 ADR 资质和监督 ADR 运行的作用。尽量排除 ADR 的经费来源、当地文化、管理者偏好等因素对调解结果的影响。

以上三点究其原因是在于日本医疗诉讼需要 ADR 进行补充的范

---

〔1〕 棚瀬孝雄「医療事故と医療訴訟の間-医療メディエーションの機能的ニッチ」仲裁とADR vol. 4（商事法務，2009 年）2 頁参照。

〔2〕 高尚、罗潇、孙建：《人民调解介入医疗纠纷处理的背景、现状与发展》，载《中国司法》2012 年第 5 期。

〔3〕 司法制度改革審議会「司法制度改革審議会意見書」ジュリスト1208 号（2001年）189 頁。

围相对较小，调解工作自由度较低，旨在对司法的不足进行针对性的补充，并在调解中可适用日本民法的部分原则及理论。这样的调解会一定程度降低调解效率，但是调解中坚持私法上的部分原则，尤其是维持其中立性的意思自治原则，会使其法律上的中立性和正当性更强，更容易取得当事人的信赖。

（二）受案范围的筛选功能

东京三会医疗 ADR 和千叶县 NPO 医疗 ADR 中进入实际调解的案件比例并不多，有效缓解了调解员压力，这是因为两者的制度中都采用了"对话—调解"的两段式结构对纠纷进行了两次筛选。

第一次筛选中，医疗 ADR 可以对其纷争内容进行大致了解，筛选出确实由医患双方因诊疗活动引发的案件。对于当事人和医疗行为没有直接性利害关系的案件，如医院内摔倒或者对医院周边服务感到不满等与医院管理相关的问题，应转至其他部门处理。对于当事人过于激动等需要提前进行沟通的案件，立即展开调解活动无疑是浪费调解资源，因此应首先联动医院内调解人员先进行安抚。

第二次筛选中会选出必须通过医疗调解员介入才能得以解决的案件。医疗调解所需的专家需要医学和法学甚至心理学的跨专业知识，如不对纠纷的性质加以区分，安排专家受理不涉及专业的纠纷，一方面会降低医疗 ADR 的专业性，另一方面又会浪费专业调解员的时间精力，造成资源的浪费。其筛选原则应基于对患者方的类型化研究。医疗纷争中的患者应分为：①真正的医疗事故被害型；②对服务不满或过度渴求心理安慰型；③自我中心型；④金钱目的型，其中只有第一类患者适合通过第二次筛选。医疗纠纷中更常见的第二类、第三类当事人，其纷争往往标的额很低，且通过患者的倾诉和医生简单的道歉就能得到合理的解决[1]。这类当事人的存在很大程度是因为医院方说明不足，患者对医生的医疗行为或相关法律规定的不理解所导致的。而对于基本的医学名词的解释和医疗责任规

---

〔1〕　小松秀树『医療崩壊—「立ち去り型サボタージュ」とは何か』（朝日新聞社，2006 年）33 頁参照。

则的说明等也可以在患者和调解员的对话中得到解决，并不需要专业责任认定的介入。

多段式结构的纷争解决机制可以通过将纠纷差异化并进行分类，根据不同的纠纷特点总结调解技巧，便于对新人调解员的培养。随着技术发展，这种筛选机制可以通过大数据 AI 的方式代替，进一步减少专业调解员的压力。

（三）总结典型案例提供调解经验的功能

在日本的交通事故处理中存在"民事交通事故诉讼损害赔偿额计算基准"，记载典型案例中责任的划分以及相应的赔偿金，该基准对于调解也能起到指导作用。诚然，医疗纷争个例众多，且医学知识更新速度极快，这种参考书很难作为裁定基准，但是其仍可以作为参考为双方设置一个较为合理的心理预期，以稳定双方情绪；同时，该类书的应用对于调解申请书及诉状的撰写也有帮助。笔者认为可借助近年来兴起的大数据功能，设立全国性的医疗纠纷案例的数据库，令其更好地为医疗诉讼和医疗调解参考。

日本继承法贡献制度的动向与课题

——兼议对中国《民法典》第 1129~1131 条的启示

崔漪雯[*]

一、前言

在《中华人民共和国民法典》（以下简称《民法典》）中，有如下特别的规定[1]：尽到较多的赡养老人义务的子女能够有机会在继承时，相较于其他继承人获得更多的财产。而未尽赡养义务的继承人，则应当不分或者少分。此外，在中国，甚至还存在即使并非被继承人的法定继承人，且并无遗嘱的情况下仍然可以继承其一部分财产的相关规定，而丧偶儿媳和丧偶女婿对于公婆、岳父母所尽的赡养义务也可以让其成为第一顺位继承人。正因如此，中国的继承法也有着"抚养奖励法"之评价[2]。这样的规定在中国尚处于普遍贫穷状态的继承法制定初期起到了积极作用。然而，有学说[3]认为在现如今生存配偶仍间接、直接享有先逝配偶父母的遗产继承权

---

* 崔漪雯，早稻田大学法学研究科民法专业博士研究生。

〔1〕《民法典》第 1129 条规定，丧偶儿媳对公婆，丧偶女婿对岳父母，尽了主要赡养义务的，作为第一顺序继承人。第 1130 条规定，同一顺序继承人继承遗产的份额，一般应当均等。对生活有特殊困难又缺乏劳动能力的继承人，分配遗产时，应当予以照顾。对被继承人尽了主要扶养义务或者与被继承人共同生活的继承人，分配遗产时，可以多分。有扶养能力和有扶养条件的继承人，不尽扶养义务的，分配遗产时，应当不分或者少分。继承人协商同意的，也可以不均等。第 1131 条规定，对继承人以外的依靠被继承人扶养的人，或者继承人以外的对被继承人扶养较多的人，可以分给适当的遗产。

〔2〕 加藤美穂子「中国における扶養と相続——弱者保護と高齢社会を見据えて」日本家族〈社会と法〉学会編『家族〈社会と法〉（14）扶養と相続』（日本加除出版社，1998 年）118 頁参照。

〔3〕 马新彦：《居住权立法与继承编的制度创新》，载《清华法学》2018 年第 2 期。

会导致社会风气败坏和家庭关系恶化。此外，考虑到实际情况的复杂性，多分、少分、可分遗产的衡量标准尚未被明确。

而在日本《民法》中的贡献分制度和 2018 年新设立的特别贡献费制度起到与中国《民法典》第 1129～1131 条相类似的作用[1]。虽起到的作用类似，但对于二者并不可以做完全一致的理解。

本文将介绍日本继承法中的两大贡献制度，尤其是新设立的特别贡献费制度。首先，梳理日本的贡献分制度与特别贡献费制度的背景、要件、消灭时期、计算方法，指明各制度尚且遗留的问题；其次，比较中日两国的法规，探讨其相同与差异，并在展望中国继承法的未来的基础上，尝试得出对相关法规的明确标准化以及制度间协调的启示。

二、贡献分制度

(一) 概述——修正应继分的要素

贡献分制度创设于 1980 年。当某共同继承人在为被继承人的财产维持或增加作出了特别的贡献之时，继承开始后，扣除了该贡献部分的剩余部分才是被继承人的继承财产。而扣除的部分，就是贡献分。这是因为，坚持形式上的诸子均分原则，反而可能造成继承人之间的实质不公平。因此贡献分制度应运而生，作为实质修正应继分的要素。所以，贡献分与生前赠与或遗赠等特别受益一样，是实质上修正应继分的要素，是遗产分割的前提问题，是独立于遗产分割的审判事项[2]。

贡献分制度规定在《民法》第 904 条之 2 中，具体条文如下[3]：

---

〔1〕 两制度的日文原文分别为"寄与分"和"特别寄与料"。寄与，意为"贡献，帮助"。中文翻译参考黄诗淳：《日本继承法修正动向：高龄社会中的生存配偶保障》，载民法研究基金会编：《民事法的学思历程与革新取径——吴启宾前院长前院长八秩华诞祝寿论文集》，新学林出版股份有限公司 2017 年版，第 383 页。

〔2〕 栗原平八郎「寄与分についての覚書」明山和夫ほか編『現代家族法の課題と展望：太田武男先生還暦記念』（有斐閣，1982 年）231 頁参照。

〔3〕 笔者自译。

第 904 条之 2：

共同继承人中，有通过被继承人的事业提供劳务或给付财产、对被继承人疗养看护，或以其他方法对被继承人财产的维持或增加予以特别贡献者时，则从被继承人于继承开始时所有的财产的价额，扣除共同继承人以协议确定的上述之人的贡献分，以其余额视为继承财产。依第 900~902 条规定算定的应继分加上贡献分，以其合计额为贡献者的应继分。

前款协议不成或不能协议时，家庭裁判所依照前款所定贡献者的请求，考虑贡献的时期、方法、程度、继承财产额及其他所有的情况，确定其贡献分。

贡献分，不得超过自被继承人于继承开始时所有的财产价额扣除遗赠价额后的余额。

第 2 款的请求，可以在有第 907 条第 2 款规定的请求时或在第 910 条所定情形提出。

（二）贡献分的要件

第 904 条之 2 的第 1 款规定了认定贡献分的相关要件。具体包含了贡献行为主体的范围、贡献行为的类型、特别的贡献以及被继承人财产的增加或维持。以下将介绍各个要件的含义与所存在问题，以及条文中虽未提及但实际上在认定贡献分时需要考虑的要件。

1. 贡献行为的主体

贡献分制度的目的是，通过让对维持或增加继承财产作出贡献的继承人取得超过法定或指定继承份额的财产，于遗产分割时，实现共同继承人之间的实质平衡。所以，只有有资格参与遗产分割的继承人才能够请求贡献分[1]。因此，事实婚姻的配偶、已经死亡的直系晚辈的配偶、后顺序的长辈或兄弟姐妹等非继承人，都无法主张贡献分。并且，放弃继承、让渡应继分、丧失继承资格的继承人

---

[1] 栗原平八郎「寄与分についての覚書」明山和夫ほか編『現代家族法の課題と展望：太田武男先生還暦記念』（有斐閣，1982 年）235 頁参照。

也无法请求贡献分。

（1）继承人的配偶。在第1050条新增之前，如果儿媳照顾了需要照顾的老人，在老人死后，儿媳虽非继承人，但可被评价为丈夫（继承人）的履行辅助者，丈夫可以根据第904条之2主张贡献分[1]。

明明作出贡献的人是儿媳，却必须通过没有贡献的丈夫间接地取得财产，不得不说违反了尊重夫妻财产独立的民法的思想，故此做法饱受诟病[2]。并且，这也使真正提供了照顾的妻子的利益缺少了保障。此外，如果认可了妻子以外的贡献者也可以适用履行辅助者理论，会失去判断其范围和行为的基准[3]。此外，丈夫因妻子贡献获得分后死亡，妻子能否就丈夫继承财产主张自己的贡献分，也存在疑问[4]。

（2）代位继承人。①代位继承人自身的贡献。代位继承人当然可以主张自身所提供的贡献。至于代位继承原因发生前的贡献，通说[5]表示应当重视贡献分制度之趣旨，即追求共同继承人之间的公平，只要求代位继承人在遗产分割时具有继承人的资格。②被代位继承人的贡献。代位继承人可以基于被代位继承人所作出的贡献请

---

〔1〕 鹿野菜穗子「多様化する家族のかたちと相続法の課題——特別の寄与の制度とその周辺」月報司法書士587号（2021年）54頁、谷口知平＝久貴忠彦編『新版注釈民法（27）相続（2）相続の効果』（有斐閣，2013年）248頁（有地亨・犬伏由子執筆）；相关裁判例有東京家審平成12年3月8日家月52巻8号35頁、東京高決平成元年12月28日家月42巻8号45頁等参照。

〔2〕 鹿野菜穗子「多様化する家族のかたちと相続法の課題——特別の寄与の制度とその周辺」月報司法書士587号（2021年）54頁、谷口知平＝久貴忠彦編『新版注釈民法（27）相続（2）相続の効果』（有斐閣，2013年）248頁（有地亨・犬伏由子執筆）参照。

〔3〕 佐藤義彦「寄与分の実体的要件をめぐる若干の問題」判夕663号（1988年）13頁、太田武男＝野田愛子＝泉久雄編『寄与分——その制度と課題』（一粒社，1998年）228頁（本沢巳代子執筆）参照。

〔4〕 佐藤義彦「寄与分の実体的要件をめぐる若干の問題」判夕663号（1988年）13頁参照。

〔5〕 栗原平八郎「寄与分についての覚書」明山和夫ほか編『現代家族法の課題と展望：太田武男先生還暦記念』（有斐閣，1982年）236頁、太田武男「相続法の改正と寄与分の問題」『現代私法学の課題と展望（下）』（有斐閣，1982年）256頁、松原正明『全訂第2版判例先例相続法Ⅱ』（日本加除出版社，2022年）139-140頁参照。

求贡献分。这是因为代位继承人会获得被代位继承人的地位以及其应获得的应继分，而被代位继承人的应继分中包含了并非一身专属性权利的贡献分[1]。反之，否定说[2]则认为，在继承开始前，贡献分请求权尚未成立，仅存在被代位人的事实贡献，所以代位继承人不能代位其事实地位。

（3）事实婚的配偶与事实上的养子。无论学说还是判例都有着事实上给予事实婚配偶以实质上的继承权的顾虑，否定了事实婚的配偶能够主张贡献分的可能性[3]。而事实上的养子，与事实婚的配偶一样，其继承权（继承人的地位）也并不被认可[4]。因此，事实上的养子也不应在贡献分请求权者的范围之内。

之所以不认可二者的贡献分请求权，是因为将非继承人纳入遗产分割程序可能导致一定期间内需暂停遗产分割，同时也会引发是否应该让这些非继承人承担继承债务的责任等一系列复杂的问题[5]。但是，事实婚配偶如果提供了无报酬劳动，仍可以不当得利为由请求返还，或通过共有物分割请求来实现贡献相当额的回复[6]。

2. 贡献行为的要件

有观点提出虽然没有明文规定，但是从立法趣旨来看，如果不

---

〔1〕 太田武男＝野田愛子＝泉久雄編『寄与分——その制度と課題』（一粒社，1998年）87頁、谷口知平＝久貴忠彦編『新版注釈民法（27）相続（2）相続の効果』（有斐閣，2013年）246頁（有地亨＝犬伏由子執筆）参照。

〔2〕 佐藤義彦「寄与分の実体的要件をめぐる若干の問題」判夕663号（1988年）12頁参照。

〔3〕 橘勝治「相続人に関する民法改正の概要」金法926号（1980年）7頁；橘勝治＝宇佐美隆男「民法及ぶ家事審判法の一部を改正する法律の解説」家月32巻8号（1980年）166-167頁；法務省民事局参事官室編『新しい相続制度の解説』（1980年）222頁；裁判例有仙台家昭和30年5月18日家月7巻7号41頁参照。

〔4〕 太田武男「相続法の改正と寄与分の問題」『現代私法学の課題と展望（下）』（有斐閣，1982年）253頁参照。

〔5〕 太田武男「相続法の改正と寄与分の問題」『現代私法学の課題と展望（下）』（有斐閣，1982年）253頁参照。

〔6〕 谷口知平＝久貴忠彦編『新版注釈民法（27）相続（2）相続の効果』（有斐閣，2013年）249頁（有地亨＝犬伏由子執筆）参照。

能实现继承人间实质的公平，则不应予认定贡献分。比如贡献行为使贡献者已经产生了财产法上的权利或者贡献者已经获得了相当的补偿等。然而，即使财产上的权利已经形成，若因为消灭时效或其他原因导致实际行使变得困难，仍应允许贡献分的主张[1]。

（1）特别的贡献。特别的贡献是指在特定的身份关系中，做出超出通常期望范围的贡献。夫妻之间、亲属之间等法定扶养义务范围之内的行为被视为通常期待程度内的贡献[2]。判断是否属于特别的贡献，需要考虑该当行为的专从性、继续性等要素。

例如，妻子与丈夫共同经营事业属于特别的贡献，而从事育儿等家务劳动则没有超出通常期待程度[3]；养子为被继承人制作简单的餐食、在被继承人住院时提供一定的照顾都属于亲属间的互相帮助，不属于特别的贡献[4]。

（2）贡献的类型。

一是从事家族事业型。这种类型在贡献分制度创设之前尤为常见，是指从事被继承人所经营的农业或者其他家族事业。其中，经营农业的比例最大。

二是金钱出资型。这是指直接给予被继承人财产权或者无利息的借款合同等财产上的利益。这种类型的贡献分比较容易认定。典型案例如被继承人的土地被实行抵押权时，作为继承人的长子提供了金钱使其免于被实行，最终该土地价格的十分之一被认定为贡献分[5]。

关于作为扶养费或生活费的金钱是否可认定为贡献分，意见存在分歧。反对说[6]认为：扶养义务并非统一相同，内容取决于义务

---

〔1〕 栗原平八郎「寄与分についての覚書」明山和夫ほか編『現代家族法の課題と展望：太田武男先生還暦記念』（有斐閣，1982年）239頁参照。

〔2〕 松原正明『全訂第2版判例先例相続法Ⅱ』（日本加除出版社，2022年）143頁参照。

〔3〕 高松高決昭和48年11月7日家月26巻5号75頁。

〔4〕 広島家呉支審平成22年10月5日家月63巻5号62頁。

〔5〕 東京家審昭和49年8月9日家月27巻6号63頁。

〔6〕 佐藤義彦「寄与分について」法律時報52巻7号（1980年）21頁。

者经济状况；如果只有一个继承人实际承担了扶养费用，承认其有权获得贡献分，原本无偿的扶养就会变成对应继分的购买。反之，赞成说[1]则表示如果某继承人提供了超过零用钱的生活费，继承人得以投资事业或者清偿债务，如果以扶养费为由否定该继承人的贡献分请求是不合理的，因此应结合实际案情考虑。

三是疗养看护型。近年来，随着老龄化加剧，疗养看护型逐渐取代从事家业成为主流贡献形式。疗养看护指的是在被继承人生病时提供相应的照顾。在实务中，被继承人需要接受照顾是前提，即被继承人自身必须患有需要进行疗养看护的疾病，并且必须由近亲属提供疗养看护。因此，为健康的被继承人做家务，不能认定为疗养看护[2]；即使被继承人身患重病，若非需要完全的看护，也基本上不会认定贡献分[3]。此外，要被评为特殊贡献，提供的疗养看护还须超出继承人基于身份应尽的扶养义务（如配偶相互扶养、子女赡养义务）。

四是其他的方法。①扶养型。即无报酬或近似无报酬的前提下，持续地扶养被继承人。这里的扶养型具体包括继承人定期给付款项，或与被继承人同居照顾其生活起居等。是否应认可扶养型贡献分，消极说认为仅当扶养内容超出了扶养义务范围时，扶养者可以向其他扶养义务人求偿，贡献分不成立[4]；积极说则认为应当允许提供了金钱扶养的扶养者选择贡献分请求或扶养费求偿[5]。在裁判实务

---

〔1〕 太田武男「相続法の改正と寄与分の問題」『現代私法学の課題と展望（下）』（有斐閣，1982年）260-261頁。

〔2〕 大阪家審平成19年2月8日家月60巻9号110頁。

〔3〕 片岡武＝管野眞一編著『第4版 家庭裁判所における遺産分割・遺留分の実務』（日本加除出版社，2021年）331頁。

〔4〕 佐藤義彦「寄与分について」法律時報52巻7号（1980年）21頁参照。

〔5〕 猪瀬慎一郎「寄与分に関する解釈運用上の諸問題」家月33巻10号（1981年）19頁参照。

中，既有否定例[1]，也有肯定例[2]。②财产管理型。即无报酬或近似无报酬的前提下，为被继承人管理财产。例如，管理被继承人的出租不动产、与承租人的退租交涉、房屋的拆除登记手续、不动产买卖契约的缔结等。有裁判例[3]认可了财产管理型贡献分的成立。

（3）被继承人财产的维持或增加。这要求贡献的行为与财产的维持或增加有着因果关系。例如，由于贡献者的疗养看护，被继承人免于支付护工费用，从而保持了继承财产。又如，继承人的帮助避免了被继承人农业用地价值减少。但仅提供精神安慰，不足以认定存在财产维持或增加。此外，2000 年日本导入了护理保险制度[4]。如果被继承人接受了护理保险所提供的居家服务，或接受了超过支付限度的护理服务，则由于可能减轻了贡献者的负担，贡献行为与财产维持之间的因果关系有可能被否定[5]。

（4）无偿性。即在无报酬或近似无报酬的前提下提供疗养看护。如果从被继承人处获得了足以被评价为贡献行为的对价的金钱，那么便会丧失无偿性。

（三）贡献分的计算

根据第 904 条之 2 的第 2 款，计算具体的贡献分的数额时，需要考虑贡献的时期、方法、程度、继承财产额及其他所有的情况。"所有的情况"还包括：继承债务的数额、被继承人的遗言内容、各

---

〔1〕 盛冈家审昭和 61 年 4 月 11 日家月 38 卷 12 号 71 頁参照。

〔2〕 大阪家审昭和 61 年 1 月 30 日家月 38 卷 6 号 28 頁、盛冈家一関支审平成 4 年 10 月 6 日家月 46 卷 1 号 123 頁、長野家审平成 4 年 11 月 6 日家月 46 卷 1 号 128 頁、山口家萩支审平成 6 年 3 月 28 日家月 47 卷 4 号 50 頁参照。

〔3〕 盛冈家审昭和 61 年 4 月 11 日家月 38 卷 12 号 71 頁、長崎家諫早出审昭和 62 年 9 月 1 日家月 40 卷 8 号 77 頁、大阪家审平成 6 年 11 月 2 日家月 48 卷 5 号 75 頁参照。

〔4〕 1997 年颁布的《护理保险法》设立了护理保险制度。根据该法，护理保险的被保险人被划分为 65 岁及以上的第一类被保险人和 40 岁至 64 岁的第二类被保险人。一旦被保险人的健康状况达到需要护理或支援的程度，就可以使用护理保险。

〔5〕 片冈武=管野眞一编著『第 4 版 家庭裁判所における遺産分割・遺留分の実務』（日本加除出版社，2021 年）333 頁参照。

继承人的特留份、贡献者在被继承人生前已经获得的利益等[1]。实务上，会将贡献行为分类然后计算。

1. 从事家族事业型

从事家族事业型的基础数额＝（应获得的年度工资总额−实际上获得的年度工资总额）＊贡献年数。

2. 金钱出资型

金钱出资型的基础数额＝实际上的出资额或者不动产价额。

3. 疗养看护型

疗养看护型的贡献分基础数额＝护理报酬相当数额[2]＊疗养看护的天数＊裁量比例。

在实务中，考虑到贡献者并非专业的护理人员，因此裁量比例通常为 $0.5 \sim 0.8$[3]。

（四）尚存的疑问——疗养看护型的难题

可能产生贡献分的情况中，为被继承人的事业提供劳务的情形往往与家庭经营有关，给付财产的情形下数额判定相对明晰，因而如今关注焦点更多地集中在疗养看护型上。具体来说，存在如下两大问题：

一是继承人基于身份往往对被继承人有着扶养义务，而身份的不同会导致各个继承人所应承担的扶养义务的程度有所不同，例如配偶、子女、兄弟姐妹需要承担不同程度的扶养义务，这点也是显而易见的。即便是在基于身份关系应承担同等扶养义务的共同继承人之间，正如前文所述，由于各自的经济状况不同，他们可能面临不同的扶养责任。因此，在评估疗养看护型贡献分时，有必要考虑

---

〔1〕 堂薗幹一郎＝野口宣大編著『一問一答 新しい相続法〔第 2 版〕』（商事法務，2020 年）186 頁参照。

〔2〕 多依据《护理保险法》所规定的护理报酬标准。

〔3〕 片岡武＝管野眞一編著『第 4 版 家庭裁判所における遺産分割・遺留分の実務』（日本加除出版社，2021 年）343 頁、松川正毅・窪田充見編『新基本法コンメンタール 相続（第 2 版）』（日本評論社，2023 年）335 頁（浦野由紀子執筆）、堂薗幹一郎＝野口宣大編著『一問一答 新しい相続法〔第 2 版〕』（商事法務，2020 年）187 頁参照。

继承人所负担的扶养义务内容的差异，并以此为基础判断贡献程度是否存在显著差异。然而目前，这一点尚未被纳入讨论范围。

二是在疗养看护型贡献的前提下，什么样的贡献能够被视作特别的？特别的贡献应该如何证明？精神上的照顾是否能被认可？实务中，疗养看护需要有持续性和专从性，即长期照顾且影响主业[1]。因此，暂时地照顾患有轻度疾病的被继承人时，贡献分的成立多不被认可。

并且，得益于疗养看护的提供，被继承人免于支出护工的费用，继承财产得到了维持也是要件之一[2]。因此，即使付出心力照顾被继承人，若未能体现在财产状态上，也不能被评价为特别的贡献[3]。

但如果被继承人由于特殊的情况需要家务的帮助时，则可以被认定贡献分。例如，年迈的被继承人在家需要照顾自己的配偶，因此无暇顾及家务，远处居住的继承人长时间每日前往被继承人家中帮忙做家务[4]。

证明被继承人确实需要被照顾，单从护理必要性认定[5]和诊断书中是无法了解到被继承人的生活的真实状态的[6]。且在现实生活中，没有接受护理认定或者接受了认定但看顾与照料同要护理度并无直接关系的情况较多。特别为了尽量不依赖于养老院和医院而持续地照顾被继承人的情况下，能够证明照顾内容的客观资料较少。

---

〔1〕 片岡武=管野眞一編著『第 4 版 家庭裁判所における遺産分割・遺留分の実務』（日本加除出版社，2021 年）322 頁参照。

〔2〕 谷口知平=久貴忠彦編『新版注釈民法（27）相続（2）相続の効果』（有斐閣，2013 年）270 頁以下（有地亨=犬伏由子執筆）、潮見佳男『詳解相続法』（弘文堂，2020 年）254 頁参照。

〔3〕 谷口知平=久貴忠彦編『新版注釈民法（27）相続（2）相続の効果』（有斐閣，2013 年）270 頁以下（有地亨=犬伏由子執筆）、潮見佳男『詳解相続法』（弘文堂，2020 年）254 頁参照。

〔4〕 片岡武=管野眞一編著『第 4 版 家庭裁判所における遺産分割・遺留分の実務』（日本加除出版社，2021 年）323 頁参照。

〔5〕 在适用护理保险制度之时，需要对护理的必要性进行判定，判定的结果以要护理度（分为 1~5 度五个阶段）的形式呈现。

〔6〕 伊藤孝江「療養看護に関するケースの紹介」日本家族〈社会と法〉学会編『家族〈社会と法〉（32）扶養と相続』（日本加除出版社，2016 年）49 頁参照。

且一直以来都存在忽视精神上的照顾的问题。

三、特别贡献费制度

（一）概述——对非继承人的贡献的关注

当实际上的贡献者是非继承人之时，如果不通过履行辅助者构成之理论，很难实现在继承法层面上对贡献者进行金钱的补偿。但正如前半部分所言，针对履行辅助者构成，有多项反对意见。而通过财产法上的规定来请求也存在一些现实上的阻碍。鉴于此，继承法修改之际，法制审议会将该问题提上了议程。

继承法制讨论工作组报告指出，现行民法只承认继承人有权主张贡献分，对遗产的形成和维持做出了贡献的人却仅因身份不满足要求无法参与遗产的分配，这导致了实质上的不公平[1]。因此，工作组将遗产分割中考虑非继承人的贡献纳入讨论范围。具体而言，存在以下的问题：①非继承人应当限制到什么范围；②是否应该在遗产分割手续中进行；③如何防止纷争的长期化和复杂化[2]。

在中间试案中可以看到两套立法方案。甲方案的思路是限定请求权者的范围，即将其限定在两亲等以内的亲属内；而乙方案则考虑限定贡献行为的形式，即仅认可无偿提供疗养看护等劳务的非继承人有请求权[3]。但是中间试案的补足说明也指出，甲乙两方案并非水火不容，二者是可以相结合的。

根据审议会资料14，着眼于对事实婚姻的保护的乙方案获得了较多的支持，但是考虑到避免纷争长期化、复杂化以及继承人受到不当请求的情况的甲方案也得到了一定的支持[4]。此外，有观点认为不应该对请求权者的范围和贡献行为形态设定任何限制，而另一些则持反对意见，还有认为应在甲或乙方案的基础上对请求权者的范围或贡献行为形态进行一定变更[5]。

---

[1] 相続法制検討ワーキンチーム報告書23-24頁参照。
[2] 相続法制検討ワーキンチーム報告書23-24頁参照。
[3] 民法（相続関係）等の改正に関する中間試案の補足説明82頁参照。
[4] 民法（相続関係）部会資料14の24頁参照。
[5] 民法（相続関係）部会資料14の24頁参照。

而审议会资料 19-1 以乙方案为基础，加入了"二亲等以内的亲属"的限定。

此后的审议会资料 22-1 和 23-1 将特别贡献者的对象范围从"二亲等以内的亲属"扩大到"三亲等以内的亲属"。这是因为在现行民法中，尚未设定以二亲等以内的亲属为限制条件的规定，保持这一限定难以解释其能够防止纷争长期化、复杂化的作用[1]。因此，参照《民法》中对扶养义务者范围的规定，将请求权者限定在三亲等以内的亲属更为合理[2]。

审议会资料 24-1 增加了对请求权者的限定，包括"被继承人的直系血亲及其配偶、被继承人的兄弟姐妹及其配偶，以及被继承人的兄弟姐妹的子女及其配偶"。审议会资料 24-2 指出，特别贡献费制度实质上承认了请求权者对遗产的份额，因此将其限定为可能成为继承人的人和其配偶是合理的。此外，那些与被继承人有着亲密关系的人，通过生前契约来解决贡献的补偿问题较为困难[3]。

然而，在审议会资料 25-1 中，特别贡献者的范围又变为"被继承人的亲属"。在审议会资料 25-2 中提到，有观点认为应考虑到继子女可能是特别贡献者，因此建议在请求权者的定义中增加"被继承人配偶的直系血亲"[4]。然而，考虑到直系血亲也包括直系长辈，这一点难以合理解释，故审议会资料 25-1 重新将请求权者限定为"被继承人的亲属"[5]。

除此之外，法制审议会还讨论了特别贡献费的请求手续、权力行使期间等[6]。基于法制审议会讨论得出的结论，《民法》第 1050 条具体规定如下[7]：

---

[1] 民法（相続関係）部会資料 22-2の36-37 頁参照。
[2] 民法（相続関係）部会資料 22-2の36-37 頁参照。
[3] 民法（相続関係）部会資料 24-2の40 頁参照。
[4] 民法（相続関係）部会資料 25-2の20 頁参照。
[5] 民法（相続関係）部会資料 25-2の20 頁参照。
[6] 民法（相続関係）部会資料 7の18 頁、10の16-17 頁、24-2の41-42 頁参照。
[7] 笔者自译。

第 1050 条：

对被继承人提供了无偿的疗养看护及其他的劳务、对被继承人的财产的维持或增加予以特别帮助的被继承人的亲属（除继承人、已放弃继承权之人以及该当第 891 条规定或因废除而丧失继承权者，以下简称"特别贡献者"），在继承开始后，可以向继承人请求支付与特别贡献者所提供的帮助相应数额的金钱。

前款协议不成或不能协议时，特别贡献者可以向家庭裁判所请求代替协议的处分。但特别贡献者在继承开始后且知道继承人后经过 6 个月，或继承开始后经过 1 年的情况下不在此限。

在前款的情况下，家庭裁判所考虑帮助的时期、方法和程度、继承财产额以及其他有关情况，确定特别贡献费。

特别贡献费，不得超过自被继承人于继承开始时所有的财产价额扣除遗赠价额后的余额。

有多个继承人的情况下，各继承人承担的数额为特别贡献费的数额乘以第 900~902 条所算定的该继承人的应继分。

（二）特别贡献费之必要性[1]

如果在现有制度的范围内，非继承人可以通过特别缘故者制度或基于准委托合同的报酬请求权或费用偿还请求权等财产法上的权利来寻求保护。但这些制度却又各自存在着如下的问题。

1. 特别缘故者制度

特别缘故者是在被继承人没有继承人的情况下，将遗产分配给曾经疗养看护过被继承人的人等其他与被继承人有着特别的关系的人的制度。由此可见，即使非被继承人的亲属的人为被继承人提供了疗养看护等劳务，只要被继承人尚有继承人，该制度是无法适用的。

---

[1] 堂蘭幹一郎＝野口宣大編著『一問一答 新しい相続法〔第 2 版〕』（商事法務，2020 年）178-179 頁参照。

2. 准委托合同

首先，准委托合同原则上是无偿的，因此如果没有当事人之间没有关于报酬的约定，提供疗养看护的受托人就不能向委托人（被继承人）请求报酬。其次，受托人可以向委托人请求返还处理委托事务的费用。但实际上亲属或其他亲密关系的当事人之间，关于疗养看护的书面证据往往不齐全，这将最终导致受托人举证上的困难，或者该疗养看护会被视为不包含清算金钱的意思。此外，如果成立准委托关系，被委托人将负有善管注意义务等法律义务，而亲属间的照顾更多是出于当事者的良心与道德，更可能被认为是好意施惠，而不是典型的准委托合同关系[1]。

3. 基于无因管理的费用偿还请求

即使当事人之间的合同关系不被认可，基于已经提供的疗养看护，仍可认为无因管理已成立，因此管理人（提供了疗养看护的人）则可以向受益人（被继承人）请求返还已支付的有益费用。然而，无因管理作为私法自治原则的例外，对此应采取谦抑的态度。另外，即使无因管理之债成立，管理人也只能请求费用的返还，原则上无报酬请求权。因此，无因管理费用返还请求可能并不足以提供充分救济[2]。

如上所述，对于像疗养看护等贡献，如果承认了准委托合同或无因管理，受托人或管理者可以行使费用返还请求权。但实际上，根据当事人之间的合理意愿解释，可能被视为没有费用返还请求权的类似无名合同或无效协议，导致提供疗养看护的亲属难以获得相应的补偿。[3]

4. 不当得利返还请求

关于不当得利的成立与否，存在着当事人提供疗养看护是否能被称作没有法律上的原因的问题。如果认为当事人之间存在着不进

---

〔1〕 民法（相続関係）部会資料10の13頁。
〔2〕 民法（相続関係）等の改正に関する中間試案の補足説明82頁。
〔3〕 民法（相続関係）等の改正に関する中間試案の補足説明81頁。

行金钱清算方面的默示的合意，那么不当得利就无法成立。事实上，鉴于当事人之间的亲属等特别的关系，认为有此合意的情形并不少见。

至于新设的特别贡献费与上述财产法的权利实现途径的关系，有观点认为，第1050条的设立，并没有否定不符合同条规定的贡献者财产法上的请求权，而是又一次确认了承认这些请求的必要性[1]。

（三）特别贡献费请求权的性质

继承人对特别贡献者负有特别贡献费的支付债务，也就是说该债务并非继承债务，而是继承人的固有债务。因此，特别贡献者不是遗产分割的当事者，其在遗产分割手续之外，对继承人请求债权。

根据法制审议会的资料，特别贡献费请求权与财产分割请求权有着同样的性质[2]。也就是说，在继承开始之时，请求权的内容是不确定的、抽象的，直至当事人之间的协商或家庭裁判所的审判后，方才形成具体的请求权[3]。所以，特别贡献的确认请求和继承人的债务不存在确认请求是无法进行的[4]。

而在继承开始之前特别贡献者就已经死亡的情况下，由于特别贡献费请求权尚未归属于特别贡献者，因此其继承人无法继承特别贡献费请求权。但是有学说认为，为了实现实质上的公平，应当参照代位继承人可以基于被代位继承人的贡献主张贡献分的做法，允许特别贡献者的继承人行使特别贡献费请求权[5]。

（四）特别贡献费的请求要件

第1050条第1款规定了请求特别贡献费时应满足的各项要件：①请求主体为被继承人的亲属且非继承人；②无偿提供疗养看护等

〔1〕 鹿野菜穗子「多様化する家族のかたちと相続法の課題——特別の寄与の制度とその周辺」月報司法書士587号（2021年）58頁参照。

〔2〕 民法（相続関係）部会資料22-2の35頁参照。

〔3〕 松川正毅＝窪田充見編『新基本法コンメンタール 相続 第2版』（日本評論社，2023年）333頁（浦野由紀子執筆）参照。

〔4〕 民法（相続関係）部会資料22-2の35頁参照。

〔5〕 内藤千香子「『特別の寄与』制度——実務上の諸課題」ジュリスト1538号（2019年）72頁参照。

劳务；③被继承人的财产维持或增加。但是，本制度中所云"特别贡献"与贡献分制度中"特别的贡献"有何关系，认定特别贡献费时贡献行为是否需要达到"特别的贡献"，法条并未言明。以下将考察第 1050 条中所规定的特别贡献费的请求要件、特别贡献的含义以及备受关注的相关问题。

1. 请求的主体

即使请求者无须为继承人，但其范围仍被限定在被继承人的亲属内。也就是说，被继承人的事实婚配偶、同性伴侣及事实上的养子等，由于在法律上并非亲属，不能直接适用特别贡献费制度。这是因为[1]：①若不限定在亲属内，可能会导致纠纷的长期化、复杂化；②除被继承人无继承人外，继承财产的分配本就限定在与被继承人有一定身份关系的人中。因此，将请求人限定在被继承人的亲属内，可以维持该条与继承法的连续性。因此，非亲属的贡献者只能通过财产法途径获得对价和费用补偿。

有观点考虑到继承的实质上的公平，应当肯定第 1050 条的类推适用，即使实际的贡献者并非被继承人亲属，仍可获得特别的贡献费[2]。这是因为，该条所述的亲属要件并非严格要件，有扩张解释或类推适用的可能[3]。鉴于立法过程中将适用对象限定在"亲属"内，实现该条更广泛的类推适用目前看来并非易事[4]。

2. 无偿提供疗养看护等劳务

虽然法条仅举例了疗养看护，但参考贡献分制度中提到的从事家庭事业型、扶养型及财产管理型，只要请求人的贡献可视为提供

---

〔1〕 民法（相続関係）部会資料 25-2の20 頁参照。

〔2〕 鹿野菜穂子「多様化する家族のかたちと相続法の課題——特別の寄与の制度とその周辺」月報司法書士 587 号（2021 年）57 頁参照。

〔3〕 潮見佳男ほか『Before/After 相続法改正』（弘文堂，2019 年）223 頁（松久和彦執筆）、窪田充見「相続人・家族の寄与」民商法雑誌 155 巻 1 号（2019 年）81 頁参照。

〔4〕 鹿野菜穂子「多様化する家族のかたちと相続法の課題——特別の寄与の制度とその周辺」月報司法書士 587 号（2021 年）57 頁参照。

劳务，就可以被评价为第 1050 条中的贡献[1]。而适用特别贡献费制度，需要证明提供的劳务是无偿的。也就是说，劳务的提供者须尚未获得劳务的对价[2]。判断是否无偿，则需要考虑当事人对于该财产给付的认识、该财产给付和劳务提供的时间以及数量的对应关系等要素[3]。

在某些情况下，被继承人会负担提供劳务方的生活费，那么此种情况下劳务提供是否仍可认定为无偿，需要根据具体情况判断。例如，被继承人在需要被疗养看护之前就已与劳务提供者一起生活并负担其生活费用，则即使疗养看护开始后继续负担生活费，也不能直接否认劳务提供的无偿性。[4]此外，被继承人仅给予劳务提供者很少的钱以及家常便饭，一般被认为缺乏对价的意义。

需注意，如果继承人向特别贡献者提供金钱，除非能够证明该金钱的给付遵循被继承人的意思，否则就不能否定劳务提供的无偿性[5]。但该金钱事实仍会在确定特别贡献费金额时作为考虑因素。如果双方同意将该金钱视作特别贡献费的一部分，计算时将予以扣除。

若被继承人向特别贡献者的配偶等进行了赠与，该赠与可以被视为贡献的报酬吗？如果将特别的贡献等同于特别受益进行解释，

---

〔1〕 東京家庭裁判所家事第 5 部編著『東京家庭裁判所家事第 5 部（遺産分割部）における相続法改正を踏まえた新たな実務運用（家庭の法と裁判号外）』（日本加除出版社，2019 年）116 頁参照。
〔2〕 民法（相続関係）部会資料 26-2の12 頁参照。
〔3〕 堂薗幹一郎＝野口宣大編著『一問一答 新しい相続法〔第 2 版〕』（商事法務，2020 年）184 頁参照。
〔4〕 堂薗幹一郎＝野口宣大編著『一問一答 新しい相続法〔第 2 版〕』（商事法務，2020 年）184 頁参照。
〔5〕 堂薗幹一郎＝野口宣大編著『一問一答 新しい相続法〔第 2 版〕』（商事法務，2020 年）185 頁参照。

基于实质关系，该赠与可被解释为"对价"[1]，从而否认特别贡献者的请求[2]。

3. 被继承人的财产的维持或增加

与贡献分制度相同，特别贡献费的请求想要被认可，必须有被继承人财产增加或维持的事实，并且贡献行为与被继承人的财产的增加或维持须有因果关系。

4. 特别的贡献

在贡献分制度中，"特别的贡献"要求贡献超出被继承人和继承人之间身份关系基础上通常所期待的水平。

而在特别贡献费制度中，"特别"并非与身份相关基准，也不是与通常期待的贡献对比，而是要求贡献达到值得回报的程度[3]。判断是否符合"特别的贡献"需要综合考虑多项因素，但请求者与被继承人之前的亲属关系远近亲疏不在考虑范围之内[4]。

（五）特别贡献费请求对象与负担比例

特别贡献费的请求对象是继承人，也包括从继承人手中获得部分或继承份额的人。但是，是否可以将受遗赠人也纳入请求对象，存在争议。肯定说[5]认为：包括受遗赠人拥有和继承人相同的权利

---

[1] 关于判断基准，福島家裁白河支部昭和 55 年 5 月 24 日家月 33 卷 4 号 75 頁指出：需要考虑赠予的经过、赠与物的价值、性质以及由此给受赠人的配偶即继承人带来的利益等因素，如果实质上认为与由被继承人向继承人直接赠与无异，即使是对继承人的配偶进行的赠与，也应将其视为继承人的特别受益；而神戸家裁尼崎支部昭和 47 年 12 月 28 日家月 25 卷 8 号 65 頁指出：因为由于继承人未履行对子女的扶养义务，所以被继承人向该继承人的子女赠与了财产，那么这实际上和继承人从被继承人那里接受了赠与并无二致。

[2] 民法（相続関係）部会資料 22-2の38 頁参照。

[3] 民法（相続関係）部会資料 23-2の23-24 頁；東京家庭裁判所家事第 5 部編著『東京家庭裁判所家事第 5 部（遺産分割部）における相続法改正を踏まえた新たな実務運用（家庭の法と裁判号外）』（日本加除出版社，2019 年）116 頁参照。

[4] 東京家庭裁判所家事第 5 部編著『東京家庭裁判所家事第 5 部（遺産分割部）における相続法改正を踏まえた新たな実務運用（家庭の法と裁判号外）』（日本加除出版社，2019 年）116 頁参照。

[5] 堂薗幹一郎・野口宣大編著『一問一答 新しい相続法〔第 2 版〕』（商事法務，2020 年）188-189 頁参照。

义务，因此也应是请求对象，并且在计算特别贡献费时，不应该扣除包括遗赠的价额。否定说[1]则认为：虽然包括受遗赠人与继承人权利义务相同，但并非继承人，无法享受如代位继承、特留份等专属于继承人的效果，且第 1050 条的目的是实现未作出贡献的继承人和作出贡献的非继承人之间的实质公平，因此特别贡献费的负担应基于继承人的法定地位。

此外，有多位继承人的情况下，特别贡献者可选择向其中一人或数人请求特别贡献费。如果被继承人指定了继承份额，那么各继承人将按照指定继承份的份额来负担特别贡献费；如无指定，则按法定继承份额分担。

关于是否应当按照具体的应继分分担特别贡献费，学说指出：应继分是在特别受益和贡献分调整后确定，若按此分担，则无特别受益或少受益的继承人需要负担更多，这从继承人平等的观点来看显然是欠缺合理性的；且特别受益和贡献分的调整需审理与判断，若在此期间特别贡献费的分担额无法确定，可能会导致纷争的长期化、复杂化[2]。

（六）特别贡献费请求期限

根据第 1050 条第 2 款但书，特别贡献者在继承开始后且知道继承人后经过 6 个月，或继承开始后经过 1 年的情况下，不能够再请求特别贡献费。

这一时效期间的设置，是因为特别贡献者通常与被继承人有亲密关系，得知继承开始的消息相对容易[3]。但考虑到继承开始本与非继承人特别贡献者无直接联系，且特别贡献者可能存有顾虑不愿

---

〔1〕 松川正毅・窪田充見編『新基本法コンメンタール 相続 第 2 版』（日本評論社，2023 年）333 頁（浦野由紀子執筆）参照。

〔2〕 堂薗幹一郎・野口宣大編著『一問一答 新しい相続法〔第 2 版〕』（商事法務，2020 年）192 頁参照。

〔3〕 潮見佳男ほか『Before/After 相続法改正』（弘文堂，2019 年）220-231 頁（金澄道子執筆）参照。

立即提出请求，故规定了 6 个月的时效期间[1]。

（七）特别贡献费的计算

1. 特别贡献费的上限

根据第 1050 条第 4 款，特别贡献费的数额不得超过继承开始时被继承人的所有财产的价额扣除遗赠的价额后的余额。

2. 考虑要素

根据第 1050 条第 3 款，特别贡献费的数额的计算，需要在考虑帮助的时期、方法和程度、继承财产额等所有的情况的基础上进行。所有的情况还包括继承债务的数额、被继承人的遗言内容、各继承人的特留份、特别贡献者在被继承人生前已经获得的利益等[2]。

在继承债务的数额超过继承财产的情况下，一般会否定特别贡献费的请求[3]。

3. 计算方法

特别贡献费采用和贡献分一样的计算方式。以疗养看护的情况为例，特别贡献费的计算式如下：

疗养看护型的贡献分 = 护理报酬相当数额 * 疗养看护的天数 * 裁量比例。

在特别贡献的情况下，需要考虑到特别贡献者本身并不负有扶养义务这一点，根据实际情况在 0.5 ~ 0.8 的范围内综合决定裁量比例[4]。

（八）遗留的问题

尽管特别贡献费的设立一定程度上解决了贡献分制度留下的关

---

〔1〕 内藤千香子「『特別の寄与』制度——実務上の諸課題」ジュリスト 1538 号（2019 年）68 頁参照。

〔2〕 堂薗幹一郎 = 野口宣大編著『一問一答 新しい相続法〔第 2 版〕』（商事法務，2020 年）186 頁参照。

〔3〕 東京家庭裁判所家事第 5 部編著『東京家庭裁判所家事第 5 部（遺産分割部）における相続法改正を踏まえた新たな実務運用（家庭の法と裁判号外）』（日本加除出版社，2019 年）117 頁参照。

〔4〕 東京家庭裁判所家事第 5 部編著『東京家庭裁判所家事第 5 部（遺産分割部）における相続法改正を踏まえた新たな実務運用（家庭の法と裁判号外）』（日本加除出版社，2019 年）117–118 頁参照。

于贡献主体范围的问题，仍然存在有关特别贡献费与贡献分制度的关系、亲属间扶养强制化的顾虑与国民情感的矛盾，以及在多样化家庭形式视角下特别贡献费制度的不足之处等问题亟待回答。

1. 特别贡献费与贡献分制度的关系

虽然在 2018 年的修改中，特别贡献费制度被新设立，但是其与曾经的贡献分制度下履行辅助者认定之间的关系尚未明确。也就是说，当"继承人的辅助者"作出了贡献，履行辅助者构成是否会被特别贡献费制度所排斥。

对此肯定说认为曾经符合继承人的辅助者的贡献者在第 1050 条实施后只能依据该条在遗产分割手续外向各继承人请求特别贡献费[1]。

而否定说[2]则表示第 1050 条的设立并不否定既往的做法，应允许上述贡献者选择是基于贡献分制度在遗产分割中请求，还是主张特别贡献费。此外，主张特别贡献费受短期消灭时效限制，因此履行辅助者的构成仍然有意义[3]。

2. 对亲属之间扶养强制化的顾虑

虽然继承法引入了特别贡献费制度，但学界对此仍存在一些疑虑和担忧。有学说指出：该制度可能会使未提供疗养看护等的法定继承人处于不利地位，形成积极诱导亲属照顾的制度结构，这最终可能造成亲属间扶养的强制化和有偿化[4]。

具体而言，利用法庭强制程序实现照顾亲属的报酬的做法可能与国民情感背道而驰，损害亲属间的互助精神[5]。因此，在应用特别贡献费时，应避免对亲属间扶养形成实质上的强制，避免以实际

---

〔1〕 潮見佳男『詳解相続法』（弘文堂，2020 年）351 頁参照。

〔2〕 潮見佳男『詳解相続法』（弘文堂，2020 年）351 頁参照。

〔3〕 松原正明『全訂第 2 版判例先例相続法Ⅱ』（日本加除出版社，2022 年）141 頁参照。

〔4〕 潮見佳男「相続法改正による相続制度の変容」民商法雑誌 155 巻 1 号（2019 年）7 頁、窪田充見「相続人・家族の寄与」民商法雑誌 155 巻 1 号（2019 年）85 頁参照。

〔5〕 民法（相続関係）部会資料 10 の 14-15 頁参照。

对价的角度评判继承份额成为继承制度的核心[1]。

实际上，随着时代的变迁，将护理劳动的价值用金钱来衡量的观念变得越来越被接受。尽管对于家庭内部提供的护理劳动是否应该以金钱评价人们可能还存在疑问，但多年的实践以及贡献分制度的设立表明使用经济社会一般标准来评估家庭贡献并没有受到太大阻碍。

此外，围绕可能损害国民情感和亲属间互助精神的讨论，也应建立在主动自愿奉献的前提下进行。实际上，无论在贡献分制度设立之前还是设立之后，家庭中儿媳承担公婆的护理与照顾的情况并不少见。尽管近年来由于护理保险制度的设立，这种情况得到了缓解，但并未完全消失。从传统社会习惯来看，长子承担赡养父母义务，长媳照顾公婆也是理所当然的。因此，无法定扶养义务的长媳，在某种程度上也是被迫、被强制扶养的。因此，仅关注特别贡献费可能导致的扶养强制化，而忽视在制度设立前已经给被强制的长媳带来的不公平是不合理且脱离实际的。

3. 新型家庭形态下的继承法的未来

从贡献分到特别的贡献，可见日本民法正在回应家庭结构、人口构成及扶养护理的社会实际变化，以实现实质公平这一目标。

在日本，离婚率和再婚率的不断上升导致再婚对象和孩子之间没有亲子关系的情况并不罕见。同时少子高龄化加剧，除配偶或子女外的人承担老年人护理也越来越普遍。甚至近年来，选择不进入法律婚姻关系的男女以及暂时无法进入法律婚姻关系的同性伴侣的声音和需求也逐渐受到重视。然而，日本现行继承法仍以法律婚姻关系为核心，尚未充分回应家庭形式多样化的变化。

尽管新设立的特别贡献费制度在一定程度上改善了日本民法对多样化的家庭形式的忽视问题，但是不能说在这方面日本已经取得

---

〔1〕 潮見佳男「相続法改正による相続制度の変容」民商法雑誌155卷1号（2019年）18—19頁参照。

了巨大的进步[1]。未来，是扩大适用主体范围，还是重新思考民法中家庭内核与形式，仍是需要探讨的问题。前者需权衡实践效率及早日分割遗产的社会经济需求；而后者则需要在法律层面进行观念转变，正如日本在战后曾废除了"家"制度[2]。也就是说，现有制度无法解决的问题与需求，可能会随着对多样化家庭形式的重视而得到解决。而为了实现这点，要以个人尊严幸福为基础，对婚姻等制度进行根本性再审视[3]。从日本的现状来看，重新构建对家庭的看法，值得期待但短期内绝非易事。

四、中日比较视点下的探讨

在中国《民法典》中，类似于贡献分、特别贡献费制度的，用以调整多为被继承人做贡献的人与遗产继承之间关系的制度规定在第 1129~1131 条中。第 1129 条规定了丧偶儿媳或女婿的继承顺序；第 1130 条规定了扶养与继承人份额的关系；第 1131 条则规定了非继承人与扶养的关系。

可以看出，《民法典》第 1129~1131 条全方位关注与被继承人有关的各种身份主体。不仅考虑了继承人，也包括非继承人，将他们全部纳入遗产继承层面上来讨论，体现了对权利义务一致、公平原则的重视，这是中国继承法的特别之处。这与日本设立贡献分、特别贡献费制度时强调实质公平的立法观点如出一辙，是人类基本价值观的体现。

---

〔1〕 鹿野菜穂子「多様化する家族のかたちと相続法の課題——特別の寄与の制度とその周辺」月報司法書士 587 号（2021 年）52 頁参照。

〔2〕 这是日本于 1898 年颁布的家庭制度，它将具有亲属关系的人中更狭窄范围的人，作为户主的家人，归属于一个家庭，并授予户主家庭的统率权。1947 年随着《日本国宪法》的实施，进行了《民法》的大修订，废除了"家制度"，也取消了"家督继承"。被继承人所拥有的财产将平等继承给法定继承人，妻子的继承权也被承认。

〔3〕 鹿野菜穂子「多様化する家族のかたちと相続法の課題——特別の寄与の制度とその周辺」月報司法書士 587 号（2021 年）58 頁参照。

而关于在中国略有争议[1]的第 1129 条规定的丧偶儿媳或女婿的继承顺序，在其他立法例中较为罕见，但此规定反映了立法者和基层群众的观点。从特别贡献费制度的审议过程中，可以得知有担心特别贡献费的设立，也就是允许付出了疗养看护等劳务的非继承人的亲属向继承人请求金钱会影响到家庭内的互助精神的声音。此处有趣的对比是，为了维护家庭之间友爱互助的氛围，日本有部分学者认为不应当有偿化家庭内的扶养；而中国则希望通过奖励提供扶养的人，来弘扬优良家风，促进家庭成员的互助友爱、团结和睦。

从经济角度分析，中国继承法中紧密结合扶养与继承的规定，与暂未完善的社会保障制度有关。这些紧密结合扶养与继承的规定，再加上遗赠扶养协议的规定，这些规定旨在解决老有所养、老有所依的问题。而随着社会保障制度完善，中国也面临人口老龄化，因此这些规定仍然会常出现在人们的视野之中。而事实上，日本的社会保障制度相较于中国，设立得更早，也相对更完善，需要靠子女照顾的老人的比例更低。但日本学界仍在探讨贡献分制度、特别贡献费制度，这说明即使在未来，中国的社会养老保险制度逐渐完善，继承法中的这些条文仍会有用武之地。需要注意的是，随着老龄化加重，社保费用增加，可能会加重民众负担。因此这些条文不仅要保留，还需要进一步完善，使其更加合理，与其他制度协调一致，适应社会发展。

日本早已进入超老龄社会，并实施护理保险制度多年，虽仍存在一些现实问题，但在老年人护理方面发挥了重要作用。中国也面临着老龄化、少子化的风险，今后也有设立类似日本护理保险的社会保障制度的可能性。值得参考的是，日本在讨论贡献分制度与护理保险制度之间的关系。这或许可为未来中国在制定相关社会保障

---

〔1〕 对该规定持反对态度的学说指出：基于姻亲关系发生继承不符合以血缘关系为基础的继承的体系；儿媳或女婿在法律层面上本就没有赡养义务，不应将道德规范调整问题纳入法律调整的范畴中；其将与其他的继承制度产生龃龉。参见郭明瑞、房绍坤、关涛：《继承法研究》，中国人民大学出版社 2003 年版，第 74～75 页；李红玲：《继承人范围两题》，载《法学》2002 年第 4 期。

制度时，更有效地处理扶养奖励继承法制度和保险制度之间的关系。

如果要探讨继承法制度与社会保障法层面保险制度的关系，需要继承法中的制度有明确的标准。如上所述，为了避免机械化导致不公平的问题出现，《民法典》选择不给扶养关系形成及遗产分割数额设置标准，而是交由法官具体判断。虽然当事人协商或法院调解在解决相关案件中很重要，但更明确、指导性的标准，有利于法院更好、更高效地适用法条，也让当事人对结果有预期。

在日本，贡献分的计算标准根据不同贡献类型已经在实践中明确，特别贡献费也参照此标准。当然，这些标准并非呆板机械的，其需法院在考虑"所有的情况"的基础上灵活调整，以实现当事人之间的实质上的公平。在今后制定《民法典》第 1131 条中非继承人可分遗产数额的衡量标准时，或可参照日本的相关规定与实践经验，为中国继承法提供有益启示。

最后，参考日本特别贡献费制度遗留的问题，可以得知从家庭形式多样化的角度来看，日本法的规定还有所不足。相比之下，中国继承法充分考虑了民间形成的事实上的亲属关系，例如未进行结婚登记的同居情侣关系、未办收养手续的养亲子等，给予他们获得遗产的可能性。这是中国继承法理论与实践结合形成更为灵活、更具柔软性的制度的体现。

五、结语

本文对日本的贡献分制度和特别贡献费制度的内容、学说及遗留问题进行了简要介绍与分析。贡献分制度允许作出特别贡献的继承人在遗产分割中获得优势，弥补了传统法的不足，实现了继承人之间的实质公平。而随着时代的发展与对家庭、夫妻的观念的转变，对作出了特别的贡献的非继承人的亲属的关注更甚。因此，日本制定了特别贡献费制度，为提供了劳务的儿媳等非继承人提供法律依据。这反映了日本法律在适应社会变革和家庭结构多样性方面的努力。但学界仍然期待日本继承法能够对日渐多样化的家庭形式做出更多的回应。

　　无论是中国还是日本在立法之际都展现了对社会传统、家庭价值观的尊重以及对扶养的认可。尽管由于各国文化社会背景不同，在处理方式上有所差异，但日本在贡献分标准化方面的实践，仍值得中国借鉴参考。此外，关于如何在继承法与社会保障制度间建立关联并实现协调，中国也可以参考日本的经验，以充分地应对人口老龄化带来的社会与法律层面的挑战。

判例评析

CASE LAW

行政主体参与的无因管理
——地方自治体有益费用偿还请求事件　李光照

行政主体参与的无因管理

——地方自治体有益费用偿还请求事件

李光照[*]

福井地方裁判所 2021 年 3 月 29 日判决

（判時 2514 号 62 页）

名古屋高等裁判所金泽支部 2022 年 12 月 7 日判决

（环境法研究 48 号 55 页）

一、引言

民法属于私法，是调整私人间的权利义务关系的法律。"私人"一词虽然并不是在法律上被定义的法律用语，但通常是指国家及行政主体之外的个人和团体（包括法人）。所以行政主体一般不在民法调整的范围内。然而，行政物品采购（行政合同）则是日常生活中很常见的行政主体适用民法规范的情况。过去虽然存在行政合同作为公法上的法律关系应与私人合同有所区别的观点，但是现在一般认为两者并无不同，都应适用民法中合同的相关规定。另外，行政主体适用民法规范的情况在"侵权（国家赔偿）"这一领域也屡见不鲜。但关于行政主体能否适用与侵权同为法定之债的无因管理制度的问题，则少有人关注讨论。

根据法律保留原则，行政主体行使职权必须有相关的法律规定。而无因管理是指在没有法定或约定义务的前提下，管理他人事务或为他人提供服务的行为。这样看来，似乎行政主体与无因管理很难

---

* 李光照，北海道大学法学研究科民法专业博士研究生。本文的写作得到"日本 JST 次世代研究者挑战计划"（项目编号：JPMJSP2119）博士生奖学金的资助。

有所关联。其实不然，行政主体与私人或其他行政主体间因管理事务而产生债权债务关系，但没有相关的具体法律规定时，无因管理制度的利益调整机能就可以发挥作用。所以行政主体能否适用无因管理制度的问题，在公私法交融的情况越来越多的当下，很值得探讨。

　　一百多年前，日本就出现了行政主体参与无因管理的案件，而且这类案件的费用偿还请求也多得到了法院的支持。[1] 关于这一问题，日本学界一直以来却少有讨论。近些年，因出现了几例行政主体通过民事诉讼向私人或其他行政主体请求管理费用的案件（行政主体多是为了防止污染保护环境而进行管理活动），该问题才得到重视，使得更多学者参与了讨论。

　　笔者选择以福井地方裁判所 2021 年 3 月 29 日判决（一审）、名古屋高等裁判所金泽支部 2022 年 12 月 7 日判决（二审）为例对这一问题进行讨论。选择本案的理由有以下几点：①本案是行政主体基于无因管理向另一行政主体请求费用偿还的案件。传统学界通常认为，行政主体与行政主体之间不可成立无因管理。故关于这类案件，我国学界的讨论很少。笔者在知网上以"行政"和"无因管理"为关键词进行搜索，最终发现只有昝强龙及汪厚冬两位学者对

---

[1]　例如，百年前的案例有：大判明治 36 年 10 月 22 日民録 9 輯 1117 頁、大判大正 8 年 4 月 18 日民録 25 輯 574 頁等。近些年的案例有：名古屋高判平成 20 年 6 月 4 日判時 2011 号 120 頁、福井地判平成 29 年 9 月 27 日判夕 1452 号 192 頁等。而且以上四个案例，无因管理的成立均得到了法院的支持。值得注意的是，与我国不同，日本使用的是"事务管理"这一法律用语而非"无因管理"。笔者认为两者各有优点。"无因管理"这一用语更侧重于表现成立要件，单单看到这个词语，就能体会到"没有法定或约定的义务"这一要件。而"事务管理"则更侧重于表现价值导向，相较于偏贬义的同为法定之债的"不当得利"和"侵权"，单从词语本身来看，"事务管理"就是偏向积极的评价，体现了立法者对这一行为的肯定与赞赏。

此问题进行了讨论。[1] ②在我国，关于行政主体之间能否成立无因管理的案件几近于无，本案具有一定的借鉴意义。③本案为 2022 年判决的案子，贴近当下，更具有讨论的价值。

笔者以本案为例，讨论行政主体能否适用民法中无因管理制度的问题。并进一步讨论，在可以的情况下，会有什么样的限制（即要件上的要求）；在不可的情况下，又该如何解决行政主体与私人或另一行政主体间的费用偿还这一问题。

二、案件事实

在日本，废弃物分为一般废弃物和产业废弃物（虽然日语是使用"废弃物"这三个汉字，但笔者认为相较于直接使用这三个汉字，将其翻译成"垃圾"更易于理解也更为妥当，故以下都使用"垃圾"这个词语）。国家只负责制定相关法律条文，不直接参与垃圾处理事务。都道府县没有处理一般垃圾的责任，只需向市町村提供必要的技术支援等。[2] 各市町村[3]则负有处理一般垃圾的责任。[4] 一般而言，各市町村大多是在自己管辖的范围内处理一般垃圾，但是在其管辖范围外的垃圾处理场进行最终处理的情况也并不少见。比如某市的一般垃圾可运到另一市的垃圾场来处理。这种情况下，若是运出的垃圾导致环境污染，由哪一方来进行治理就成了问题。本案就是因异地处理垃圾引发的。下面则是本案的案件事实。

A 公司的业务是处理各市町村的一般垃圾。1987 年，A 公司得

---

〔1〕 昝强龙：《论行政法上的无因管理》，载《行政法学研究》2022 年第 6 期。汪厚冬：《公法上无因管理的理论构造——基于释义学分析》，载《北方法学》2021 年第 2 期。值得注意的是，笔者对上述两位学者关于本问题的用语有所异议。无因管理本身是民法的规定，而非行政法上的规定，行政法与无因管理有着不可调和的矛盾。本问题是关于行政主体能否适用民法无因管理制度的问题，是法律适用与否的问题，而非公法上应否有无因管理制度的问题。用"行政法上的无因管理"和"公法上无因管理"似乎有些不妥。笔者认为"行政主体参与的无因管理"这一用语更为妥当。

〔2〕《废弃物处理法》第 4 条以及第 4 条第 2 项。

〔3〕 与我国不同，日本的行政区域划分为两级，即都道府县和市町村。顾名思义，市町村是市、町、村等基础自治体的总称，也是日本的基层地方行政主体。另外，日本的市也和我国的市不一样，类似我国城市的城区，与其他非城镇化区域（村）是平级关系。

〔4〕《废弃物处理法》第 6 条以及第 6 条第 2 项。

到了原告 X 市的垃圾处理从业许可，并在原告 X 市内设置了垃圾处理场。被告 Y 等地方自治体（各市町村）于 1994 年到 2000 年间，委托 A 公司处理其管辖范围内的一般垃圾，并将垃圾运到位于原告 X 市的垃圾处理场进行处理。但是，A 公司接收的垃圾数量远远超出其能够处理的能力范围。最终导致垃圾处理场中的污水渗透出来，进而污染环境。1999 年，原告 X 市发现了这一情况。其首先做出垃圾搬入中止的行政指导，其次取消 A 公司的垃圾处理从业许可，最后作出要求 A 公司防止污水继续渗透以及净化渗透水的行政命令。但是，A 公司并没有采取任何措施。所以，基于行政代执行法的相关规定，原告 X 市采取了水质调查、设置遮水壁、修理水处理设施等措施（以下简称"本案措施"）。

因为 A 公司于 2002 年破产，并于 2007 年开始进行破产清算手续。所以原告 X 市无法向 A 公司请求本案措施支出的各种费用。在这种情况下，原告 X 市认为被告 Y 等身为垃圾运出地也有防治本案中环境污染的责任，应支付本案措施支出的部分费用。但行政法（行政代执行法）并没有关于这种费用偿还的相关规定。所以，原告 X 市只能基于民法上的无因管理制度，向垃圾运出地 Y 等提出费用偿还请求。一审时，法院认定无因管理成立，判决被告 Y 等应向原告 X 市偿还本案措施支出费用的 30%。二审时，法院认定无因管理不成立，对原告 X 市的请求不予支持。

三、法院判决要旨

（一）一审判决要旨

1. 争点 1（原告 X 市、被告 Y 等是否负有采取本案措施的责任）

因垃圾运出地（自治体）的不恰当处理，导致生活环境被污染破坏或是有被污染破坏的风险时，该自治体负有采取必要措施以解决这一问题的责任。所以被告 Y 等身为垃圾运出地应负有采取本案措施的责任。

根据《废弃物处理法》第 18 条及第 19 条的规定，垃圾处理场所在地的自治体负有保护生活环境并采取措施防止污染破坏的责任。[1] 所以原告 X 市身为垃圾处理场所在地的自治体也应负有采取本案措施的责任。

2. 争点 2（原告 X 市与被告 Y 等之间是否成立无因管理）

由上述争点 1 的结论可知，被告 Y 等负有采取本案措施的责任，故本案中采取的防止污染破坏的措施可以说是被告 Y 等的事务。进而可以说原告 X 市是为他人（被告 Y 等）管理事务。并且被告 Y 等应负的责任与公共利益紧密相关，不可拒绝履行。所以，即使采取本案措施的行为与被告 Y 等的意思相悖，也并不影响无因管理的成立。综上所述，原告 X 市与被告 Y 等之间成立无因管理。

3. 争点 3（若无因管理成立，原告 X 市可向被告 Y 等请求偿还的数额）

由上述争点 1 的结论可知，原告 X 市与被告 Y 等都负有采取本案措施的责任。从相互关系上来看，对于本案措施支出的费用，双方负有不真正连带责任。而自己的事务和他人的事务并存也不影响无因管理的成立。超过自己事务的部分就是他人事务。负有连带给付义务的一人履行了超过其应负担义务部分的时候，超过的部分自然可以视为对他人事务的管理。所以原告 X 市可向被告 Y 等请求偿还超过自己义务部分的费用数额，即本案措施支出费用的 30%。

（二）二审判决要旨

1. 争点 1（原告 X 市、被告 Y 等是否负有采取本案措施的责任）

虽然，根据《废弃物处理法》第 6 条以及第 6 条第 2 项的规定，市町村（垃圾运出地的自治体）作为处理一般垃圾的责任主体，对一般垃圾的处理负有统括的责任，即使委托他人处理一般垃圾，也不能免除市町村负有这一统括的责任。

---

〔1〕《废弃物处理法》第 18 条及第 19 条的规定过长，因篇幅的关系，笔者只做简单介绍，而不做详细翻译。第 18 条规定垃圾处理场所在的自治体有要求垃圾处理场提交垃圾处理事项报告的职权。第 19 条则规定其有进入垃圾处理场进行检查的职权。学说和判例由此推出"垃圾处理场所在地的自治体负有保护生活环境并采取措施防止污染破坏的责任"这一结论。

　　但是，即使垃圾运出地的自治体对一般垃圾的处理负有统括的责任，这也不过是一般的、抽象的责任，而非某种具体的责任，不能由此直接得出被告 Y 等负有采取必要措施的责任这一结论。

　　另外，《废弃物处理法》第 6 条之 2 第 2 项[1]中，规定了市町村自己进行一般垃圾处理时的处理基准及委托市町村以外的人进行处理时的委托基准。《废弃物处理法施行令》第 3 条第 3 号[2]规定了一般垃圾的处理基准，即为了防止由渗出水引起的公共水域及地下水的污染等，垃圾填埋处理场应设置环境省规定的必要设备及采取必要的措施。但这不能理解成是让垃圾运出地的自治体负有采取上述措施的义务的规定。而且因垃圾处理场在其管辖区域外，垃圾运出地的自治体也没有采取上述措施的能力。

　　综上所述，被告 Y 等不应负有采取本案措施的责任。

　　2. 争点 2 （原告 X 市与被告 Y 等之间是否成立无因管理）

　　本案措施是根据《废弃物处理法》第 19 条之 7 及第 19 条之 8 的规定被原告 X 市实施。因此，即使不考虑这是否属于原告 X 市的义务，也可以认为是作为原告 X 市的事务被实施。

　　由上述二审争点 1 的论述可知，被告 Y 等不负有采取本案措施的责任。所以原告 X 市不是 "为他人进行事务管理"。原告 X 市与被告 Y 等之间自然不成立无因管理。所以也没有讨论一审时争点 3

---

　　〔1〕　日本法条中经常出现 "第某某条之某某" 的情况，使得该法条的内容非常多、非常杂。作为外国人，最初看到这样的法条会觉得很奇怪。其实这不过是日本保持法典的体系性与完整性的一种手段。日本在修改法律的时候，很少增减法条，而是采取 "第某某条之某某" 的手段（即在该条下增减 "之 1" "之 2" 等），既能够根据时代变化而修改法条，又不会让法条的数量及法典的体系发生过大的变化。其实 "第某某条之 1" 和 "第某某条之 2" 关系不大的情况也时有发生。

　　〔2〕　该政令的具体名称为《廃棄物の処理及び清掃に関する法律施行令》。第 3 条第 3 号规定：填埋处理一般废弃物时，除了应依照第 1 号相关规定处理的情况外，应遵照以下规定：第一，填埋处理应如下进行：①不得通过利用地下空间的方法进行处理。②应在处理场周围设置围栏以及表明该场所为一般废弃物处理场的标识。第二，填埋处理一般废弃物时［②中规定的水银处理物除外］，为了防止填埋处理场（以下简称 "填埋地"）的渗透水对公共水域及地下水造成污染，填埋处理场应设置环境省规定的必要设备及采取必要的措施。但是，依照环境省的规定不会污染公共水域及地下水的情况下，不受此限制。

的必要。原告 X 市的费用偿还请求不予支持。

四、案件评析

（一）学界讨论（行政主体能否适用无因管理制度）

本案是 2022 年判决的案件，比较新，所以针对本案进行讨论的学者很少。故笔者并不拘于本案，而是把各学者关于"行政主体能否适用无因管理制度"这一问题的意见进行归纳总结。学者的意见大体上可以分为肯定说（可能说）与否定说这两种。而从中可看出民法及环境法学者多是抱有肯定的态度，而行政法学者则多是持有否定的意见。

1. 肯定说（可能说）

首先，判例倾向认为行政主体可适用无因管理制度。一百多年前，就出现了行政主体基于无因管理制度向私人请求费用偿还的案件，并且该请求得到了法院的支持。然而法官似乎直接默认行政主体可适用无因管理制度，完全没有讨论能否适用的问题，而是直接讨论费用偿还请求是否应该得到支持。近些年，也出现了不少支持行政主体基于无因管理制度向私人或其他行政主体提出费用偿还请求的案件[1]。但大多忽视了行政主体是否可以适用民法上的无因管理规定的问题。只有本页脚注 1 中福井地裁的案子才第一次对这一问题进行了讨论。法官认为，"虽然原告是地方自治体，但本案中的原告是作为财产权的主体，对无因管理的费用这私法上的债权寻求救济，而非作为行政行为的主体要求国民履行行政上的义务，所以当事人适格，本案具有法律上的争讼性"。即支持行政主体适用无因管理制度。

其次，行政主体参与的无因管理很早就出现在日本行政法的教科书中。例如，美浓部达吉认为："所谓无因管理是指没有义务的情况下为他人管理事务，但在公法上也不缺乏类似于无因管理的事

---

[1] 例如，名古屋地判平成 20 年 1 月 17 判时 1996 号 60 页、名古屋高判平成 20 年 6 月 4 日判时 2011 号 120 页、福井地判平 29 年 9 月 27 日判夕 1452 号 192 页等。

例"，[1] 田中二郎认为："没有法律上的义务为他人管理事务一般称为无因管理。在这个意义上的无因管理，不仅在私法领域，在公法领域也能看到"。[2] 但是也有学者指出，教科书中列举的行政主体参与无因管理的例子，如市町村对生病或死亡的游人的处理、都道府县在灾害时的救助或支援等都已经有相关的法律明文规定，行政主体参与无因管理缺乏存在的实际意义。[3] 另外，也有学者指出针对行政主体能否适用无因管理制度这一问题的讨论并不充分，如无因管理制度是否可以在没有个别根据的情况下，成为对私人课以金钱债务的依据等问题都没有被提及。[4]

最后，现今肯定行政主体适用无因管理制度的学者也不少。例如铃木庸夫提出，在灾害救助时都道府县是救助主体，但市町村未及都道府县的应对而率先进行救助活动的情况下，行政主体可适用无因管理制度，即市町村可以基于无因管理制度向都道府县请求费用偿还。理由是，"行政主体之间的无因管理，归根结底是费用负担的问题，所以没有必要特意排除无因管理规定的适用和类推适用"。[5] 高木多喜男虽然并不反对行政主体适用无因管理制度，但关于这一点他的观点却与铃木庸夫并不一致。他认为在这方面日本行政法是有明文规定的，应直接适用该法律条文。例如《灾害救助法》第 20 条（都道府县根据其他都道府县知事的请求进行救助活动的情况下，该都道府县可以向受到支援的都道府县请求偿还因救助活动支出的费用）等。只有行政法没有规定的情况下，才适用民法

〔1〕 美濃部達吉『日本行政法 上卷』（有斐閣，1936 年）146 頁以下。

〔2〕 田中二郎『新版行政法上卷（第 2 版）』（弘文堂，1974 年）101 頁。

〔3〕 野田崇「行政活動の費用負担の一断面一行政による事務管理の可能性」法と政治 69 卷（2018 年）2 上号 188 頁。例如，行旅病人及行旅死亡人取扱法（明治 32 年法律 93 号）规定了尽管该游人所在地的市町村采取措施解决问题，但最终的费用由都道府县负担。

〔4〕 北村喜宣「行政による事務管理（一）」自治研究 91 卷 3 号（2015 年）33 頁以下。

〔5〕 铃木庸夫「行政上の事務管理」論（1）自治研究 99 卷 7 号（2023 年）38 頁。

上的无因管理的规定。[1] 奥田进一也持有类似观点。对于本案, 他支持一审判决, 认为行政主体可适用无因管理制度。不过他也呼吁尽早出台类似《产废特措法》这样的法律来直接解决这种问题。[2] 塩野宏对行政主体适用无因管理制度持肯定态度。他认为, 如果管理者是地方自治体, 无因管理的活动必须在该地区事务的范围内。从这个意义上来说, 行政主体参与的无因管理中, 他人的利益和公共的利益总是并存的, 根据民法学说, 为他人管理的意思与为自己管理的意思并存也不影响无因管理的成立。从这一点上看, 行政主体参与的无因管理也不应被否定。[3] 四宫和夫认为关于救助活动, 无因管理的规定可以作为公法规定的补充而被适用。[4]

2. 否定说

行政法学者北村喜宣对行政主体适用无因管理制度提出了非常严厉的批判。[5] 他针对这一问题进行了详细的讨论, 最终否定了行政主体参与无因管理的可能。[6] 他首先着眼于无因管理制度具有介入他人权利领域的违法性阻却 (作为权限依据法的无因管理) 和进行当事人间利益调整 (作为费用调整法的无因管理) 的功能。他认为在行政法没有具体规定的情况下, 行政主体单以无因管理制度作为权限依据法介入私人权利领域, 并不能正当化该行政主体的行

---

〔1〕 谷口知平・甲斐道太郎編「新版注釈民法 (18)」〔高木多喜男〕 (有斐閣, 1991 年) 120 頁。

〔2〕 奥田進一「最新判例批評 (46) 廃棄物処分場の立地自治体による、一般廃棄物の搬入及び処分を委託した者への事務管理に基づく有益費償還請求が認められた事例 [福井地裁令 3.3.29 民 2 部判決]」判例時報 2542 号 (2023 年) 108 頁。

〔3〕 塩野宏『行政法 I (第 6 版)』 (有斐閣, 2015 年) 10 頁。

〔4〕 四宮和夫『事務管理・不当利得・不法行為上巻 (現代法律学全集)』 (青林書院新社, 1981 年) 22 頁。

〔5〕 北村喜宣『環境法 (第 5 版)』 (弘文堂, 2020 年) 504 頁。

〔6〕 北村喜宣「行政による事務管理 (三・完)」自治研究 91 巻 5 号 (2015 年) 51 頁以下。

为。[1] 之后，北村喜宣通过无因管理的成立要件对这一问题进行讨论。他指出即使假设行政主体能适用无因管理制度，但在这种情况下，几乎没有满足无因管理成立要件的可能性。[2] 例如，他针对地震时期，都道府县无法及时进行救援活动时，市町村的救援活动成立无因管理的情况，提出"难道市町村没有救援国民的义务吗"这一疑问。[3] 特别是对于"本人的意思"这一要件，他和大部分学者的观点并不相同。学者们一般认为因为行政主体的管理行为是为了公共利益，所以即使违反本人的意思也不影响无因管理的成立。他则认为既然没有制定法上的依据，本人拒绝行政主体管理其事务怎么能说是违背公序良俗呢？[4]

另外，野田崇也反对行政主体适用无因管理制度。他通过对德国案例和学说的介绍和分析，一方面指出行政活动并不满足无因管理成立的要件，另一方面指出从行政法的基本原理来看，无因管理的适用也应该被否定，否则会有故意避开行政法的相关规定，无视甚至违背立法者意图的危险。[5] 平田健治也持有相似的观点，他认为肯定行政主体参与的无因管理可能产生行政主体故意避开行政法规定的危险。他指出在行政法领域，如果有具体的法律规定，应适用该规定，只有在行政法领域没有规定的情况下，才有适用无因管理制度的可能。[6] 本案就是因为 A 公司已破产，行政代执行费用的

---

〔1〕 北村喜宣「行政による事務管理（一）」自治研究 91 巻 3 号（2015 年）34 頁，同「行政による事務管理（二）」自治研究 91 巻 4 号（2015 年）39 頁，同「行政による事務管理（三・完）」自治研究 91 巻 5 号（2015 年）30 頁。

〔2〕 北村喜宣「行政代執行の実施と事務管理」自治実務セミナー 685 号（2019 年）52 頁以下。

〔3〕 北村喜宣「行政による事務管理（三・完）」自治研究 91 巻 5 号（2015 年）56 頁以下。

〔4〕 北村喜宣「行政代執行の実施と事務管理」自治実務セミナー 685 号（2019 年）56 頁。

〔5〕 野田崇「ドイツにおける行政上の事務管理」法と政治 74 巻 1 号（2023 年）45 頁。

〔6〕 平田健治『事務管理の構造・機能を考える』（大阪大学出版会，2017 年）322 頁。

强制征收已无可能，而且关于原告 X 市对垃圾运出地 Y 等的费用偿还请求的行政法规定并不存在，所以无因管理制度的适用才有可能性。

（二）笔者意见

上文是关于行政主体能否适用无因管理制度这一问题的学者意见。接下来，笔者将从民法上无因管理的成立要件这一角度出发，对本案中原告 X 市与被告 Y 等之间是否成立无因管理进行具体分析。

关于无因管理的成立要件，我妻荣的学说为日本学界的通说。根据我妻说无因管理的成立要件有三。即，"为他人开始管理事务""没有义务（没有权限）进行管理"以及"未明显违背本人的意思与利益"。[1]四宫和夫进一步将"为他人开始管理事务"细分为"他人的事务""他人事务的处理（又分为'管理行为'这一客观因素以及'为他人'这一主观因素）"以及"事务管理的开始"，将"义务"细分为"公法上的义务"和"私法上的义务"。[2]当然，四要件[3]、五要件[4]的学说也存在，不过实质上并无太大差别。本稿以我妻说为基础展开讨论。

1. "没有义务"

（1）管理者负有公法上的义务时，无因管理也可能成立。依照中国及日本的通说，警察或消防人员等根据职务承担公法上的义务，进行救助活动时，救助者与被救助者之间不成立无因管理。[5]如果警察等在救助活动中受伤，其可以通过公法获得补偿。例如中国的《人民警察法》第 41 条，日本的《地方公务员灾害补偿

---

〔1〕　我妻栄『債権各論 下巻一（民法講義Ⅴ4）』（岩波書店，1972 年）900 頁。

〔2〕　四宮和夫『事務管理・不当利得・不法行為上巻（現代法律学全集）』（青林書院新社、1981 年）13-21 頁。

〔3〕　根本尚徳・林誠司・若林三奈『事務管理・不当利得・不法行為』（日本評論社，2021 年）219-220 頁。

〔4〕　潮見佳男『基本講義 債権各論Ⅰ 契約法・事務管理・不当利得（第 4 版）』（新世社，2022 年）316 頁。

〔5〕　我妻栄『債権各論 下巻一（民法講義Ⅴ4）』（岩波書店，1972 年）910 頁。王泽鉴:《债法原理》（第 2 版），北京大学出版社 2013 年版，第 318 页。

法》等。

负有公法义务的管理者的管理行为，难道一定不属于无因管理吗？实际也并非如此。例如，日本《消防法》第 24、25 条规定国民有协助消防救火的义务（中国《消防法》第 44、45 条也有类似的规定）。学说上认为，即使履行了这种公法上的义务，也不妨碍民法上无因管理的成立。[1] 虽然日本没有相关案例。但中国有不少案例可以佐证这一点。[2]

所以不能因为管理者负有上述那样比较抽象的公法义务而排斥民法上无因管理的成立。行政主体进行管理活动时也应如此。例如日本就有案例对国家或政府的义务进行了讨论。认为保护生命、财产是国民自己的事务，国家的义务只是设立社会保障等制度或提供公共服务。通常国家对国民不承担直接的法律义务。[3] 不少学者也支持这一观点。[4] 所以，尽管行政主体一般都负有保护公民等抽象的义务，但如果没有法律规定的具体义务时，行政主体的管理行为有成立无因管理的可能性。

当然，本案中的管理者原告 X 市因《废弃物处理法》第 18、19条的规定，负有防治环境污染的具体义务，该管理行为确实很难成立无因管理。

（2）管理者负有私法上的义务时，无因管理也可能成立。根据日本最高裁的案例可知，负有不真正连带责任中的一人履行了超过自己义务范围的责任时，可与其他债务人之间成立无因管理的关系。[5] 抚养义务人履行抚养义务的案例也可证明这一点。共同抚养义务人中的一人履行全部抚养义务，根据无因管理向其他抚养义务

---

〔1〕 内田貴『民法 2 債権各論』（東大出版社，2011 年）554 頁。

〔2〕 北京市第一中级人民法院（2017）京 01 民终 121 号民事判决书、北京市第三中级人民法院（2021）京 03 民终 8554 号民事判决书、山西省沁县人民法院（2022）晋 0430 民初 1 号民事判决书等。

〔3〕 東京高判昭和 44 年 12 月 25 日、訟月 16 巻 1 号 47 頁。

〔4〕 谷口知平・甲斐道太郎編「新版注釈民法（18）」〔高木多喜男〕（有斐閣，1991 年）157 頁。

〔5〕 最判昭和 43 年 7 月 9 日集民 91 号 683 頁。

人求偿时，如果没有就分担的抚养费份额达成协议，则必须先由家庭裁判所审判。[1] 换而言之，如果就抚养费的分担份额达成协议，共同抚养义务人中的一人就可依据无因管理，向其他抚养义务人请求偿还超过自己应付金额的部分。企业向自己的受伤员工支付了超过其应付金额的情况下，依据无因管理就这部分金额向加害人请求偿还，且该请求得到法院支持的案件也存在。

所以，即使有管理义务，但履行超过自己义务的部分，也可与其他义务人之间成立无因管理关系。从一审法院审理的逻辑来看，原被告双方都负有采取本案措施的责任，而原告 X 市履行了超过自己义务的部分，自然可以根据无因管理就那一部分金额向被告 Y 等求偿。而二审法院认为被告 Y 等不负有采取本案措施的责任。理由是，被告 Y 等作为行政主体确实应该负有保护环境的责任，但这是比较抽象的义务，而非法律规定的具体义务。同时还列出了《废弃物处理法施行令》第 3 条第 3 号中的规定，认为该条只规定了市町村对其管辖范围内的垃圾处理基准，故被告 Y 等不对其管辖范围外的垃圾处理负责，没有采取本案措施的义务。但二审法院忽视了该施行令第 4 条，该条明确规定了委托区域外的从业者处理垃圾的委托基准。被告 Y 等明显违反了该条关于委托基准的规定。就应该对由此导致的 X 市渗透水污染负责。既然被告 Y 等也应负责，根据上文所述，超过原告 X 市义务范围的部分，无因管理应当成立。

综上所述，本案原告 X 市超出其义务范围的管理活动符合无因管理中"没有义务"这一要件。

2. "为他人开始管理事务"

（1）他人事务。一般民法上的无因管理案件都是围绕是否符合"本人的意思与利益（即为了他人）"这一点来进行讨论。若符合"本人的意思与利益"，无因管理通常成立。行政主体参与的无因管理却与之不同。因为该管理活动符合公共利益，通常会直接忽视

---

〔1〕 最判昭和 42 年 2 月 17 日民集 21 卷 1 号 133 頁。

"本人的意思与利益"。讨论的重点反而为是否属于"他人事务"这一点。例如本案二审法院认定采取本案措施为原告 X 市的事务而非被告 Y 等的事务，并由此做出无因管理不成立的判断。根据上文（二）1 的解释，被告 Y 等负有保护环境防止污染的义务，所以采取本案措施是被告 Y 等的事务，符合"他人事务"这一点。

本案是行政主体为行政主体管理事务的案件。如果行政主体为私人管理事务时，这一点恐怕更需要重视。平田健治就提出管理人需负有探查义务，以判断该事务是否为"他人事务"，是否应该进行管理。而判定的依据应该是行政法上的相关规定。[1] 因为私人对行政命令、行政处罚等可提出行政复议。在终局判定结果出来之前，无法确定是否为其人的事务。如果行政主体贸然进行管理，自然不一定能成立无因管理。而且法律保留是行政法的基本原则，若是行政主体没有行政法上的依据（如有行政命令、行政处罚等可判定为该私人的事务）就贸然管理，岂不是有避开行政法的危险？这对私人并不利，也与立法者的意图相悖。

（2）为了他人。虽然有学者指出，行政主体进行管理并不是为了本人，而是为了公共利益，不应成立无因管理。[2] 但大多数学者对这一点并没有异议。因为"为了他人"与"为了自己"并存时也不影响无因管理的成立。[3] 所以本案中原告 X 市虽然有为自己进行管理的意图，但也不能否认其同时为被告 Y 等进行管理的意图，所以符合"为了他人"这一要件。

3. 未明显违背本人的意思与利益

根据通说，本人的意思违反社会公共利益或是强行性规范的情况下，即使管理行为违背本人的意思，也不影响无因管理的成

---

〔1〕 平田健治『事務管理の構造・機能を考える』（大阪大学出版会，2017 年）322 頁。

〔2〕 北村喜宣「行政代執行の実施と事務管理」自治実務セミナー 685 号（2019 年）52 頁以下。

〔3〕 我妻栄『債権各論 下巻一（民法講義Ⅴ4）』（岩波書店，1972 年）909 頁。

立。[1] 判例也是持相同的态度。[2] 因为行政主体的管理多是为了公共利益，若本人不同意管理，往往违背公共利益，所以对于行政主体参与的无因管理来说，本人的意思并不像在其他的无因管理类型中那样重要，即使违背本人意思，通常无因管理也可成立。[3]

当然，也有学者对此提出反对意见。北村喜宜从行政法的角度出发，根据法律保留原则，提出"行政主体的行为应得到法律授权，在没有法律规定的情况下，本人拒绝行政主体的管理怎么能说是违背公序良俗呢?"[4] 确实，北村喜宜的观点具有一定的道理，在保护私人权益方面是有意义的。但单就本案而言，若是被告 Y 等拒绝采取防止污染的措施，明显违背公序良俗。即使该措施违背被告 Y 等的意思与利益，也不影响无因管理的成立。

综上所述，如果行政主体能适用民法上的无因管理制度，通过对三个要件进行分析，笔者和一审法院持相同态度，认为无因管理应该成立，被告 Y 等需要向原告 X 市偿还有益费用。

五、结语

行政主体参与的无因管理是有一定的现实需要的，即在行政法缺位的时候可以起到一定的补充作用。而从民法上无因管理的成立要件来看，行政主体参与的无因管理有成立的可能性。但其也只是起到补充的作用。在行政法领域，如果有具体的法律规定，应适用该规定，不能绕开该规定而适用民法上无因管理的规定。

本案是行政主体基于无因管理向另一行政主体请求费用偿还的案件。有学者认为，在我国，行政主体间的费用求偿问题往往由政府内部协调解决，而不会采取民事诉讼的手段。所以，这种类型的

---

〔1〕 我妻栄『債権各論 下巻一（民法講義 V 4）』（岩波書店，1972 年）910 頁。

〔2〕 大判大 8 年 4 月 18 日民録 25 輯 574 頁。

〔3〕 奥田進一「最新判例批評（46）廃棄物処分場の立地自治体による、一般廃棄物の搬入及び処分を委託した者への事務管理に基づく有益費償還請求が認められた事例[福井地裁令 3.3.29 民 2 部判決]」判例時報 2542 号（2023 年）107 頁。

〔4〕 北村喜宜「行政代執行の実施と事務管理」自治実務セミナー 685 号（2019 年）56 頁。

无因管理在我国几乎被直接排除。[1] 笔者对此并不赞同。在当今社会，像本案这样关于跨区域防治污染的情况应该会越来越常见。针对这一问题，行政法的规定也并非完美无缺。及时立法当然是最好的解决手段，但其往往有滞后性。在行政法缺位的时候，无因管理制度的适用能一定程度上提高行政主体采取防治措施的积极性，利于保护环境。而且增加一个求偿路径也未见得是一件坏事。在这一问题上，对我国而言，本案有一定的借鉴意义。

　　另外，关于这个问题还有更大的讨论空间。行政主体参与的无因管理还有行政主体管理私人事务，以及私人管理行政主体事务这两种类型。本文对这两种类型并没有讨论。笔者认为这两种类型的无因管理也可能成立，并且也有不小的意义，这个问题留待之后再讨论。

---

〔1〕 昝强龙：《论行政法上的无因管理》，载《行政法学研究》2022年第6期。

立法动向

NEW LEGISLATION

近年来日本《刑法》修改的动向

朱一帆[*]

一、引言

日本的刑法规范，包括冠以"刑法"之名的刑法典及各类特别刑法。其中，现行《刑法》[1] 于 1907 年正式出台，翌年开始施行。自该法典制定以来，尽管社会状况不断发生重大变化，但总体上，日本并未对其进行频繁修改，而是大多通过新增或补充修订特别刑法的方式，完善相关刑法规范。然而，进入 21 世纪以来，伴随着社会变化的加剧和国民观念的改变，日本修改《刑法》的次数开始明显增多[2]，呈现出几乎逐年修订甚至一年多次修订的情况[3]。在修订内容上，2000 年以来的《刑法》修改涉及总则和分则的诸多方面，同样呈现出立法活性化的特征[4]。具体表现为：增设刑罚种类及处罚方式、大量增设新罪、修改特定犯罪的构成要件、提高特定犯罪的法定刑等[5]。

---

* 朱一帆，大阪大学法学研究科刑法学专业博士研究生。

〔1〕 以下所称《刑法》，除特别提示外，均指日本《刑法》。

〔2〕 井田良『講義刑法学・総論〔第 2 版〕』（有斐閣，2018 年）48 頁。

〔3〕 例如，日本于 2001 年 3 次修订《刑法》，2005 年 2 次修订《刑法》，2023 年 2 次修订《刑法》。

〔4〕 井田良「刑事立法の活性化とそのゆくえ——本特集の趣旨」法律時報 75 巻 2 号（2003 年）4 頁以下参照。

〔5〕 有关 2019 年以前日本《刑法》的修改，其中，20 世纪 90 年代初至 2004 年的修改情况，可参见张明楷：《日本刑法的发展及其启示》，载《当代法学》2006 年第 1 期；2005 年至 2018 年的修改情况，可参见张明楷：《日本刑法的修改及其重要问题》，载《国外社会科学》2019 年第 4 期。

2019 年以来的 3 次《刑法》修改依然保持了上述特征，本文将对其内容进行简要介绍，并就修改所涉重要议题予以补充说明。

二、近年来日本《刑法》修改概览

2019 年以来，日本分别于 2022 年修改《刑法》1 次，2023 年修改《刑法》2 次，历次修改内容如下。

（一）刑法等部分改正的法律（2022 年法律第 67 号）

本法案共对《刑法》进行了以下四方面的修改：

第一，《刑法》删除了之前有关"惩役"和"禁锢"[1] 的规定，并新创设了"拘禁刑"。更新后的《刑法》第 12 条共分为 3 项："①拘禁刑包括无期和有期。其中，有期拘禁刑的刑期为 1 个月以上，20 年以下。②拘禁刑指，拘押在刑事设施内。③对被判处拘禁刑的服刑人，为使其更好地接受改造，回归社会，可以要求其进行必要的劳动，或者对其进行必要的指导。"

第二，新增拘留执行过程中有关教育改造的规定。拘留是一种刑期在 1 日以上 30 日以下（不含 30 日）的短期自由刑。在此之前，《刑法》关于拘留，并无服刑人需从事劳动等，教育改造的相关规定。此次修改后，《刑法》第 16 条新增第 2 项："对被判处拘留的服刑人，为使其更好地接受改造，回归社会，可以要求其进行必要的劳动，或者给予其必要的指导"。概言之，本次修改针对拘留增设了教育改造的相关规定。此次修改后，拘留同上述拘禁刑的区别，仅为刑期不同[2]。

第三，扩大缓刑制度的适用范围。主要内容包括再次全部缓刑

---

〔1〕 惩役和禁锢，都属于自由刑。二者在刑期上并无差别，均为无期，或 1 个月以上 20 年以下的有期（数罪并罚或累犯加重时，最长不超过 30 年）。但是，被判处惩役的服刑人，必须服劳役；被判处禁锢的服刑人，无须服劳役（可以自愿劳动）。

〔2〕 高橋直哉「自由刑の単一化」刑事法ジャーナル68 号（2021 年）4 頁。

要件的缓和，以及新增全部缓刑和部分缓刑[1]的期间经过后原刑罚
执行有关的规定。首先，关于再次全部缓刑，修改前的《刑法》规
定，对曾被判处禁锢以上刑罚但经缓刑的人，又被判处 1 年以下惩
役或监禁的，在具有应当特别斟酌的情节时，可以再次宣告全部缓
刑。但是，被宣告全部缓刑并附加保护观察的人，在保护观察期间
内又犯罪的，不适用上述规定。再次全部缓刑的修改内容包括：其
一，再次全部缓刑的刑期要件由"1 年以下自由刑"变为"2 年以
下自由刑"；其二，补充以下规定——再次全部缓刑并附加保护观察
的服刑人，在此期间内又犯罪的，不得继续适用再次全部缓刑。根
据以上补充规定，再次全部缓刑的排除要件限缩，对初次宣告全部
缓刑并附加保护观察的人，在保护观察期间内又犯罪的，一定条件
下仍可适用再次缓刑。修改后的《刑法》第 25 条第 2 项规定："之
前虽被判处过拘禁刑但经全部缓刑的人，又被判处 2 年以下拘禁刑
的，在具有应当特别斟酌的情节时，也可按照前项[2]规定暂缓执
行。但是，根据本项规定暂缓刑罚执行，并且根据下条第 1 项[3]的
规定附加保护观察，而在此期间内又犯罪的，不在此限。"其次，关
于新增全部缓刑和部分缓刑的期间经过后原刑罚执行有关的规定，
本次修改针对被宣告全部缓刑或部分缓刑的服刑人在缓刑期间再次
犯罪，但是新罪判决生效前缓刑期间已经结束的情形，此时原刑罚
宣告及缓刑宣告的效力等进行了补充规定。其中，修改后的《刑法》

---

〔1〕 部分缓刑是指，对符合一定条件的毒品犯罪人，或者应当被判处 3 年以下惩役
或禁锢（现行《刑法》），符合一定条件的犯罪人（未被判处过禁锢以上刑罚的；曾被判
处禁锢以上刑罚，但被宣告缓刑的；曾被判处禁锢以上刑罚，但执行终了或获得免除之日
起 5 年内未再被判处禁锢以上刑罚的），根据犯罪情节的轻重、犯人的境遇等情况，认为
存在防止再犯的必要性或相当性时，对其部分刑期宣告缓刑的制度。

〔2〕《刑法》第 25 条第 1 项规定："对被宣告 3 年以下拘禁刑或者 50 万日元以下罚
金的人，具有下列情形之一的，可以根据情节，自判决确定之日起，在 1 年以上 5 年以下
的期间内全部暂缓其刑罚的执行。①未被判处过拘禁刑以上刑罚的；②虽然被判处过拘禁
刑以上的刑罚，但从执行完毕或者获得免除之日起 5 年内未再被判处拘禁刑以上刑罚的。"

〔3〕《刑法》第 25 条之 2 第 1 项规定："依前条第 1 项宣告缓刑的，在缓刑期间内，
可以交付保护观察；依前条第 2 项宣告缓刑的，在缓刑期间内，应当交付保护观察。"

第 27 条第 2~6 项是关于全部缓刑的期间经过后原刑罚执行的规定；第 27 条之 7 第 2~6 项是关于部分缓刑的期间经过后原刑罚执行的规定。

第四，上调侮辱罪的法定刑。近年来，伴随着互联网社交平台的发展，在网上公开对他人进行侮辱的情况日益严重，加之互联网本身匿名性、易传播性等特点，此类侮辱行为对法益造成的危害也有所增大。有鉴于此，本次修改为抑制相关犯罪行为，上调了侮辱罪的法定刑[1]。修改后的《刑法》第 231 条所规定之侮辱罪的法定刑，由之前的"拘留或科料"[2] 上调为"1 年以下惩役、禁锢、30 万日元以下罚金，或者拘留、科料"。

（二）刑事诉讼法等部分改正的法律（2023 年法律第 28 号）

本法案共对《刑法》进行了以下两方面的修改，旨在防止被告人和刑罚确定的人逃亡，以及确保被告人如期参加庭审、裁判顺利执行。

第一，新增刑罚时效停止的规定。关于刑罚时效的停止，修改前的《刑法》第 33 条仅规定："依照法令缓期执行或停止执行刑罚的期间内，刑罚的时效停止。"此次修改后，第 33 条新增第 2 项："关于拘禁刑、罚金、拘留以及科料的时效，被判处以上刑罚的人身在国外时，其在国外期间，刑罚的时效停止。"概言之，本次修改针对身处国外的犯罪人刑罚时效的停止，进行了补充规定。

第二，修改了脱逃罪和加重脱逃罪的相关规定。关于脱逃罪，修改前的《刑法》第 97 条规定："根据裁判执行被拘禁的已决犯或未决人脱逃的，处 1 年以下惩役。"根据本法案，"裁判执行"被修改为"法令"，"已决或未决"被删除，"1 年以下惩役"被修改为"3 年以下惩役"。修改后的《刑法》第 97 条规定："根据法令被拘禁的人脱逃的，处 3 年以下惩役。"概言之，脱逃罪的构成要件被修

---

〔1〕「刑法等の一部を改正する法律 法律案·理由」，载法務省，https：//www. moj. go. jp/content/001368429. pdf，最后访问日期：2023 年 12 月 20 日。

〔2〕科料，是一种金额在 1000 日元以上 1 万日元以下（不含 1 万日元）的财产刑。

改，处罚范围扩大，法定刑提升。关于加重脱逃罪，修改前的《刑法》第98条规定："前条所规定的人或已收到逮捕证的被执行人，损坏拘禁场所或拘束的器具，或者实施暴行、胁迫，或者两人以上通谋脱逃的，处3个月以上5年以下惩役。"根据本法案，"已收到逮捕证的被执行人"被删除。修改后的《刑法》第98条规定："前条规定的人，损坏拘禁场所或拘束的器具，或者实施暴行、胁迫，或者两人以上通谋脱逃的，处3个月以上5年以下惩役。"概言之，加重脱逃罪的构成要件被修改。

（三）刑法及刑事诉讼法部分改正的法律（2023年法律第66号）

本法案针对性犯罪[1]进行了大幅度的修改，主要包括以下几个方面：第一，删除原178条关于准强制猥亵与准强制性交罪的规定；第二，将原"强制猥亵"与"准强制猥亵"、原"强制性交等"与"准强制性交等"合并，合并后的新罪名分别为"不同意猥亵""不同意性交等"，规定在第176、177条，并重新设置了不同意猥亵罪和不同意性交等罪的构成要件；第三，将性同意年龄的标准由13周岁调整为16周岁，并增设了年龄差要件；第四，新增"对不满16周岁的未成年人会面要求罪"，并规定在第182条。

法案公布后，《刑法》中有关性犯罪的主要规定，修订如下：

第176条关于不同意猥亵罪规定："①因下列行为或事由，及其他类似行为或事由，在他人形成、表明不同意的意思、处于难以完成不同意的意思的状态，或趁他人处于上述状态，对他人实施猥亵行为的，不论是否存在婚姻关系，处6个月以上10年以下拘禁刑。其一，通过暴力、胁迫的手段，或者被害人已经遭受暴力、胁迫的；其二，使被害人产生身心障碍，或者被害人已经产生身心障碍的；其三，使被害人摄入酒精、药物，或者被害人已经受到酒精、药物

---

[1] 关于性犯罪，日本除修改《刑法》外，还在2023年6月23日出台了《关于处罚拍摄性姿态的行为，以及删除扣押物中性姿态形象相关电磁记录的法律》（2023年法律第67号），该法律对拍摄性姿态等犯罪的处罚和相关复制品的没收等进行了专门规定。因本文仅探讨日本刑法典的相关修改，所以对该法律及其他特别刑法的内容不做详细介绍。

影响的；其四，使被害人陷入睡眠或其他意识不清的状态，或者被害人已经处于此状态的；其五，被害人形成、表明不同意的意思，或者来不及完成上述意思的；其六，使被害人面对与预想不同的事态，产生恐惧、惊愕，或者被害人面对与预想不同的事态已经产生恐惧、惊愕的；其七，使被害人产生由虐待引起的心理反应，或者被害人已经产生由虐待引起的心理反应的；其八，基于经济地位或社会关系地位上的影响力，使被害人担心受到不利影响，或者被害人已经担心受到不利影响的。②使他人产生相关行为并非猥亵行为的错误认识，或者对实施相关行为的行为人的错误认识，或趁他人处于上述错误认识状态，对他人实施猥亵行为的，与前项相同。③对不满 16 周岁的未成年人实施猥亵的（该未成年人已满 13 周岁不满 16 周岁时，犯罪人限该未成年人出生之日前 5 年以上出生的人），与第 1 项相同。"

第 177 条关于不同意性交等罪规定："①因前条第 1 项各号所规定的行为或事由，及其他类似行为或事由，在他人形成、表明不同意的意思、处于难以完成不同意的意思的状态，或趁他人处于上述状态，对他人实施性交、肛交、口交，或者将身体的一部分（不含阴茎）、物品插入他人阴道、肛门的（以下简称'性交等'），不论是否存在婚姻关系，处 5 年以上拘禁刑。②使他人产生相关行为并非猥亵行为的错误认识，或者对实施相关行为的人的错误认识，或趁他人处于上述错误认识状态，对他人实施性交等行为的，与前项相同。③对不满 16 周岁的未成年人实施性交等行为的（该未成年人已满 13 周岁不满 16 周岁时，犯罪人限该未成年人出生之日前 5 年以上出生的人），与第 1 项相同。"

新增第 182 条关于对不满 16 周岁的未成年人会面要求罪的规定："①以猥亵为目的，对不满 16 周岁的未成年人，实施下列各号所规定之行为的（该未成年人已满 13 周岁不满 16 周岁时，犯罪人限该未成年人出生之日前 5 年以上出生的人），处 1 年以下拘禁刑或50 万日元以下罚金。其一，通过威逼、伪计或诱惑的手段，要求会面的；其二，被拒绝后仍反复要求会面的；其三，通过提供金钱或其他利益，或者提出、约定提供金钱或其他利益的手段，要求会面的。②犯前项所规定之罪，并以猥亵为目的，与该不满 16 周岁的未成年人会面的，处 2 年以下拘禁刑或 100 万日元以下罚金。③对不满 16 周岁的未成年人，要求其实施下列各号（第 2 号所规定之行为，限出于淫秽目的）所规定之行为的（该未成年人已满 13 周岁不满 16 周岁时，犯罪人限该未成年人出生之日前 5 年以上出生的人），处 1 年以下拘禁刑或 50 万日元以下罚金。其一，发送性交、肛交或口交姿态的影像；其二，除前号所规定内容外，发送将身体的一部分（不含阴茎）、物品插入他人阴道、肛门，触摸或被触摸性部位（指生殖器、肛门或上述部位周围，臀部或胸部。本号中下同），暴露性部位或其他姿态的影像。"

三、近年来日本《刑法》修改的重要议题

前文简要介绍了近年来日本《刑法》修改的主要内容等。其中，有关自由刑、缓刑和性犯罪的议题在修法过程中受到各方的广泛讨论，有鉴于此，本章将对这些内容的修改予以进一步说明。

（一）自由刑[1]的单一化

1. 修法背景

在拘禁刑创设之前，日本《刑法》规定了惩役和禁锢两种长期自由刑。其中，惩役主要适用于破廉耻犯（即违反道德的犯罪），通过施加劳动义务，以表达对该类犯罪人在道义上的否定评价；禁锢主要适用于非破廉耻犯（即不违反道德的犯罪，包括过失犯和政治犯）[2]。但是，这种规定方式一直受到质疑，具体包括：第一，依据道义等伦理上的标准对犯罪的轻重予以区分，既不妥当，亦不明确。第二，针对惩役刑，通过施加劳动义务的方式来表达对惩役服刑人员在道义上的否定评价，存在蔑视劳动本身意义之嫌。同时，该类犯人因为被打上"道德败坏"的标签，极大影响其出狱后顺利

---

〔1〕 本部分所称"自由刑"，仅指长期自由刑，不包括《刑法》中的拘留。

〔2〕 川出敏裕「自由刑」法学教室 451 号（2018 年）88 頁以下参照。

回归社会。第三，针对禁锢刑，首先，为何政治犯和过失犯应当采取同样的制裁方式？如果基于政治观点的不同而获罪的人不该被科以惩役的话，那么，岂不是所有的犯罪在刑法设置上都应该保留禁锢的选项，毕竟该类持不同政治观点的犯罪人，也可能实施非政治犯的犯罪。其次，实务中判处禁锢的案件，在所有判处自由刑的案件中本就占比很少的情况下，大多数的禁锢犯还主动申请从事劳动[1]，那么，保留禁锢的意义到底是什么[2]？

此外，近年来，日本越来越强调刑罚改造犯人、防止再犯的功能，并于 2016 年通过了《防止再犯推进法》。如此，惩役和禁锢的规定就显得不合时宜[3]。

2. 相关争点

日本主张自由刑单一化的观点，19 世纪即已有之[4]，但之前并未获得普遍支持。与此前历次讨论主要围绕"自由刑是否应该单一化"这一问题不同的是，本次修法的研讨过程中，各方虽然就单一化达成共识，但就"单一化的内容包括什么"，存在"自由刑纯化论"和"附加教育改造义务的单一化论"两种对立的观点。

主张"自由刑纯化论"[5] 的学者认为，单一化之后的自由刑应当仅包括对受刑者自由的剥夺，而不包括强制劳动等其他义务性的教育改造措施。有关"教育改造"在法律中的地位，持"自由刑纯

---

〔1〕 以日本新设拘禁刑前 2021 年公布的数据为例：2020 年度，被确定判处无期惩役的 19 人，有期惩役的共 44 232 人（其中，缓刑的共 27 163 人，部分缓刑的共 1298 人），被确定判处有期禁锢的共 2738 人（其中，缓刑的共 2691 人）。截至 2021 年 3 月 31 日，禁锢犯的服刑人员中，79.8%的人申请从事劳动。上述数据分别参见『令和 3 年版犯罪白書』38 頁、57 頁。

〔2〕 橋爪隆「自由刑に関する法改正」法学教室 507 号（2022 年）44 頁参照。

〔3〕 栗木傑、中野浩一「刑法等の一部を改正する法律の概要について」警察学論集 76 巻 1 号（2023 年）11 頁以下参照。

〔4〕 相关学说内容可参见小河滋次郎『監獄学』（警察監獄学会，1894 年）。相关历史考据，児玉圭司「近代日本の自由刑における刑種の変遷——国事犯への定役をめぐる議論を中心に」法律時報 93 巻 4 号（2021 年）17 頁以下参照。

〔5〕 松宮孝明「『自由刑の単一化』と刑罰目的・行刑目的」法律時報 89 巻 4 号（2017 年）79 頁以下、本庄武「自由刑の単一化」法律時報 90 巻 4 号（2018 年）36 頁以下などを参照。

化论"观点的学者大多主张，其应当是国家为了受刑者将来回归社会向其提供的援助，因此，国家对相关受刑者负有提供教育改造措施的义务[1]。但是，此种观点面临以下质疑：第一，"纯化"的程度问题。如果认为自由刑仅指对身体自由的剥夺，强制劳动并非自由刑应有之义，那么，伴随身体被拘束而产生的，受刑者无法从事其他活动（如与家人团聚）的情况，是否应该包含在自由刑的内容之中？如果包括，那就必须承认所谓"对自由的剥夺"必定伴随其他在自由条件下才能享受的权利无法实现。即不存在纯粹只剥夺"自由"的自由刑；如果不包括，那此种"纯化"的自由刑，似乎是不可能实现的。第二，"自由刑纯化论"的观点认为，自由刑的本质是通过剥夺自由给受刑者带来苦痛，而不包含其他内容。这似乎是在追求一种严格的报应。那么，犯罪预防等其他刑罚目的，应当如何实现？第三，以受刑者同意为前提，国家作为义务实施的相关教育改造措施，由于缺乏强制力的保障，其预期效果（包括受刑者回归社会、特殊预防等）似乎难以实现[2]。

　　主张"附加教育改造义务的单一化论"[3]的学者则认为，单一化之后的自由刑，应当包括接受教育改造的义务。但是，此种观点受到以下质疑：第一，将接受教育改造作为义务予以规定的正当性来源及其效果受到质疑[4]；第二，如果自由刑的内容包括对身体自由的剥夺和接受教育改造的义务，那么，应该如何理解二者的关系[5]？针对上述质疑，持此种观点的学者尝试从刑罚的目的不止包

〔1〕 松宮孝明「『自由刑の単一化』と刑罰目的・行刑目的」法律時報89巻4号（2017年）79頁以下参照。

〔2〕 高橋直哉「自由刑の単一化」刑事法ジャーナル68号（2021年）6頁以下参照。

〔3〕 高橋直哉「刑罰論からみた犯罪者処遇法改革」法律時報93巻4号（2021年）21頁以下参照。

〔4〕 本庄武「自由刑の単一化」法律時報90巻4号（2018年）35頁以下参照。

〔5〕 高橋直哉「自由刑の単一化」刑事法ジャーナル68号（2021年）8頁。

括报应，还包括特殊预防等[1]，以及为确保教育改造效果的实现[2]等方面予以回应。

　　针对上述争议，最终出台的《刑法》第 12 条似乎并未给出明确结论，而是采取了在第 2 项规定拘禁刑的执行方式、第 3 项规定拘禁刑的教育改造，这样一种立法方式。而关于教育改造的内容，本条第 3 项规定："对被判处拘禁刑的服刑人，为使其更好地接受改造，回归社会，可以要求其进行必要的劳动，或者对其进行必要的指导。"单从本规定来看，劳动、指导等并非明确为一种义务，而是为了改造的目的，结合受刑者自身特点灵活处理[3]。但另一方面，这也并非意味着将是否进行劳动和接受指导交由受刑者自己来判断。在法体系上，根据现行日本《关于刑事收容设施及被收容者等的法律》的相关规定，惩役或禁锢的受刑者无正当理由不得怠工或拒绝指导，违反者可能被处罚[4]。但是，刑法等部分改正的法律（2022年法律第 67 号）并未对《关于刑事收容设施及被收容者等的法律》的有关规定予以修改。那么，拘禁刑的教育改造内容，实质上是有一层义务色彩在的[5]。而拘禁刑所采取的这样一种立法模式，也更加契合本身改造犯人、防止再犯的刑事政策目的。

---

　　[1]　少年法・刑事法（少年年齢・犯罪者処遇関係）部会第 1 分科会第 6 回会議議事録 14 頁〔橋爪幹事発言〕。
　　[2]　高橋直哉「刑罰論からみた犯罪者処遇法改革」法律時報 93 巻 4 号（2021 年）21 頁以下参照。
　　[3]　栗木傑、中野浩一「『刑法等の一部を改正する法律』の概要」法律のひろば 75 巻 9 号（2022 年）53 頁参照。
　　[4]　现行日本《关于刑事收容设施及被收容者等的法律》第 74 条规定："①刑事设施的负责人，负责制定被收容者应当遵守的事项（本章以下简称'遵守事项'）。②遵守事项应根据作为被收容者的地位，具体规定以下内容：…… 第九，无正当理由，不得怠慢第 92 条或第 93 条所规定的作业，或拒绝第 85 条第 1 项各号、第 103 条或第 104 条所规定的指导。③除前 2 项外，刑事设施的负责人或其指定的职员，在需要维持刑事设施的纪律和秩序的情况下，可以对被收容者生活和行动作出指示。"第 150 条第 1 项规定："刑事设施的负责人，在被收容者不遵守遵守事项、第 96 条第 4 项所规定的特别遵守事项，或者不遵从刑事设施的职员基于第 74 条第 3 项发出的指示时，可以对被收容者科以惩罚。"
　　[5]　橋爪隆「自由刑に関する法改正」法学教室 507 号（2022 年）46 頁。

（二）缓刑制度的改革

1. 修法背景

日本目前的缓刑制度，除包括与我国类似的，即普通的全部缓刑之外，还包括再次全部缓刑、部分缓刑、附加保护观察的全部缓刑以及附加保护观察的部分缓刑。

以下几方面的原因，促使日本此次对缓刑制度做出进一步修改：

首先，在刑事政策层面上，如前所述，日本近年来越来越强调对犯罪人的教育改造、防止再犯。缓刑制度本身，在避免实刑的各种弊端的同时，还具有通过缓刑的撤销这一制度设计，给犯罪人带来可能被执行刑罚的威吓效果，从而促使犯罪人自发地改过自新，防止再次犯罪的功能[1]。因此，如何强化缓刑制度的这一功能成为关键。

其次，在原有缓刑制度的执行层面上，观察缓刑制度修改之前的司法实践，在刑事判决中宣告缓刑的已逾六成[2]，但其中附加保护观察的比例一直不高[3]。这显然没有实现附加保护观察的全部（部分）缓刑这一制度导入时所期望的，扩大保护观察利用率，从而更好地改造犯人、防止再犯的目标[4]。

最后，是其他部门法修改所带来的影响。伴随着日本《少年法》适用年龄的下调，原本应当适用《少年法》有关保护观察等处分的18岁、19岁的犯罪人，现在应当适用成年人的刑事诉讼程序。该类犯罪人如果被判处缓刑，有鉴于当前如此低的附加保护观察的全部（部分）缓刑制度的利用率，那么本身通过《少年法》的保护观察制度，进而教育挽救该类犯罪人的目的，反而无法实现了。针对此点，《刑法》中缓刑制度的相关规定有必要予以回应。

---

[1] 川出敏裕＝金光旭『刑事政策〔第2版〕』（成文堂，2018年）160頁参照。

[2] 『令和3年版犯罪白書』38頁参照。

[3] 例如，2013年以后全部缓刑中附加保护观察的，基本只占所有全部缓刑的不到10%，且呈现下降趋势。其中，2021年为6.7%。『令和4年版犯罪白書』74頁参照。

[4] 金光旭「執行猶予制度の改革—法制審議会答申の検討を中心に—」刑事法ジャーナル68号（2021年）37頁参照。

在此背景下，2022 年的修改通过缓和再次全部缓刑的要件，以期能够在更大范围内利用缓刑制度的同时，还通过补充缓刑撤销的相关规定，进一步强化防止再犯的效果。

2. 再次全部缓刑要件的缓和

如前所述，在 2022 年修改之前，再次全部缓刑的要件是十分严格的，这就导致了以下两个问题。首先，日本的刑事判决在量刑上呈上升倾向，处 1 年以下惩役或禁锢的案件罕见。再次全部缓刑能够适用的案件范围很小[1]。其次，由于被宣告附加保护观察的全部缓刑的人，被排除在再次缓刑的适用范围之外，因此有观点认为，这是在宣告全部缓刑的案件中，较少附加保护观察的原因之一[2]。

基于以上原因，日本上调了再次全部缓刑的刑期要件，并修改了再次全部缓刑的排除要件，在扩大再次全部缓刑制度的适用范围的同时，也期待能够进一步激活对附加保护观察的全部缓刑制度的运用[3]。

关于刑期要件应当放宽到何种程度，在审议过程中，虽然也有观点认为，可以上调到与初次全部缓刑相同的条件，即 "3 年以下拘禁刑"，但出于行为责任层面的考虑，最终限制在 "2 年以下拘禁刑"[4]。

关于再次全部缓刑的排除要件，此次修改将初次宣告全部缓刑并附加保护观察的人纳入再次全部缓刑的适用范围，主要出于以下几点考虑：首先，保护观察制度本身的设计，也处在不断改良的过程中。如果从保护观察制度的目的，是促进犯罪人在社会中进行改造这一点来看，否定附加保护观察的全部缓刑的人适用再次全部缓

---

〔1〕 小池信太郎「刑の執行猶予の判断」法律時報 87 巻 7 号（2015 年）41 頁。

〔2〕 川出敏裕、芦澤政治、佐伯仁志、宮村啓太、森野嘉郎「〈座談会〉執行猶予の現状と課題」論究ジュリスト 14 号（2015 年）21 頁参照。

〔3〕 栗木傑、中野浩一「『刑法等の一部を改正する法律』の概要」法律のひろば 75 巻 9 号（2022 年）54 頁参照。

〔4〕 金光旭「執行猶予制度の改革—法制審議会答申の検討を中心に—」刑事法ジャーナル 68 号（2021 年）40 頁参照。

刑的可能性，并不妥当[1]。其次，即使是保护观察期间再次犯罪，也不一定意味着保护观察的失败。例如，犯罪人偶然再犯过失罪的情况下，这种再犯并不能说明犯罪人拒绝改造[2]。最后，即便附加保护观察的全部缓刑的人，能够适用再次缓刑，也应当有限度。通过将适用的范围限制在初次，既不至于过分突破行为主义的要求，又能够保证缓刑制度防止再犯的功能继续得以发挥[3]。

3. 缓刑期间经过后原刑罚的执行

关于犯罪人在缓刑期间，再次实施应当判处禁锢以上的实刑或罚金的犯罪时缓刑的撤销，修改前的《刑法》虽然有所规定[4]，但其中的"处以刑罚"仅指判决已经生效的情形[5]。此外，如果缓刑未被撤销，则缓刑期间经过后，原刑罚的执行失去效力[6]。但是，此种缓刑撤销的设计就导致以下问题：再犯从被发现到判决确定，必然需要一定的时间。一方面，如果犯罪人是在缓刑期间将尽时再次犯罪，而关于再犯的判决在缓刑考验期结束前仍未确定。此时，根据这种缓刑撤销的构造，撤销犯罪人缓刑的宣告似乎缺乏理由。另一方面，这也可能导致犯罪人认为，"即使缓刑期间再次犯罪，只

〔1〕 金光旭「執行猶予制度の改革―法制審議会答申の検討を中心に―」刑事法ジャーナル68号（2021年）38頁以下参照。
〔2〕 少年法・刑事法（少年年齢・犯罪者処遇関係）部会第1分科会第4回会議議事録4頁〔今井猛嘉委員発言〕。
〔3〕 金光旭「執行猶予制度の改革―法制審議会答申の検討を中心に―」刑事法ジャーナル68号（2021年）3頁以下参照。
〔4〕 修改前的《刑法》第26条第1号规定："有下列情形之一的，应当撤销全部缓刑的宣告：①在缓刑期间又犯罪，并被判处禁锢以上刑罚，且对其该刑罚没有宣告缓刑的……"第26条之2第1号规定："有下列情形之一的，可以撤销全部缓刑的宣告：①在缓刑期间又犯罪，被判处罚金的……"第27条之4第1号规定："有下列情形之一的，应当撤销部分缓刑的宣告：①在缓刑期间又犯罪，并被判处禁锢以上刑罚……"第27条之5第1号规定："有下列情形之一的，可以撤销部分缓刑的宣告：①在缓刑期间又犯罪，被判处罚金的……"
〔5〕 最决昭和54・3・27刑集33卷2号155頁参照。
〔6〕 修改前的《刑法》第27条规定："全部缓刑的宣告未被撤销且缓刑期间经过的，刑罚的宣告丧失效力。"第27条之7规定："部分缓刑的宣告未被撤销且缓刑期间经过的，其惩役或禁锢的执行，将部分缓刑的期间，作为刑期予以减轻。此时，上述期间执行终了之日或不再执行之日起，刑罚的执行亦告终了。"

要判决没有确定，就不用接受原刑罚的执行"。所谓缓刑防止再犯的效果也就被削弱了。归根到底，缓刑撤销本质上的根据，应当是再犯这一事实，而非针对再犯的确定判决。因此，之前有关缓刑撤销的构造，既不公平，又无法有效地发挥防止再犯的功能[1]。

关于应当如何完善缓刑撤销制度，在修法过程中，主要考虑了以下两个问题：首先，是缓刑期间经过后，原刑罚宣告及缓刑宣告的效力存续到什么时候，即所谓效力存续期间问题。如果对缓刑期间的再犯，无论何时被发现并且判决确定，犯罪人都要被撤销缓刑的宣告并且接受原刑罚执行的话，这显然既损害了缓刑宣告的安定性，又不利于犯罪人权利的保障。因此，本次修订最终确定了缓刑期间内提起公诉这一标准。从缓刑期间内提起公诉开始，至再犯判决确定之前，被称为"效力存续期间"。在此期间内，原刑罚宣告及缓刑宣告的效力存续。其次，是缓刑期间经过后到缓刑被撤销前，犯罪人的法的地位。关于再犯，即使已经提起公诉，直到判决确定以前，都应当遵循无罪推定的原则。相较于再犯但没有在缓刑期间被提起公诉的犯罪人，如果对被提起公诉的犯罪人，可以采取不同的处理方式，是不具有正当性的。因此，本次修改除增加了与保证原刑罚执行，以及将来可能撤销缓刑相关的准备措施以外，并未新增其他可能限制犯罪人权利的规定[2]。

(三) 性犯罪的修改

1. 修法背景

日本有关性犯罪的规定，在 1907 年制定以来直至 2017 年的百余年间，并未进行实质性的修改[3]。但在近期，却经历了 2017 年和 2023 年两次大幅度的修改。

---

〔1〕 金光旭「執行猶予制度の改革―法制審議会答申の検討を中心に―」刑事法ジャーナル68号（2021年）40頁以下参照。

〔2〕 橋爪隆「自由刑に関する法改正」法学教室507号（2022年）47頁以下参照。

〔3〕 2017年以前，《刑法》中有关性犯罪的规定只在 2004 年进行过一次修改，其内容包括：第一，上调了强制猥亵罪、强奸罪、准强制猥亵罪、准强奸罪和强奸致死伤罪的法定刑；第二，增设了集团强奸等罪。但是，集团强奸等罪又于 2017 年被删除。

2017 年[1]有关《刑法》中性犯罪修改的主要内容包括：①将除淫行劝诱罪之外性犯罪的行为对象，统一修改为"人"；②将强奸罪、准强奸罪、强盗强奸及其致死罪，分别修改为强制性交等罪、准强制性交等罪、强盗强制性交等及其致死罪，并重新设置了构成要件，提高了法定刑。所谓"性交等"，包括性交、肛交、口交；③删除了集团强奸等罪，并增设了监护人猥亵及监护人性交等罪；④将性犯罪非亲告罪化[2]。此外，修正案还在附则中规定，根据法律实施后 3 年内的具体情况，对性犯罪的相关规定再行调整。

2017 年的修改内容繁多，且意义重大。但遗憾的是，一方面，修改后的规定过于简洁，可能无法准确发挥法律向社会的指示作用，被批评为"由部分法律专家主导的，为了部分法律专家的修改"[3]。另一方面，尽管一些事项在修法审议过程中有所涉及，例如保护法益的修正、暴力、胁迫要件的缓和、性同意年龄的调整等，但最终关于这些事项的议案未能获得通过。而上述的这些问题，导致修改之后出现司法中的混乱现象和学术上的诸多争论[4]。

在此背景下，日本于 2020 年再次启动有关性犯罪的法律研讨，并最终于 2023 年进行了前述修改。

2. 相关课题

相较于 2017 年，尽管 2023 年修改后的性犯罪有关规定，在条文上发生了大幅度的变动，但总体上是围绕着以下几个课题展开的。

首先，将 2017 年修改后的规定进一步明确化。主要包括：一是将"性自由、性的自我决定权"这一法益予以明确化。这一点，在不同意猥亵罪和不同意强制性交等罪在罪名上的改变，以及强制猥

---

〔1〕 2017 年法律第 72 号。

〔2〕 有关 2017 年性犯罪修改的具体内容，可参见张明楷：《日本刑法的修改及其重要问题》，载《国外社会科学》2019 年第 4 期。

〔3〕 辰井聡子「性犯罪に関する刑法改正—強制性交等罪の検討を中心に—」刑事法ジャーナル55 号（2018 年）9 頁。

〔4〕 嘉門優、樋口亮介「性犯罪をめぐる議論状況」刑事法ジャーナル69 号（2021 年）4 頁以下参照。

亵罪和准强制猥亵罪、强制性交等罪与准强制性交等罪的合并中，
有所体现[1]。二是进一步明确不同意猥亵罪和不同意强制性交等罪
的构成要件，包括列举 8 项"不同意"的事由、明文规定配偶间也
可成立性犯罪等[2]。

其次，进一步扩张了"性交等"的范围。尽管在 2017 年的修改
中，将肛交和口交作为强制性交等罪的实行行为予以规定，却未相
应调整该罪的法定刑就已受到质疑[3]，此次修改却继续扩张，将
"身体的一部分（不含阴茎）、物品插入他人阴道、肛门"也追加为
不同意性交等罪的实行行为，并维持原法定刑。其理由是，该行为对
法益所造成的侵害，与性交是同等的，因此具备一样的可罚性[4]。

最后，是对未成年在性方面的特别保护。主要包括：一是上调
性同意的年龄。此前，《刑法》中关于性同意年龄为 13 岁的规定因
过低而一直饱受诟病。尽管《少年福祉法》等法律，以及日本各地
区条例中，也有针对未成年人保护的特殊规定，但存在规定参差不
齐和处罚过轻的现象[5]。本次修改，在弭除分歧的同时，更表明了
关于对未成年人性犯罪严罚化的倾向[6]。二是增设"对不满 16 周
岁的未成年人会面要求罪"。本罪将"未成年人免于遭受性犯罪的状
态"，即"性的保护状态"作为保护法益，对性犯罪着手前的行为
也予以处罚，表明对未成年人性自由、性的自我决定权的彻底
保护[7]。

---

〔1〕 第 211 回国会衆議院法務委員会 2023 年 5 月 16 日第 16 号橋爪隆発言参照。

〔2〕 樋口亮介「不同意性交等・わいせつ罪——新 176・177 条 1 項の解釈・運用」
法律時報 95 巻 11 号（2023 年）70 頁以下参照。

〔3〕 小池信太郎「性犯罪の量刑（その 1）」法学セミナ 799 号（2021 年）117 頁
参照。

〔4〕 第 211 回国会衆議院法務委員会令和 5 年 5 月 17 日第 17 号松下裕子発言参照。

〔5〕 鎮目征樹「児童に対する性犯罪処罰規定の現状と課題について」刑事法ジャ
ーナル 69 号（2021 年）48 頁以下参照。

〔6〕 佐藤陽子「2023 年改正の概要とその意義について」法律時報 95 巻 11 号
（2023 年）67 頁以下参照。

〔7〕 佐藤陽子「2023 年改正の概要とその意義について」法律時報 95 巻 11 号
（2023 年）68 頁以下参照。

四、结语

总体而言，近年来日本《刑法》虽然保持了较高的修订频率，但每次修改都遵循了严密的逻辑。首先，是对社会现实和既有法律规定的执行情况予以总结，进而确定较为明确的立法目的和希望实现的目标，然后围绕这一总体目标，日本各界反复论证，就各部门法应当如何协调修改给出专门意见，最终推动立法。

所谓"他山之石，可以攻玉"。通过总结近年来《刑法》修改的内容，也许可以对我国刑法的完善，提供一些值得借鉴的内容。例如，日本在自由刑和缓刑制度设计中所体现的，对改造犯人、防止再犯的考量，也许可以为我国目前的轻罪治理提供一些思路。再如，日本有关性犯罪的改革，也为我国在性犯罪方面的完善提供了值得参考的内容。

碍于篇幅和作者本人能力有限，本文并未对《刑法》修改的某一具体内容进行详细的论述，而是仅就主要内容和相关课题，进行大而化之的介绍。如果能够抛砖引玉，引起其他学者对其中某一问题的关注，进而鞭辟入里地考察分析，那么本文即实现了其价值。

学界回顾

RESEARCH OVERVIEW

2023 年日本宪法学研究综述

潘敬莹*

本文旨在对 2022 年 10 月至 2023 年 10 月间日本宪法学的研究状况进行整理、介绍。在文章的构成与判例、文献的选择上，本文主要参考了同年《法律时报》刊发的《2023 年学界回顾》[1] 之宪法篇、《公法研究》刊发的《学界展望·宪法》[2]、"新·判例解说 Watch" 中宪法部分等[3]。限于篇幅及笔者学识，本文的论述在广度与深度层面难免存在未尽之处，还请读者谅解。但若能通过本文为关注日本宪法学动向的读者提供概观性介绍，则是笔者之大幸。

一、2023 年日本宪法学研究背景

疫情期间，国会议员的选举遭遇巨大困难。而根据宪法所规定的现行选举制度，在面对类似事态时，国家或将无法有效应对、解决突如其来的危机。因此，自民党等 5 个党派主张应设立在紧急时期延长议员任期的规定，为此必然需要修改宪法。然而，部分宪法学者提出反对意见，认为这将导致紧急事态的常态化[4]。本年度还出现了不少具有重要意义的宪法判例，如令和 3 年（2021 年）大选

* 潘敬莹，京都大学法学研究科宪法专业博士研究生。

〔1〕 木下昌彦＝片桐直人＝高田倫子＝堀口悟郎＝吉川智志「2023 年学界回顧」法律時報 1197 号（2023 年）。

〔2〕 愛敬浩二＝上田健介＝西村枝美「学界展望 憲法」公法研究 84 号（2023 年）。

〔3〕 「新·判例解説 Watch 憲法」TKC 法律情報データベース〈https：//lex.lawlibrary.jp/commentary/constitution.html〉2024 年 3 月 1 日アクセス。

〔4〕 「緊急集会で見解分かれる 憲法学者、任期延長批判」2023 年 5 月 19 日日本経済新聞〈https：//www.nikkei.com/article/DGXZQOUA18CAA0Y3A510C2000000/〉2024 年 3 月 1 日アクセス。

中众议院议员选举的小选举区划分合宪性判决[1]、推迟召集国会临时会案[2]、个人编号卡案[3]等。

二、学会动向

2023年宪法领域的学术会议基本恢复线下正常进行。其中，本年度日本全国宪法研究会的总议题为"动荡中的国际社会与宪法"，其中春季研究会中的报告题目有："多元化的国际法秩序与宪法、立宪主义""日本宪法与人权条约""多层的立宪主义与和平主义""法规范形成过程中的全球化与立宪主义"。而秋季研究会则聚焦于更为具体的论题，报告题目有"生态宪法与国际环境、人权秩序的相互影响""宪法中'企业与人权'的定位"等[4]。日本公法学会本年度关注疫情所呈示的诸多公法学问题，其中第一分会的主题是"传染病防治措施与人权保障"，第二分会的主题是"传染病防治措施的应对手法"。作为对既往研究成果的整理，日本公法学会还出版了《公法研究》第83号[5]、第84号[6]。宪法理论研究会出版了《次世代的课题与宪法学（宪法理论丛书30）》[7]。此外，第16届中日公法学研讨会在早稻田大学召开，参会者约150名。这也是新冠疫情以来时隔4年举行的首次线下研讨会。本次研讨会聚焦于当今信息社会中两国公法学界的共同议题——"尖端科学技术的规制与个人信息保护"。

三、宪法总论

（一）宪法基础理论

《宪法的基础理论（讲座 立宪主义与宪法学 第1卷）》[8]一

---

[1] 最高裁判所大法廷令和5年1月25日判决。

[2] 最高裁判所第三小法廷令和5年9月12日判决。

[3] 最高裁判所第一小法廷令和5年3月9日判决。

[4] 详细请参见全国宪法研究会官网的「2023年度研究集会」全国憲法研究会〈https://zenkokuken.org/archives/657#aki〉2024年2月1日アクセス。

[5] 日本公法学会編『公法研究83』（有斐閣，2022年）。

[6] 日本公法学会編『公法研究84』（有斐閣，2023年）。

[7] 憲法理論研究会編『次世代の課題と憲法学』（敬文堂，2022年）。

[8] 山元一編『憲法の基礎理論（講座 立憲主義と憲法学 第1巻）』（信山社，2022年）。

书较为全面地介绍了日本宪法学界对立宪主义的近现代阐释，收录了数篇重要论文。在域外宪法理论方面，则有《作为政治法的宪法》〔1〕《作为宪法学方法的法教义学》〔2〕。此外，宪法总论方面成果还包括《作为哲学的一般方法的"最佳说明推理"》〔3〕《历史、理性、宪法与其他》〔4〕等。

（二）宪法史、思想史

本年度关于二战前的史学研究有《战前日本的内阁制度改革与国务机关构想》〔5〕《日本宪法学说史（战前篇）》〔6〕《身体、关系、宪法》〔7〕等。而对于二战后，出现了代表性的研究成果《战后日本的和平、民主主义、自治的论点》〔8〕，另有《大西邦敏的议会制论》〔9〕等成果问世〔10〕。而在世界法制史、思想史领域也有新的研究成果〔11〕。

---

〔1〕 池端寛史「政治法としての憲法：フランスにおける憲法習律論」一橋法学 21 巻 3 号（2022 年）。

〔2〕 齋藤暁「憲法学の方法としてのドグマーティク：ドイツにおける実務志向的な法学の様相」民商法雑誌 158 巻 6 号（2023 年）。

〔3〕 小川亮「哲学の一般的方法としての『最良の説明への推論』」科学哲学 55 巻 1 号（2022 年）。

〔4〕 長谷部恭男『歴史と理性と憲法と 憲法学の散歩道 2』（勁草書房，2023 年）。

〔5〕 末木孝典「戦前期日本の内閣制度改革と国務機関構想」法学研究 96 巻 3 号（2023 年）。

〔6〕 西村裕一「日本憲法学説史（戦前編）」山元一編『憲法の基礎理論（講座 立憲主義と憲法学 第 1 巻）』（信山社，2022 年）。

〔7〕 石川健治「身体・関係・憲法」思想 1192 号（2023 年）。

〔8〕 河上暁弘『戦後日本の平和・民主主義・自治の論点：小林直樹憲法学との「対話」に向けて』（敬文堂，2022 年）。

〔9〕 荒邦啓介「大西邦敏の議会制論」高岡法学 41 号（2022 年）。

〔10〕 如浦田賢治「憲法制定権力学説史」早稲田大学法学会編『早稲田大学法学会百周年記念論文集 第 1 巻』（成文堂，2022 年）、東裕「戦後憲法学における『八月革命説』の意義と影響」網中政機先生喜寿記念『立憲国家の制度と展開一』（尚学社，2021 年）。

〔11〕 高山裕二『憲法からよむ政治思想史』（有斐閣，2022 年）、清水潤『アメリカ憲法のコモン・ロー的基層』（日本評論社，2023 年）、藤川直樹『王統と国家』（弘文堂，2023 年）、大林啓吾「裁判官の数をめぐる司法と政治：アメリカのプラクティス」法学研究 96 巻 2 号（2023 年）等。

（三）宪法保障、宪法修改、紧急事态

肯尼斯·盛·麦克尔韦恩运用定量研究的方法，分析了日本宪法的特殊性[1]。后藤光男的《宪法与抵抗权》[2] 将公民拒绝行使实体法中规定的义务的"小的抵抗权"及"市民的不服从"视为原则上公民行使抵抗权的形态，并将其定位为对抗滥用权力的国家的最初手段。同样探讨抵抗权，西村裕一的《对抗权力的个人》[3] 则以 2008 年自卫队向伊拉克派军判决为切入点，将和平生存权理解为抵抗权的一种具体形态。对于修宪问题，爱敬浩二指出如不负责任地进行空洞的改宪讨论，恐将带来一定的危险性[4]。而在宪法审查会的组织、运行层面，上田健介与英国进行对比，从而形成《宪法审查会的题中之义》[5] 一文。关于紧急事态，东裕在他的著书中对非常事态的法理进行了系统的阐述[6]。奥村公辅则关注法国法实践的最新发展[7]。大河内美纪则质疑了当前讨论的前提，认为必须严格区分国家紧急权与疫情、自然灾害等事态中的"二次的紧急权"[8]。此外，另有多篇反思疫情期间政策的成果[9]。

---

〔1〕　ケネス・盛・マッケルウェイン『日本国憲法の普遍と特異：その軌跡と定量的考察』（千倉書房，2022 年）。

〔2〕　後藤光男『憲法と抵抗権』（成文堂，2023 年）。

〔3〕　西村裕一「権力に対抗する個人」只野雅人＝佐々木雅寿＝木下和朗編『統治機構と対抗権力』（日本評論社，2023 年）。

〔4〕　愛敬浩二「ウクライナ戦争後の改憲論議を読み解く視点」憲法研究第 12 号（2023 年）。

〔5〕　上田健介「憲法審査会のあり方について」法律時報 1189 号（2023 年）。

〔6〕　東裕『憲法と非常事態の法理』（成文堂，2023 年）。

〔7〕　奥村公輔「フランスの近時における政治変動と憲法変動」憲法研究 12 号（2023 年）。

〔8〕　大河内美紀「『危機』への対応の憲法問題」アメリカ法 2022-2 巻（2023 年）。

〔9〕　大林啓吾「感染症対策と司法審査：グローバルダイニング訴訟を素材として」法学研究 95 巻 8 号（2022 年）、市橋克哉＝榊原秀訓＝塚田哲之＝植松健一『コロナ対応にみる法と民主主義』（自治体研究社，2022 年）、毛利透「新型コロナへの対応をめぐる憲法上の議論：ドイツの場合」法律時報 1185 号（2023 年）、山田哲史「パンデミック下における統治構造：ドイツにおける新型コロナ対応を振り返って」行政法研究 46 号（2022 年）。

（四）和平主义

由于宪法第 9 条的逐渐空文化，阪田雅裕直截了当地做出 "第 9 条已死"[1] 的论断。而《日本国宪法第 9 条与 "攻击敌方基地的能力"》[2] 则对政策与宪法的整合进行了论述。另有研究以 "安保诉讼" 作为研究对象[3]。

（五）天皇制

山元一回顾平成时代以来天皇制度嵌入在日本宪法中的历史，指出在立宪主义下应当对天皇进行重新定位[4]。成濑托马斯诚则分析了天皇男性继承的依据[5]。

（六）宪法与国际法、比较宪法学、宪法与全球化

在国际宪法价值的共享与人权保护方面，本年度出版了两本重量级著作，即山元一的《跨越国境的宪法理论》[6] 与近藤敦的《国际人权法与宪法》[7]。后者沿袭了前者所主张的 "超国家的人权法源理论"，并认为应当根据人权条约对宪法进行解释。在比较宪

〔1〕 阪田雅裕「憲法九条の死」世界 966 号（2023 年）。

〔2〕 水島朝穂「日本国憲法第 9 条と『敵基地攻撃能力』―憲法解釈論と立法事実論からの一考察」早稲田大学法学会編『早稲田大学法学会百周年記念論文集 第 1 巻』（成文堂、2022 年）。此外，这一议题无疑是日本宪法学界极具本国特色的争论焦点，可集中参考憲法研究 12 号（2023 年）、水島朝穂先生古希記念『自由と平和の構想力―憲法学からの直言』（日本評論社，2023 年），以及青井未帆「憲法 9 条と『法的保護に値する利益』に関する一考察」法律時報 1186 号（2023 年）、江藤祥平「戦争と憲法秩序」有斐閣 Online ロージャーナル（2023 年）、郭舜「『悪法』としての憲法 9 条」早稲田大学法学会編『早稲田大学法学会百周年記念論文集 第 1 巻』（成文堂，2022 年）等。

〔3〕 長谷部恭男「それでも安保法制は違憲である」世界 972 号（2023 年）、小林武「安保法制違憲信州訴訟における市民の権利主張の成立可能性：東京高裁に2022 年 7 月 20 日付提出の意見書」愛知大学法学部法経論集 235 号（2023 年）。

〔4〕 山元一「立憲主義と天皇制」山元一編『憲法の基礎理論（講座 立憲主義と憲法学 第 1 巻）』（信山社，2022 年）。

〔5〕 成瀬トーマス誠「男系継承と歴史・伝統、国民意識」國士舘法學 55 号（2022 年）。飯野賢一「象徴天皇制と政教分離原則」水島朝穂先生古希記念『自由と平和の構想力―憲法学からの直言』（日本評論社，2023 年）。渡邊亘「元首概念の再検討―その比較憲法的考察」法政治研究 2023 年 9 巻（2023 年）。植野妙実子「天皇制と立憲主義」憲法研究 11 号（2022 年）。

〔6〕 山元一『国境を越える憲法理論』（日本評論社，2023 年）。

〔7〕 近藤敦『国際人権法と憲法』（明石書店，2023 年）。

法学领域的成果有《对于现代英国的"人权法体制"批判的比较宪法学考察》[1]《虚假信息的传播与表达自由》[2]。介绍中国法的论文有《现代中国的宪法学派》[3] 以及《中国人民陪审员制度的改革》[4]。另有介绍韩国宪法的《韩国宪法中的"法治"与"正义"》[5]。最后，《条约缔结承认手续的现状与评价，以及扩大可能性》[6]《条约过程的宪法问题》[7]《条约的终止与宪法》[8] 以条约为研究对象。

四、人权总论

（一）人权基本理论与范围

卷美矢纪在《立宪主义与人权》[9] 中主张人权的作用在于遏制人们追求暴力的冲动。城野一宪的《宪法上的权利与关系的、构造的权利观》[10]，将霍菲尔德的权利论与莱夫·韦纳的"分子构造论"适用于宪法理论。其他此领域成果包括：《基本权的私人间效力

---

〔1〕　愛敬浩二「現代イギリスにおける『人権法体制』批判の比較憲法的考察」早稲田大学法学会編『早稲田大学法学会百周年記念論文集 第1卷』（成文堂，2022年）。

〔2〕　田中美里「偽りの情報の流布と表現の自由」憲法理論研究会編『次世代の課題と憲法学』（敬文堂，2022年）。

〔3〕　洪驗「現代中国の憲法学派について」水島朝穂先生古希記念『自由と平和の構想力―憲法学からの直言』（日本評論社，2023年）。

〔4〕　孔暁キン「中国における人民陪審員制度の改革」水島朝穂先生古希記念『自由と平和の構想力―憲法学からの直言』（日本評論社，2023年）。

〔5〕　水島玲央「韓国憲法における『法治』と『正義』」水島朝穂先生古希記念『自由と平和の構想力―憲法学からの直言』（日本評論社，2023年）。

〔6〕　山田哲史「条約締結承認手続の実態と評価、そして拡大可能性」法律時報1189号（2023年）。

〔7〕　齊藤正彰「条約過程の憲法問題」只野雅人＝佐々木雅寿＝木下和朗編『統治機構と対抗権力』（日本評論社，2023年）。

〔8〕　富井幸雄「条約の終了と憲法」法学会雑誌63巻2号（2023年）。

〔9〕　巻美矢紀「立憲主義と人権」山元一編『憲法の基礎理論（講座 立憲主義と憲法学 第1巻）』（信山社，2022年）。

〔10〕　城野一憲「憲法上の権利と関係的・構造的な権利観」福岡大學法學論叢67巻4号（2023年）。

论》[1]《再谈一元内在制约说中"自由国家的公共福祉"论》[2]《"法人的人权"论的消失点》[3]。

（二）幸福追求权（总论）

首先，基于幸福追求权的一般理论，朱颖娇立足与生俱来的"人之尊严"的角度，参考近年来在各国（特别是欧洲）逐渐萌芽的超人类主义（transhumanism）思潮，通过对安乐死、脏器买卖、人机融合等当前已有技术的宪法的、法哲学的意义进行阐述，认为个人依托这些技术进行自我提升的权利应当受到宪法的保护[4]。

其次，在环境权领域，藤井康博立足"保护义务论"[5]，在主张环境保护是国家义务的一部分的同时，对环境权的权利内容进行了界定。玉虫由树则详细分析了德国联邦宪法法院作出的气候保护决定[6]。

（三）平等

1. 平等权

门田孝则在《对脱离"社会身份"论的尝试》[7] 中对通说（"特别意义说"）进行了批判。探讨日本平等权的文章还有《再论

---

〔1〕 愛敬浩二「基本権の私人間効力論」愛敬浩二編『人権Ⅰ（講座 立憲主義と憲法学 第 2 巻）』（信山社，2022 年）。

〔2〕 青柳卓弥「一元的内在制約説における『自由国家的公共の福祉』論再検討のための素描：ロック型社会契約論に基づく『公共の福祉』原理解釈の試み」平成法政研究 27 巻 2 号（2023 年）。

〔3〕 齊藤正彰「『法人の人権』論の消失点」北大法学論集 73 巻 6 号（2023 年）。

〔4〕 朱穎嬌「トランスヒューマンニズムの倫理的・法的問題と人間の尊厳」憲法研究 12 号（2023 年）。此外，朱颖娇的新书《尊厳の法理論》（弘文堂，2024 年）有更加详尽的论述。

〔5〕 藤井康博『環境憲法学の基礎』（日本評論社，2023 年）。

〔6〕 玉蟲由樹「憲法上の権利に基づく気候保護の可能性」法学館憲法研究所 law journal 28 号（2023 年）。

〔7〕 門田孝「『社会的身分』論からの解放に向けて：憲法 14 条 1 項後段列挙事由特別意味説に対する疑問」広島法学 177 号（2023 年）。

平等判例中的救济判断》[1]《再论平等与自由》[2] 等。且由于
2023 年美国最高法院否决了北卡罗来纳大学和哈佛大学在招生中的
反歧视行动，针对此问题的成果包括《表象的体系、交流的秩
序》[3]《平等原则解释论的再构成与展开》[4]《反歧视行动的正当
化与批判的宪法理论》[5]。

2. 家庭法、性少数群体的平等

首先要介绍的是《同性婚姻制度内容的形成与平等原则（1）~
（3）完》[6]，本连载参照德国的最新动向，探讨了国会在制定同性
婚姻政策的过程中具有何种权限。其次，针对同性婚姻问题，对当
前地方判决进行总结、归纳、分析的论文可见《特辑/论"将婚姻的
自由适用于所有人"诉讼》[7]《关于同性婚姻诉讼判决的笔记》[8]
《同性婚姻诉讼的分析》[9]。再次，专注于婚姻问题的理论研究则参
见《宪法第 24 条的"个人的尊严"原理的存在意义》[10]《婚姻与
宪法》[11] 等。最后，有关跨性别者权益保护的论述有《论有关跨性

〔1〕 松原俊介「平等判例における救済判断の再検討」憲法理論研究会編『次世代
の課題と憲法学』（敬文堂，2022 年）。

〔2〕 平地秀哉「平等と自由・再考—平等実現に向けた違憲審査の諸類」愛敬浩二
編『人権 I （講座 立憲主義と憲法学 第 2 巻）』（信山社，2022 年）。

〔3〕 山羽祥貴「表象の体系、交流の秩序：アメリカの人種アファーマティブ・ア
クション判例における社会統合とその亀裂」法学会雑誌 64 巻 1 号（2023 年）。

〔4〕 高橋正明『平等原則解釈論の再構成と展開』（法律文化社，2023 年）。

〔5〕 茂木洋平『アファーマティブ・アクションの正当化と批判の憲法理論』（尚
学社，2022 年）。

〔6〕 中岡淳「同性婚の内容形成と平等原則（1）~（3）完」法学論叢 191 巻 1 号・
3 号・5 号（2022 年）。

〔7〕 浅倉むつ子ほか編「特集/『結婚の自由をすべての人に』訴訟を考える」ジ
ェンダー法研究 9 号（2022 年）。

〔8〕 今野周「同性婚訴訟判決についてのノート：札幌地裁令和 3 年 3 月 17 日判決
は同性婚を要請しているか」東京大学法科大学院ローレビュー 17 巻（2022 年）。

〔9〕 春山習「同性婚訴訟の分析—札幌、大阪、東京地裁判決を素材に—」亜細亜
法学 58 巻 1 号（2023 年）。

〔10〕 川口かしみ「憲法二四条の『個人の尊厳』原理の存在意義」憲法理論研究会
編『次世代の課題と憲法学』（敬文堂，2022 年）。

〔11〕 木村草太「婚姻と憲法：同性婚・別姓婚・非婚の共同親権を素材に」法学教
室 501 号（2022 年）。

别群体的宪法判例》[1] 以及《性少数群体的人权》[2]。

五、人权分论

（一）思想自由、信教自由与政教分离

《内心的自由》[3] 是对思想、良心的自由和信仰的自由理论进行整合的集大成之作，提出对内心的自由应当采取"二元保护构架"这一独特观点。其他有关思想自由的成果还包括《奏国歌时拒绝起立诉讼的历史的、根源的问题》[4]《思想的绝对的自由与对于外部行为的制约》[5]。山本健人在《日本国宪法规定信教自由的意义》[6] 一文中，比较了信教自由与思想自由的保护内容与保护架构的异同，得出了"这两个权利实为通向同一个房间的两扇门"这一形象生动的结论。

由于安倍遇刺事件的后续影响，宗教自由与政教分离的议题持续被舆论所关注。被誉为邪教规制问题第一人的田近肇的新成果《邪教规制的宪法学视点》[7]，分析了今后规制邪教问题可能采取的多种选择。除此之外，由于宗教问题一直是欧美社会的重点议题，

---

〔1〕 清野幾久子「トランスジェンダーに係る憲法判例についての一考察：LGBTQ問題と憲法」明治大学法科大学院論集 26 号（2023 年）。

〔2〕 齊藤笑美子「性的マイノリティの人権」愛敬浩二編『人権Ⅰ（講座 立憲主義と憲法学 第 2 巻）』（信山社，2022 年）。其中，第Ⅱ节聚焦同性伴侣的共同生活、步入婚姻、组建家庭的过程，第Ⅲ节主题为跨性别者的人权问题。

〔3〕 森口千弘『内心の自由』（日本評論社，2023 年）。

〔4〕 斎藤一久「君が代不起立訴訟における歴史的・根源の問いをめぐって」水島朝穂先生古希記念『自由と平和の構想力―憲法学からの直言』（日本評論社，2023 年）。

〔5〕 宮原均『思想の絶対的自由と外部的行為への制約：合衆国最高裁判所の判例法理の傾向』（八千代出版，2023 年）。

〔6〕 山本健人「日本国憲法が信教の自由を規定することの意味」法学教室 515 号（2023 年）。

〔7〕 田近肇「カルト規制に関する憲法学の視点」近畿大学法学 70 巻 2 号（2023 年）。

也有数篇比较研究〔1〕。

（二）学术自由、大学自治

松田浩的《知识共同体的法理》〔2〕提出学术自由权利的前提在于大学教师作为一种专业性职业的固有属性，大学自治的保障应优先保障教师团体的自律，并以对学术团体（"纪律性的结社"）的保障作为补充。在大学评价制度层面，堀口悟郎从学理角度出发，主张对大学进行的评价过程中应当确保该领域学者的参与〔3〕。

另外，本年度还有《围绕学术自由的诸问题》〔4〕和《学术自由与大学自治》〔5〕，对学术自由相关问题进行整体性论述。而《疫情与学术自由》〔6〕和《授课语言与学术自由》〔7〕，则聚焦于微观切入点，以小见大。

（三）信息隐私权

信息隐私问题是近年来的热点问题，在各国规制路径各不相同，百家争鸣的背景下，对于隐私权基础理论问题，日本学界已经进行了多次系统性的讨论。2023年值得关注的成果有曾我部真裕的《宪

---

〔1〕　江原勝行「イタリア憲法における国家の非宗教性原則の起源についての一考察」水島朝穂先生古希記念『自由と平和の構想力－憲法学からの直言』（日本評論社，2023年）、神尾将紀「ロバーツ・コートと団体の信教の自由」中村民雄編『多様化するアメリカと合衆国最高裁判所　ロバーツ・コートの軌跡と課題』（成文堂，2023年）、柴田正義「ロシア・宗教法人法の現在地」宗教法学会誌41号（2022年）、高畑英一郎「公立学校における聖書朗読とアメリカの政教分離」日本法學88卷4号（2023年）、山本和弘「ドイツにおける公法社団たる宗教団体と『国家への忠誠』」憲法理論研究会編『次世代の課題と憲法学』（敬文堂，2022年）等。

〔2〕　松田浩『知の共同体の法理：学問の自由の日米比較』（有信堂高文社，2023年）。

〔3〕　堀口悟郎「学問の自由と民主主義に関する一考察：学問の自由は大学評価制度を統制しうるか」教育学年報14号（2023年）。

〔4〕　高乘智之「学問の自由をめぐる諸問題」憲法学会憲法研究54号（2023年）。

〔5〕　松田浩「学問の自由と大学の自治」法学教室512号（2023年）。

〔6〕　大林啓吾「パンデミックと学問の自由：新型コロナ禍からみた大学・学問の役割」法学研究95卷12号（2022年）。

〔7〕　堀口悟郎「憲法事例分析の技法（第17回）教授言語と学問の自由」法学教室515号（2023年）。

法上的隐私权构造》[1]，进一步解释了学界通说，认为应当参照欧盟的隐私权理论，将隐私权解释为"寻求个人信息保护的权利"。信息隐私权所保护法益的正当性，在于防范个人因为自身信息被利用而遭受的负面影响，以及因为恐惧信息遭受不正当处理而产生的激冷效应。音无知展的《对知识隐私权理论下隐私权保护的根据、程度的具体研究》[2]，借鉴并发展美国的隐私权学者尼尔·理查德（Neil Richard）的知识隐私权理论，认为隐私权与言论自由并非天然的对立关系。斋藤邦史则指出，隐私权相关的最高裁判例中之所以认为"私人生活的自由"应当受到保护，是在潜移默化中遵循了"个人的行为可能被追踪的可能性，在这种追踪、窥探未实际进行之前就会对个人的行为产生影响"这一逻辑前提[3]。关于隐私权的最新成果还可参见上村都的《宪法上的人格权与律师法第 23 条的对照》[4]、实原隆志的《警察进行个人信息的收集、保存、提供的法律问题》[5]、成原慧的《隐私权 1.0、2.0、3.0，以及这之后的隐私权》[6]、村上康二郎的《隐私权相关的信任义务说与多元根据理论》[7]。

（四）表达自由相关

1. 表达自由/言论自由

本年度研究日本宪法中表达自由的集大成之作，首推高桥和之

---

〔1〕 曽我部真裕「憲法上のプライバシー権の構造について」毛利透編『人権Ⅱ（講座 立憲主義と憲法学 第 3 巻）』（信山社，2022 年）。

〔2〕 音無知展「知的プライバシー論から考えるプライバシー権の保障根拠と保障の程度の具体的考察」法学論叢 192 巻 1 号（2023 年）。

〔3〕 斎藤邦史『プライバシーと氏名、肖像の法の保護』（日本評論社，2023 年）。

〔4〕 上村都「憲法上の人格権と弁護士法 23 条照会」網中政機先生喜寿記念『立憲国家の制度と展開一』（尚学社，2021 年）。

〔5〕 實原隆志「警察による個人情報の収集・保有・提供の法的問題」福岡大學法學論叢 68 巻 1 号（2023 年）。

〔6〕 成原慧「プライバシー：プライバシー 1.0、2.0、3.0、そしてその先のプライバシー」駒村圭吾編『Liberty2.0』（弘文堂，2023 年）。

〔7〕 村上康二郎「プライバシー権に関する信認義務説と多元的根拠論」情報ネットワーク・ローレビュー 21 巻（2022 年）。

的《表达的自由》[1]。本书横跨从古典理论到现代互联网信息社会的时间维度，是"高桥宪法"理论下日本宪法解释论的新作。此外，对于长期以来一直被视为言论自由理论的参照模板的美国，学界的态度出现了分歧。一方面，部分致力于美国法研究的学者，继续将美国法作为重要的参考素材，此类研究有《论环境型性骚扰规制与言论自由的关系》[2]，聚焦于对于职场性骚扰的规制方法的特殊性。《修正第 1 条与平等保护的交叉》[3]，则是少有的研究言论自由与平等权的对立、重合的论文成果。而《政治抵制活动受言论自由保护吗》[4] 和《取消文化（cancel culture）与言论自由》[5] 均关注取消文化作为一种特殊的"言论"的宪法定位。另一方面，一部分学者意识到美国的言论自由理论具有特殊性，特别是在"罗伯茨法庭"时代，呈现出将言论自由用作武器的洛克纳主义倾向。对此进行批判的成果有《罗伯茨法庭与言论自由》[6]《第 1 修正案的武器化》[7]

---

〔1〕 高橋和之『表現の自由』（有斐閣，2022 年）。

〔2〕 松岡千紘「環境型セクシュアル・ハラスメント規制と表現の自由の関係に関する一考察：合衆国における判例・学説を素材として」阪大法学 73 巻 1 号（2023 年）。

〔3〕 菅谷麻衣「修正 1 条と平等保護の交差：米国における Egalitarian First Amendment に関する予備的考察」政治・経済・法律研究 25 巻 2 号（2023 年）。

〔4〕 檜垣宏太「政治的ボイコットは表現の自由の保護を受けられるか：近時のキャンセルカルチャーをめぐる議論を契機として」広島法学 176 号（2023 年）。

〔5〕 成原慧「キャンセルカルチャーと表現の自由」法政研究 89 巻 3 号（2022 年）。

〔6〕 桧垣伸次「ロバーツ・コートと表現の自由—社会の分断と修正 1 条—」中村民雄編『多様化するアメリカと合衆国最高裁判所 ロバーツ・コートの軌跡と課題』（成文堂，2023 年）。

〔7〕 福嶋敏明「第 1 修正の『武器化』をめぐって—アメリカ合衆国における『言論の自由』法理の現代的課題」水島朝穂先生古希記念『自由と平和の構想力—憲法学からの直言』（日本評論社，2023 年）。

《"说话的职业"的许可制度与言论内容规制》[1]。

2. 集会自由

毛利透的《集会的自由——抑或是身体的信息性》[2] 与《在"广场"召开政治集会的自由为何重要》[3]，进一步阐明了集会自由这一重要权利的意义。门田美贵的《有关集会的监视与寒蝉效应的预备考察》[4] 与《在私有地进行集会的宪法保障》[5]，参照了德国法相关理论，探讨集会场所的公共性问题。此外，集会自由研究成果还有《"新冠散步"与集会的自由》[6]《让市民会馆投入使用吧!》[7] 等。

〔1〕 井上嘉仁「『話す職業』ライセンスと表現内容規制：それは修正 1 条ロックナー主義か」廣島法學 46 巻 4 号（2023 年）。表达自由领域的其他学术成果还包括：右崎正博『表現の自由の現代的展開』（日本評論社，2022 年）、市川正人「表現活動への国家の『援助』と表現の自由」判例時報 2528 号（2022 年）、志田陽子「『表現の自由』と排除」愛敬浩二編『人権 I（講座 立憲主義と憲法学 第 2 巻）』（信山社，2022 年）同「『表現の自由』は誰のものか：一人ひとりのために、共存社会のために」月報司法書士 615 号（2023 年）、大林啓吾「第 4 の壁」毛利透編『人権 II（講座 立憲主義と憲法学 第 3 巻）』（信山社，2022 年）等。针对特定社会群体的仇恨言论相关：安西文雄「ヘイト・スピーチ規制と憲法」明治大学法科大学院論集 26 号（2023 年）、奈須祐治「社会的法益を根拠としたヘイトスピーチ規制の可能性：J. ウォルドロンの理論とその批判」西南学院大学法学論集 55 巻 1 号（2022 年）、松井茂記「ヘイトスピーチを禁止することは表現の自由を侵害しないか」月報司法書士 615 号（2023 年）。

〔2〕 毛利透「集会の自由—あるいは身体のメッセージ性について」毛利透編『人権 II（講座 立憲主義と憲法学 第 3 巻）』（信山社，2022 年）。

〔3〕 毛利透「『広場』で政治的集会を開催する自由はなぜ大事なのか：金沢市庁舎前広場集会不許可事件最高裁判決を受けて」世界 970 号（2023 年）。

〔4〕 門田美貴「集会の監視と萎縮効果に関する予備的考察」法学政治学論究：法律・政治・社会 134 号（2022 年）。

〔5〕 門田美貴「私有地における集会の憲法的保障」比較憲法学研究 34 号（2022 年）。

〔6〕 岡田俊幸「『コロナ散歩』と集会の自由」日本法学 88 巻 4 号（2023 年）。

〔7〕 笛木淳「憲法へようこそ Part II（Unit 4・最終回）市民会館を使わせて!：集会の自由と『公の施設』」法学セミナー 68 巻 5 号（2023 年）。

3. 结社自由

在结社自由领域，高桥义人的 3 篇文章[1]均以美国法中的"结社（association）"作为研究对象。毛利透的《德国的团体禁止法制》[2]与《德国的强制加入团体》[3]则将德国选为比较对象。

4. 信息社会、媒体与表现自由

如何对影响力日益提高的互联网平台进行治理，是近年来信息法领域议论的重点之一。山本龙彦认为，可以将当今的互联网企业比作中世纪的教会，应在扩大平台内部处理的透明性的前提下，一方面保障平台的独立性、自律性；另一方面国家与平台进行约定共同治理[4]。发源于欧洲的数字立宪主义思潮的影响力也辐射到日本宪法学界。山本健人在《数字立宪主义与宪法学》[5]中，将数字立宪主义定义为"将法治、分权、基本权的保障、民主主义等立宪主义的价值用作数字空间的基本原理的各种尝试"。新兴技术也是信息法学者关注的重点。该领域成果包括《ChatGPT 与法》[6]《元宇宙

---

〔1〕 髙橋義人「合衆国憲法における『アソシエーション』と言論条項」中央学院大学法学論叢 35 巻 2 号（2022 年）、「合衆国憲法における『アソシエーション』の類型論」中央学院大学法学論叢 36 巻 1 号（2022 年）、「合衆国憲法におけるアソシエーションと『排除の権利』」中央学院大学法学論叢 36 巻 2 号（2023 年）。

〔2〕 毛利透「ドイツの団体禁止法制について：結社の自由との緊張関係に着目して」行政法研究 46 号（2022 年）。

〔3〕 毛利透「ドイツの強制加入団体について：その合憲性と活動範囲の限界をめぐる議論を中心に」法学論叢 192 巻 1 号（2023 年）。

〔4〕 山本龍彦「近代主権国家とデジタル・プラットフォーム リヴァイアサン対ビヒモス」山元一編『憲法の基礎理論（講座 立憲主義と憲法学 第 1 巻）』（信山社，2022 年）。

〔5〕 山本健人「デジタル立憲主義と憲法学」情報法制研究 13 号（2023 年）。

〔6〕 成原慧「ChatGPTと法」法律時報 95 巻 5 号（2023 年）。

中的人格权与表达自由》〔1〕。

（五）经济自由、居住及迁徙的自由

《宪法问题》第 34 号主题正是《经济系统、经济的自由与宪法》〔2〕。而高桥和之的《经济活动的自由与社会权》〔3〕，亮点在于财产权含义的论述〔4〕。关于职业、迁徙自由的同样有多篇成果问世〔5〕。

〔1〕 大島義則「メタバースにおける人格権と表現の自由」法学セミナー 68 巻 2 号（2023 年）。信息法、媒体法领域之其他研究列举如下：曽我部真裕「社会のデジタル化と憲法」憲法理論研究会編『次世代の課題と憲法学』（敬文堂，2022 年）、西土彰一郎「インターネットによる表現活動の諸問題」愛敬浩二編『人権 I（講座 立憲主義と憲法学 第 2 巻）』（信山社，2022 年）、浜田純一「『情報法』のスケッチ」情報通信政策研究 6 巻 1 号（2022 年）・2 号（2023 年）、鈴木秀美「放送と憲法」法学教室 512 号（2023 年）、丸山敦裕「メディア不信時代の取材の自由」愛敬浩二編『人権 I（講座 立憲主義と憲法学 第 2 巻）』（信山社，2022 年）、水谷瑛嗣郎「陰謀論の時代における『リアル』な政治を求めて」駒村圭吾編『Liberty2.0』（弘文堂，2023 年）等。

〔2〕 憲法問題/全国憲法研究会編 34 号（2023 年）。

〔3〕 髙橋和之『人権研究 2 経済活動の自由および社会権』（有斐閣，2022 年）。

〔4〕 此外还有大日方信春「現代的財産権と憲法理論」憲法問題/全国憲法研究会編 34 号（2023 年）、大日方信春「知的財産権と憲法」法学教室 512 号（2023 年）、篠原永明「区分所有法 70 条の憲法 29 条適合性：最判平成 21 年 4 月 23 日判例時報 2045 号 116 頁の検討」甲南法学 63 巻 1 号・2 号（2022 年）、平良小百合「憲法上の財産権保障と土地法制」市民と法 139 号（2023 年）、中島徹「水への権利とは何か」法律時報 94 巻 10 号（2022 年）。

〔5〕 上田健介「アートメイク規制の合憲性について：『イレズミ』をめぐるもうひとつの憲法問題」上智法学論集 66 巻 4 号（2023 年）、川﨑政司「経済システムと法の役割・あり方」憲法問題/全国憲法研究会編 34 号（2023 年）、齊藤正彰「規制目的二分論の二分論」北大法学論集 74 巻 1 号（2023 年）、柴田憲司「医薬品のネット販売規制と職業の自由（前）（後）」法学教室 507 号（2022 年）・508 号（2023 年）、松井良和「憲法 22 条 1 項の立法過程と学説の展開に関する研究」國士舘法学 55 号（2022 年）、松井良和「憲法秩序の観点からみた合意原則の意味と就業規則法理の位置付けについて」法学新報 129 巻 8-9 号（2023 年）、東奈央「居住・移転の自由の再考：精神障害を理由とする強制入院に関する試験的考察」広島法学 46 巻 4 号（2023 年）、齊藤正彰「移動の自由の構造」北大法学論集 73 巻 3 号（2022 年）、村田尚紀「移動の自由の性格と弁証」關西大學法學論集 72 巻 6 号（2023 年）、松井良和「居住・移転の自由の観点から見た転勤命令の有効性に関する検討」人文社会科学論集：茨城大学社会科学部紀要 2 号（2023 年）。

（六）社会权

关于生存权的成果有《德国对面向外国人发放的公共补助金差异问题进行宪法管制的意义与限度》[1]和《论外国人的"生存权"（宪法第25条）》[2]，均关注外国人的生存权问题。此外还有《生存权的范围》[3]《福祉国家与宪法学》[4]《论"新"资本主义下的生活保障》[5]《福祉国家中"地域"的含义》[6]《从诅咒束缚中解放的生存权》[7]《禁止同时发放儿童抚养补贴与残疾人基础养老保险问题与生存权》[8]《生存权诉讼的类型化与审查的应有方式》[9]《最低生活保障标准的降低与专业知识》[10]《More Freely！：生存权及其可能性》[11]。

而在劳动基本权与勤劳权方面，受到《公务员的法律地位的日德比较法研究》[12]这一著作的影响，法律时报推出了特集《对公务

---

〔1〕山本響子「ドイツにおける外国人の公的扶助給付の差異に対する憲法的統制の意義と限界：内外人平等と無保護のあいだ」早稲田法学98巻3号（2023年）。

〔2〕飯島滋明「外国人の『生存権』（憲法25条）について」賃金と社会保障1825号（2023年）。

〔3〕遠藤美奈「生存権の射程」憲法問題/全国憲法研究会編34号（2023年）。

〔4〕尾形健「福祉国家と憲法学」愛敬浩二編『人権Ⅰ（講座 立憲主義と憲法学第2巻）』（信山社，2022年）。

〔5〕尾形健「"新しい"資本主義の下での生活保障をめぐって」憲法理論研究会編『次世代の課題と憲法学』（敬文堂，2022年）。

〔6〕尾形健「福祉国家における『地域』の意味：憲法学の側からの一考察」法律時報95巻10号（2023年）。

〔7〕笹沼弘志「生存権、呪縛からの解放」賃金と社会保障1816号（2022年）。

〔8〕柴田憲司「児童扶養手当と障害基礎年金との併給禁止と生存権」法学教室514号（2023年）。

〔9〕松本奈津希「生存権訴訟の類型化と審査のあり方」法律時報95巻1号（2023年）。

〔10〕水林翔「生活保護基準引き下げと専門知：東京地裁6月24日判決を素材に」流通経済大学法学部流経法學43号（2023年）。

〔11〕宮村教平「More Freely！：生存権とその可能性」法学セミナー68巻3号（2023年）。

〔12〕早津裕貴『公務員の法的地位に関する日独比較法研究』（日本評論社，2022年）。

员制度的跨领域再思考》[1]。另外，这方面论述还有《人格的勤劳权》[2]《通过自由的支配》[3]。

在受教育权方面，后疫情时代，教育与科技的结合成为下一步教学工作的开展方向，探讨受教育权的最新研究有《宪法爱国主义与现代的教育》[4]《围绕受教育权的现代各类问题》[5]《教育科技与宪法》[6] 等。

（七）人身自由、刑事案件手续相关、国务请求权

此方向的论文往往用较多篇幅论述国家与个人的关系，涉及宪法学重要的传统课题[7]。该领域特别需要介绍的是小山刚的《优生手术与国家赔偿》[8]，以因在优生手术遭受伤害而提起的国家赔偿诉讼为论述契机，争点在于优生手术的国赔诉讼是否应当适用民法中侵权行为的除斥期间。该论文是对宪法学的重要问题，即个人间关系的宪法适用，以及随之而来的如何区分个人关系与"国家—个人"关系等难题的进一步阐明。

六、统治机构总论

（一）民主与权力分立

本年度对于民主主义学说的发展与新阐释，当推《统治机构与

〔1〕 法律時報 95 巻 8 号（2023 年）。

〔2〕 齊藤正彰「人格的勤労権」北大法学論集 73 巻 4 号（2022 年）。

〔3〕 水林翔「自由を通じた支配：自己規律する主体の形成と現代社会」流通経済大学法学部流経法學 22 巻 1 号（2022 年）。

〔4〕 斎藤一久『憲法パトリオティズムと現代の教育』（日本評論社，2023 年）。

〔5〕 斎藤一久「教育を受ける権利をめぐる現代的諸問題」愛敬浩二編『人権 I（講座 立憲主義と憲法学 第 2 巻）』（信山社，2022 年）。

〔6〕 堀口悟郎「EdTech と憲法」日本教育法学会年報 52 号（2023 年）。

〔7〕 生田勝義「死刑は合憲か」立命館法學 2022 年 5-6 号（2022 年）、海野敦史「公権力による私的情報の収集・取得における『私的領域への侵入』の決定要素」法とコンピュータ 40 号（2022 年）、梶悠輝「デジタル時代のアメリカ自己負罪拒否特権：デジタルデバイスのロック解除と自己負罪拒否特権に関する一考察」同志社法学 74 巻 8 号（2023 年）、木下智史「刑事手続における適正手続保障と再審請求」関西大学大学院法務研究科法科大学院ジャーナル 18 号（2023 年）。

〔8〕 小山剛「優生手術と国家賠償」網中政機先生喜寿記念『立憲国家の制度と展開一』（尚学社，2021 年）。

对抗权力》[1]《统治机构论的基础层级》[2]《怀疑主权者》[3] 这 3 本著书。在权力的分立方面，研究成果有连载《计划与权力分立 (1) ~ (3) 完》[4]《立宪主义与权力分立》[5]《围绕议院内阁制 (权力分立制) 21 世纪以来的学说与判例的展开》[6]。

（二）选举制度

《宪法研究》（信山社）第 11 号的主题为统治机构相关宪法判例，其中收录了有关选举的多篇论文。另外关于选举制度，还有《统治机构与选举制度》[7]《二重比例代表制的宪法问题》[8]《选举运动中户别访问的禁止》[9]《投票计数的权利》[10] 等研究成果。

---

[1] 只野雅人=佐々木雅寿=木下和朗編『統治機構と対抗権力』（日本評論社，2023 年）。

[2] 赤坂幸一『統治機構論の基層』（日本評論社，2023 年）。

[3] 駒村圭吾『主権者を疑う』（筑摩書房，2023 年）。

[4] 生田裕也「計画と権力分立（1）~（3）完 政治的計画をめぐる憲法学的問題」自治研究 1190・1191・1192 号（2023 年）。

[5] 村西良太「立憲主義と権力分立」山元一編『憲法の基礎理論（講座 立憲主義と憲法学 第 1 巻）』（信山社，2022 年）。

[6] 吉田栄司「議院内閣制（権力分立制）をめぐる2000 年以降の学説および判例の展開」憲法研究 11 号（2022 年）。其他成果包括：植松健一「憲法と政党」只野雅人編『統治機構Ⅰ（講座 立憲主義と憲法学 第 4 巻）』（信山社，2023 年）、彼谷環「代表議会制民主主義と男女同権」水島朝穂先生古希記念『自由と平和の構想力―憲法学からの直言』（日本評論社，2023 年）、林知更「自律と対抗権力」只野雅人=佐々木雅寿=木下和朗編『統治機構と対抗権力』（日本評論社，2023 年）、湯淺墾道「民主主義のデジタル化」憲法理論研究会編『次世代の課題と憲法学』（敬文堂，2022 年）、吉田栄司「議院内閣制（権力分立制）をめぐる2000 年以降の学説および判例の展開」憲法研究第 11 号（2022 年）、吉田徹「デモクラシー―『自由×民主主義』の融解?」駒村圭吾編『Liberty2.0』（弘文堂，2023 年）。

[7] 上神貴佳「統治機構と選挙制度」只野雅人編『統治機構Ⅰ（講座 立憲主義と憲法学 第 4 巻）』（信山社，2023 年）。

[8] 奥田喜道「二重比例代表制の憲法問題」水島朝穂先生古希記念『自由と平和の構想力―憲法学からの直言』（日本評論社，2023 年）。

[9] 岡田大助「選挙運動における戸別訪問の禁止」法政論叢 58 巻 1 号（2022 年）。

[10] 倉田玲「投票を集計される権利」立命館法学 2022 年 5-6 号（2022 年）。

七、统治机构分论

（一）国会、立法权

本年度可称是国会/立法权研究的丰收之年。首先是《法律时报》的专题"国会实务与宪法——宪法改革的核心"[1]，意在弥补宪法解释研究偏向裁判所而忽视国会的重要作用的既往研究盲点。而面对近年来日本国会中自民党的绝对优势与在野党势力分散的现状，讨论议会中反对派的必要性与确保反对派发声渠道的研究有增加趋势。值得介绍的是《议会内反对派的宪法化（1）～（3）完》[2]《会派的法的地位与统制的意义（1）（2）完》[3]，以及《德国的政党内部反对派及其权利》[4]，三者均以德国的议会制度作为参照。

其他探讨国会的制度构建的文章还有《政府—议会间关系的议会主权论》[5]《立法过程的构造与解释（1）～（2）完》[6]等。本年度国会相关论文建议还可参照《统治机构与对抗权力》[7]《讲座立宪主义与宪法学 第 4 卷》[8] 和《公法研究》第 83 号[9]，均收录了多篇相关论文，鉴于篇幅所限，此处不列出具体标题。

（二）内阁、行政权

近年来的机关部门改革强化了"政治主导"的倾向，使得行政

---

〔1〕 「国会実務と憲法—『憲法改革』の核心」法律時報 95 巻 5 号（2023 年）。

〔2〕 植松健一「議会内反対派の憲法化 ドイツの州憲法における反対派条項の理念と運用（1）～（2）完」立命館法学 401 号・402 号・403 号（2022 年）。

〔3〕 磯村晃「会派の法的地位と統制的意義（1）（2）完」阪大法学 72 巻 4 号（2022年）・5 号（2023 年）。

〔4〕 今枝昌浩「ドイツにおける政党内反対派とその権利に関する一考察—政党除名との関わりを中心に—」網中政機先生喜寿記念『立憲国家の制度と展開—』（尚学社，2021 年）。

〔5〕 柴田竜太郎「政府–議会間関係における議会主権論：イギリス議会政（parliamentary government）再構成に向けた予備的考察」一橋法学 21 巻 3 号（2022 年）。

〔6〕 宮村教平「立法過程の構造と解釈（1）～（2）完 その序論的考察」自治研究 99 巻 2 号・3 号（2023 年）。

〔7〕 只野雅人＝佐々木雅寿＝木下和朗編『統治機構と対抗権力』（日本評論社，2023 年）。

〔8〕 只野雅人編『統治機構Ⅰ（講座 立憲主義と憲法学 第 4 巻）』（信山社，2023 年）。

〔9〕 日本公法学会編『公法研究 83』（有斐閣，2022 年）。

机关机能的缺失越发明显。佐藤太树认为，应当借鉴美国公法学界的"行政机关内部的权力分立"理论，通过人事制度的立法强化公职人员的专业性，对领导者的判断进行司法审查[1]。《独立行政委员会制度的日德法比较研究》[2] 特别关注了在反垄断领域起到重大作用的公正交易委员会设置、运行的合宪性。

（三）裁判所、司法权

对司法权的研究始终是宪法领域的重要课题，大致可被分为司法权总论、违宪审查制度与宪法诉讼三个方向。

首先，在司法权总论领域，论文集《平成司法改革的研究》[3]，在回顾 20 年来司法改革进程的基础上，展望正在进行的令和"新"司法改革的未来。其次，针对法官这一行使司法权的特殊角色，《最高裁判所需求的法官人物画像》[4]《关于法官的选定和罢免》[5]《对最高裁法官的国民审查的性质》[6]，包括《现代思想》杂志的专题"何为法官"[7]，都进行了独特的论述。针对违宪审查的制度构建与实践，有数篇比较法的研究[8]。最后，在宪法诉讼理论方

---

〔1〕 佐藤太樹「『行政府内における権力分立』論の憲法的意義：アメリカ公法学説における行政の位置付けをめぐって」法学政治学論究：法律・政治・社会 135 号（2022 年）、同「職業公務員制の憲法的機能：メッツガーの『行政府内における権力分立』論を参考に」法学政治学論究：法律・政治・社会 138 号（2023 年）。

〔2〕 沼本祐太「独立行政委員会制度の日独仏比較研究：行政各部編成論第三部」同志社法学 432 号（2022 年）。

〔3〕 須網隆夫編『平成司法改革の研究』（岩波書店，2022 年）。

〔4〕 高橋雅人「最高裁判所の求める裁判官像」憲法研究 11 号（2022 年）。

〔5〕 川鍋健「裁判官の選定罷免について：司法の民主的責任に関する日米比較・序説」早稲田政治経済学雑誌 398 号（2022 年）。

〔6〕 佐藤寛稔「最高裁裁判官に対する国民審査の性質」秋田法学 64 号（2023 年）。

〔7〕 現代思想 51 巻 9 号（2023 年）。

〔8〕 工藤達朗＝小山剛＝武市周作編『憲法裁判の制度と実践』（尚学社，2023 年）、黒澤修一郎「アメリカ政治の分極化が連邦最高裁判所に与える影響と司法審査理論の動向に関する序論的考察」只野雅人＝佐々木雅寿＝木下和朗編『統治機構と対抗権力』（日本評論社，2023 年）、野坂泰司「日本型付随的違憲審査の構造－判例の展開に即して」憲法研究 11 号（2022 年）、青井未帆「『権利の救済』と違憲審査制—憲法による統治の規律について」有斐閣 Online ロージャーナル（2023 年）。

面，相关研究成果有《宪法审判的法理》[1] 《代理人们的宪法诉讼》[2]《再论处分违宪论》[3]《宪法诉讼与民主政体》[4] 等。

（四）财政

近年来，由上田健介等学者展开的"财政法学体系的重构"项目，力图通过对宏观财政、金融与财政的关系、地方财政制度等多议题的结合，重构现代财政法学的研究路径[5]。而《法律时报》的专题"特辑/再论议会的支出统制权"[6]，是对这一项目的成果展示。

（五）地方自治

针对地方自治的研究有《作为宪法原理的地方自治》[7]，立足于日本独特的地方自治体系，同时参考了德国法学家恩斯特·福斯特霍夫（Ernst Forsthoff）的理论。松田侑奈的《中国一般地区与民族自治地方的立法权》[8]，参照了我国作为统一的多民族国家的行政政策。关于地方自治问题另有《冲绳振兴的"功能"与冲绳的"构造"》[9]《分权改革后的地方自治的展开与地方财政法制》[10]《边野古新基地建设问题与地方自治的危机》[11] 等。

---

〔1〕 渡辺康行『憲法裁判の法理』（岩波書店，2022 年）。

〔2〕 吉原秀ほか『代理人たちの憲法訴訟』（弘文堂，2022 年）。

〔3〕 髙田倫子「処分違憲論再考」有斐閣 Online ロージャーナル（2023 年）。

〔4〕 山羽祥貴「憲法訴訟と民主政——動態的秩序理解からの一素描」有斐閣 Online ロージャーナル（2023 年）。

〔5〕 「財政法学の体系的再構築プロジェクト」法律時報 91 巻 2 号（2019 年）。

〔6〕 「議会の支出統制権・再考」法律時報 95 巻 6 号（2023 年）。

〔7〕 林知更「憲法原理としての地方自治」只野雅人編『統治機構Ⅰ（講座 立憲主義と憲法学 第 4 巻）』（信山社，2023 年）。

〔8〕 松田侑奈「中国の一般地方と民族自治地方における立法権」比較憲法学研究 34 号（2022 年）。

〔9〕 岩垣真人「沖縄振興の『機能』と沖縄の『構造』」憲法理論研究会編『次世代の課題と憲法学』（敬文堂，2022 年）。

〔10〕 岩垣真人「分権改革後の地方自治の展開と地方財政法制」憲法研究 11 号（2022 年）。

〔11〕 徳田博人「辺野古新基地建設問題と地方自治の危機」憲法理論研究会編『次世代の課題と憲法学』（敬文堂，2022 年）。

八、总结

2024 年，是全世界不少国家和地区的大选之年，而在日本国内，新年伊始的能登半岛地震也为岸田内阁带来了重大的挑战。面对难以预想的政治局势，或也将导致众议院的大选。而这般复杂多变的政治环境，无疑又将为日本宪法学带来全新的机遇与挑战。为了理解当代日本社会所面临的问题的本质，宪法学者持续的关注与积极的讨论不可或缺，这也使人期待日本国内乃至国际范围内在日本宪法研究领域的更多成果。

2023 年日本行政法学研究综述

闫周奇[*]

一、导言

（一）本文的对象及范围

本文参照日本《法律时报》第 95 卷第 13 号（特集：2023 年学界回顾·行政法）与《公法研究》第 84 号（学界展望·行政法）的内容，旨在概括介绍 2023 年日本行政法学界所举办的主要学会，以及 2022 年 6 月至 2023 年 5 月发表的学术研究成果[1]。囿于篇幅，在范围上，本文主要介绍行政法基本理论等一般领域的研究动态，不包括社会保障等个别领域的内容。

（二）本文的构成

本文主要围绕学会动向和研究动向展开介绍。在学会动向方面，围绕所召开的代表性学会，简要介绍 2023 年日本行政法学界关注的热点课题。在研究动向方面，主要分成四个部分：第一，简要介绍年度具有代表性的教科书和论文集；第二，介绍行政法基础理论、行政裁量相关的代表性著作以及主要研究成果；第三，以行政作用为中心，对行政行为、行政程序、信息公开以及行政诉讼中的代表性研究成果进行梳理，并对其中的主要观点进行介绍；第四，简要介绍日本的公务员制度、地方自治、灾害对策相关的研究成果。

---

［*］ 闫周奇，东南大学法学院全职博士后研究员，日本早稻田大学比较法研究所招聘研究员。

［1］ 須藤陽子・高橋正人・服部麻里子・福島卓哉「特集·2023 年学界回顾·行政法」法律時報 95 卷 13 号（2023 年）29 頁以下。磯部哲・湊二郎・米田雅宏「学界展望·行政法」『公法研究』84 号 283 頁以下。

二、学会动向

(一) 公法学会

第 87 届公法学会于 2023 年 10 月 7 日、8 日在神户大学召开。此次会议以"公法解释中法律规范的相互关系"为主题。在总会上，中川丈久与神桥一彦分别以《行政法解释与宪法（解释）的相互关系：行政法解释的"多规范性"》《公法解释与自律的法律规范》为题做了报告。其中，在第一分会上，围绕"行政法解释"的主题，两位学者做了报告，分别为：原田大树的《行政法解释与全球性法律规范》、高桥正人的《行政法解释与裁量》。在第二分会上，围绕"法律规范"的主题，同样有两位学者做了报告，分别为：岸本太树的《行政法规范与私法规范的相互关系》、板垣胜彦的《公法规范与社会规范》[1]。

(二) 行政法研究论坛

第 22 届行政法研究论坛于 2023 年 7 月 22 日在关西大学召开。此次会议有四位学者做了报告，分别为：滨西隆男的《行政的实效性确保法制的整备：以要纲案为中心》、板垣胜彦的《自治体实效性确保（法执行）的现状与课题》、安永祐司的《行政执行与诉讼执行的关系》、米谷三以的《国际经济规则实施中的试行错误：上级委员会等问题》[2]。

(三) 信息法制学会

信息法制学会第 7 届研究大会于 2023 年 11 月 3 日在庆应义塾大学召开。此次会议共有 11 位学者进行报告。其中，冈本洋太郎以《媒体系统的形成过程与政治、国家》为题做了报告。片冈弘以

---

〔1〕 中川丈久「行政法解釈と憲法（解釈）の相互関係：行政法解釈の『多規範性』をヒントに」、神橋一彦「公法解釈と自律的法規範」、原田大樹「行政法解釈とグローバルな法規範」、高橋正人「行政法解釈と裁量」、岸本太樹「行政法規範と私法規範の相互関係」、坂垣勝彦「公法規範と社会規範」。

〔2〕 浜西隆男「行政の実効性確保法制の整備に向けて：要綱案を中心として」、坂垣勝彦「自治体における実効性確保（エンフォースメント）の現状と課題」、安永祐司「行政によるエンフォースメントと訴訟によるエンフォースメントの関係」、米谷三以「国際経済ルールの実施における試行錯誤：上級委員会問題その他」。

《为日本诉讼的美国调查取证程序的利用与信息法制上的对应》为题做了报告。Paul Jurcys 就《可携数据重构：在欧盟等国家设计未来的数据生态系统》做了报告。君岛祐子在《以人为中心的技术、社会与法—网络物理可持续发展中心的举措》报告中介绍了 CPS 中心所进行的研究，同时考察了 CA 等尖端技术开发对社会的影响，以及技术开发与相关社会系统构建和法的形成之间的关系[1]。

从以上学会动向可见，2023 年日本公法学会讨论的重心在于公法解释。而行政法学界关心的主要内容在于行政法的执行问题。此外，为应对大数据时代的最新需求，形成贯穿网络物理空间的可持续性社会系统和法律政策研究据点，庆应义塾大学设立了网络物理可持续发展（CPS）中心。因此围绕该中心的相关研究成为日本信息法制学会这两年的热门议题。

三、研究动向

（一）教材、论文集

1. 教材

2022 年出版的代表性教材主要是冈田正则的《行政法 I 行政法总论》。本书从作为行政理论背景的法思想、英美法、大陆法的思考方法出发，论述了行政法的基本理论和重要判例。此外，在体系性著作方面，芝池义一的《行政救济法讲义（第 3 版）》进行了全面修订，重新刊行并更名为《行政救济法》[2]。

2. 纪念论文集

2023 年的代表性论文集，首先是阿部泰隆先生的伞寿纪念论文集《行政法学的变革和希望》。该书共 2 部，第 1 部罗列了阿部泰隆

---

〔1〕 岡本洋太郎「メディアシステムの形成過程と政治・国家」、片岡弘「日本での訴訟のための米国ディスカバリの利用と情報法制上の対応」、Paul Jurcys「Data Portability Re-Imagined：Designing Tomorrow's Data Ecosystems in the EU and Beyond」、君嶋祐子「人間中心の技術、社会と法~サイバーフィジカル・サステナビリティ・センターの取組み」。

〔2〕 岡田正則『行政法 I 行政法総論』（日本評論社，2022 年）、芝池義一『行政救済法』（有斐閣，2022 年）。

先生的主要学术成果，第 2 部则是关于阿部泰隆先生研究的评价与今后的课题。收录了如常冈孝好的《变革时代的行政法学的开拓》、福井秀夫的《行政法的存在理由》、中川丈久的《阿部泰隆行政法学》、北村喜宣的《阿部政策法学和今后的环境法学》、板垣胜彦的《阿部泰隆行政法学的轨迹和将来像》、吉冈正和的《新行政法学与独立自治体的创造》、田中谦的《阿部行政法学在教育上的意义》、角松生史的《阿部老师的受灾者支援论》、铃木秀洋的《阿部泰隆行政法所示的国民视点的行政实务的验证》、比山节男的《贯彻和继承实质性法治主义法解释》等文章〔1〕。

其次为纪念早稻田大学法学会创立一百周年所出版的《早稻田大学法学会百周年纪念论文集 第 1 卷 公法・基础法编》收录了 21 篇公法领域的代表性研究成果。具体包括冈田正则的《行政机关的复议资格・诉讼当事者能力・〈固有资格〉》、人见刚的《作为行政行为的申请拒否处分的性质》、中村民雄的《公共目的越境自主规制的法分析序论》、大桥麻也的《法国行政判例中的公务识别方法》、爱敬浩二的《现代英国〈人权法体制〉批判的比较宪法考察》、中岛彻的《宪法上的权利与实定法上的制度》等〔2〕。

---

〔1〕 阿部泰隆編『行政法学の変革と希望 傘寿を記念して』（信山社，2023 年）。本文集收录论文如下：常岡孝好「変革の時代における行政法学の開拓―阿部泰隆『行政法解釈学Ⅰ，Ⅱ』の寄与」、福井秀夫「行政法の存在理由―阿部泰隆理論を踏まえて」、中川丈久「阿部泰隆行政法学―衝撃から受容，そして承継的発展へ」、北村喜宣「阿部政策法学と今後の環境法学」、板垣勝彦「阿部泰隆行政法学の軌跡と将来像―阿部泰隆『行政法再入門（上）（下）』によせて」、吉岡正和「新しい行政法学と自立した自治体の創造―書評 阿部泰隆著『行政法再入門（上・下）（第 2 版）』と『地方自治法制の工夫』」、田中謙「阿部行政法学の教育上の意義と『考えてもらう教育』の実践」、角松生史・ソ・ヌリ「阿部先生の被災者支援論」、鈴木秀洋「阿部泰隆行政法が示す国民視点の行政実務の検証―当事者研究的手法を用いて」、比山節男「実質的法治主義法解釈の貫徹と継承―次世代に継承したい行政法解釈のあり方」。

〔2〕 岡田正則「行政機関の不服申立資格・訴訟当事者能力・『固有の資格』」、人見剛「申請拒否処分の行政行為としての性質について」、中村民雄「公共目的の越境的自主規制の法分析序論」、大橋麻也「フランスの行政判例に見る公役務の識別方法」、愛敬浩二「現代イギリスにおける『人権法体制』批判の比較憲法的考察」、中島徹「憲法上の権利と実定法上の制度」。

除以上论文集之外，还有《中村晶子教授、桥本博之教授、三木浩一教授退职纪念号》《高桥雅夫教授退职纪念论文集》《中野目善则先生退职纪念论文集》等论集或退休纪念号[1]。

3. 企划论文集

（1）行政法基本理论。2023 年关于行政法基本理论的企划论文集主要有盐野宏的《行政法论议的诸相》[2] 与太田匡彦、山本隆司合编的《行政法基础理论》[3]。前者包含行政法序论（法与科学技术；法与工学的关系）、行政过程与其统制（日本行政过程的特色）、行政组织、地方自治、广播法制等五部分内容。后者主要从个别主题出发，对适应不断变化的社会状况和政策要求的行政法学所需要的基础理论之根据进行了考察。其中收录了原田大树的《信息技术的展开与行政法》、须田守的《私人的信息提供与行政判断》、山本隆司的《信息秩序行政过程的法问题》等文章[4]。

（2）《灾害法》。与环境法主题相关的合著有大桥洋一编著的《灾害法》。暴雨、塌方、地震等灾害频发伴随着对行政对策以及对灾害法研究的需求，本书的研究者系统地整理了由多数法律所构成的灾害法在法运用上的现象，明确了相关法律方案。收录了大桥洋一的《灾害法的特质与法律体系》、原田大树的《原子力发电与法》、田代滉贵的《暴雨灾害与法》、土井翼的《大规模地震与法》、野田崇的《都市整备与法》、大胁成昭的《避难、救助与法》、松户浩的《防灾组织与法》、饭岛淳子的《地方公共团体与法》等

〔1〕 『中村晶子教授・橋本博之教授・三木浩一教授退職記念号』慶應法学 50 号（2023 年）、『高橋雅夫教授退職記念論文集』日本法学 88 巻 3 号（2023 年）、『中野目善則先生退職記念論文集』法学新報 129 巻 6・7 号（2023 年）。

〔2〕 塩野宏『行政法論議の諸相』（有斐閣，2023 年）。

〔3〕 太田匡彦・山本隆司編『行政法の基礎理論』（日本評論社，2023 年）。

〔4〕 原田大樹「情報技術の展開と行政法」、須田守「私人の情報提供と行政判断」、山本隆司「情報秩序としての行政過程の法問題」。

文章[1]。

（3）《微观宪法学的可能性》。片桐直人与上田健介合编的《微观宪法学的可能性》论文集通过微观宪法研究，在实际制度和单个法律法规的条文运用上加入宪法学分析，从而与宏观宪法解释以及宪法理论研究相衔接。其中，与行政法学相关的有上田健介的《从宪法学看国家行政组织的规划、立案和综合调整》、木藤茂的《从行政法学看国家行政组织的规划、立案和综合调整》、堀泽明生的《行政规制与民事手法的竞争与合作》、安永佑司的《论行政诉讼与民事差止诉讼双轨解决的方向性》、井上武史的《关于法律上的紧急状态的理论探讨——"宣言"到底有何意义?》、神桥一彦的《"法律上的诉讼"概念的具体展开》等文章[2]。

（4）《特集：挑战社会问题的行政法》。与社会热点课题相关的论集有《特集：挑战社会问题的行政法》。该合集收录了赤间聪的《何为适当的行政过程——热海市泥石流事件》、安田理惠的《信息公开与隐私——调布市信息公开请求者信息的泄露》、津田智成的《国家赔偿制度的功能——森友公文篡改国家赔偿诉讼》、西田幸介的《大规模项目中的利害对立及其调整——磁悬浮新干线》、原岛良的《地方自治中的外国人居民——武藏野市居民投票条例的尝试》

〔1〕 大橋洋一編『災害法』（有斐閣，2022 年）。本段收有：大橋洋一「災害法の特質と法体系」、原田大樹「原子力発電と法」、田代滉貴「豪雨災害と法」、土井翼「大規模地震と法」、野田崇「都市整備と法」、大脇成昭「避難・救助と法」、松戸浩「防災組織と法」、飯島淳子「地方公共団体と法」。

〔2〕 片桐直人・上田健介編『ミクロ憲法学の可能性「法律」の解釈に飛び込む憲法学』（日本評論社，2023 年）。本段收有：上田健介「憲法学からみた国の行政組織における企画・立案と総合調整」、木藤茂「行政法学からみた国の行政組織における企画・立案と総合調整」、堀澤明生「行政規制と民事的手法の競合と協働」、安永祐司「行政訴訟と民事差止訴訟のダブルトラック解消の方向性について」、井上武史「法律上の緊急事態の理論的検討——『宣言』にどのような意味があるのか」、神橋一彦「『法律上の争訟』概念の具体的展開」。

等文章[1]。

(二)行政法基础理论、行政裁量

1. 行政法基础理论

(1)著作。辻雄一郎编著的《行政机关的宪法学规制》[2]一书以 Covid-19、移民和环境案件为素材,对日本和美国行政机关的宪法学规制方式进行了比较研究。全书共 7 章。其中,第 4、5、6 章围绕几大判例法理进行了多维度的考察。第 4 章着重考察了美国的"禁止授权"与"重要议题"两大法理。包括美国最高法院关于"禁止授权"法理的先例、"禁止授权"法理与联邦政府权限扩大的警戒、戈萨奇大法官的分析以及与其他保守派法官之间的分歧、关于"禁止授权"相关学说与戈萨奇大法官分析之间的联结点等内容。第 5 章分析了伴随着政权交替的移民与湿地行政规则及其司法审查的状况。包括质疑尊重行政机关判断依据的 Chevron 法理、行政规则解释的连贯性与司法审查、移民管制 Daca 案件、特朗普政府的湿地限制与最高法院的判决,以及根据议会审查法废除行政规则等内容。第 6 章针对美国 2019 年的 Eme Homer 案件的重审,分析了不撤销原判而发回重审的法理以及僵化的规则制定程序与司法审查之间的关系等内容。

(2)论文。北岛周作的《行政法上的一般法与单行法(上)(下)》[3]一文,聚焦一般法在各个具体行政领域中的适用,由于其适用需要与各单行法的具体情况相协调而产生各种问题,因此本

〔1〕「特集 1·社会問題にチャレンジする行政法」法学教室 505 号(2022 年)。本段收有:赤間聡「適切な行政過程とはどのようなものか——熱海市土石流事件」、安田理恵「情報公開とプライバシー——調布市情報公開請求者情報の漏洩」、津田智成「国家賠償制度の役割——森友公文書改ざん国家賠償訴訟」、西田幸介「大規模プロジェクトにおける利害対立とその調整——リニア新幹線」、原島良「地方自治という場での外国人住民——武蔵野市住民投票条例の試み」。

〔2〕 辻雄一郎『行政機関の憲法学的統制 アメリカにおけるコロナ、移民、環境と司法審査』(日本評論社,2023 年)。

〔3〕 北島周作「行政法における一般法と個別法(上)(下)完」法律時報 95 巻 2、3 号(2023 年)。

文以行政程序法为重点，在梳理一般法的特征和制定原因的基础上探讨了一般法的整合以及规制范围等问题。

铃木庸夫的《信托行政法的基本理论（1）～（6）》[1]一文详细分析了美国公法学中信任义务论、信托政府论的历史发展，揭示了其以人类社会关系中"信赖"为基调的理论特征。作者通过将该理论引入日本法，主张在信息公开法与行政程序法中构建与以往学说不同的理论基础。同时指出，信托法理也可以应用于现代社会问题中"法律缺失"的处理以及"可靠政府"的构建等课题，对此，当务之急是重组行政法的基本原理。

多贺谷一照的《从法治主义到安全、安心的确保》[2]一文参照法国法，首先论述了主观主义的界限；其次分析了组织上、形式上的公权力观念的射程距离以及界限；最后检讨了安全、安心的提供与法治主义之间的关系。

闫周奇的《环境行政过程中比例原则的中日比较研究》[3]一文通过对科学不确定性场合下比例原则的适用方式以及过小禁止意义上的比例原则的内容的讨论，明确了比例原则与未然防止原则、预防原则之间的关系，提出了环境行政规制执行过程中不同阶段比例原则的不同适用模式以及与之相适应的立法整备的方向。

2. 行政裁量

对于行政法领域中最重要的行政裁量问题，年度最具代表性的比较法著作为榊原秀训编著的《行政裁量与行政正义》[4]。该书考察了在日本法治主义与英国法的支配中构成重要主题的行政裁量司法审查的变化状况以及司法制度的改革路径，同时分析了英国"行政正义"的最新论点。全书分为日本行政裁量的司法审查、英国行

---

　〔1〕 铃木庸夫「フィデュシアリィ行政法の基礎理論（1）～（6）完」自治研究98卷8号~99卷1号（2022年）。

　〔2〕 多賀谷一照「法治主義から安全・安心の確保へ」行政法研究47号（2022年）。

　〔3〕 閻周奇「環境行政過程における比例原則の日中比較研究—大気汚染防止法を中心に—」比較法学57卷1号（2023年）。

　〔4〕 榊原秀訓『行政裁量と行政的正義』（日本評論社，2023年）。

政裁量的司法审查与行政正义、法治主义·法的支配与行政统制三
个部分。第一部分分 6 章，分别探讨了社会观念审查的审查密度与
透明性的提升、行政裁量中的人权·考虑事项·行政规则、行政处
分·行政立法与裁量审查之间的关系、自治体的政治中立性、辅助
金交付决定的法律构造、司法制度改革之后的裁判官任命制度等内
容。第二部分分 4 章，分别讨论了英国立宪主义与法的支配、司法
审查的方式与审查密度中二元论与一元论的争论、司法审查的财政
负担、网络审查所与行政审查等内容。第三部分也分 4 章，探讨了
行政的市场化·契约化与新自由主义、议会之外的行政统制、国家
改造与民主主义，以及法治主义的现代课题等内容。

（三）行政作用、行政诉讼

以下主要介绍行政行为、实效性确保手段、行政程序、信息公
开等行政作用以及行政诉讼方面的代表性著作与论文。

1. 行政作用

（1）行政行为。宗田贵行编著的《行政处分对消费者损害的追
偿理论》[1] 一书论述了大量消费者因不当招揽等行为遭受损失的情
况下，通过行政处分命令数字平台运营商或数字平台上供应商退款
的可取性。该书在研究了德国公共基础设施市场《限制竞争法》中
的利润返还令和欧盟竞争法中的排除措施命令的基础上，指出日本
反垄断法中的行政处分也发挥着防止违法、防止损害扩大和通过追
回金钱挽回损失的三种作用。

兴津征雄的《“行政处分在撤销前有效”的意义》[2] 一文认
为，若采取实体法的构成，则不使用公定力的概念也可以解释类似
问题，因此只有程序法才能维持公定力的概念。问题是如果采取程
序法构成的话，从程序保障的角度来会产生疑问，所以反而应该支
持实体法构成。作者认为通过采取实体法构成，解读行政处分所产

---

[1] 宗田貴行『行政処分による消費者被害回復の理論』（法律文化社，2023 年）。
[2] 興津征雄「〈行政処分は取り消されるまで有効〉の意味」行政法研究 47 号
（2022 年）。

生的法律效果并考虑由此衍生的法律关系，可得出公定力或规范力等概念都是无用的结论。

人见刚的《德国行政行为的"违法性继承"问题》[1] 一文指出，违法性继承理论在德国没有像在日本那样发展起来的原因在于，先行行为存续力的效力被放宽了，在对先行行为提出争议的期限经过之后，质疑其合法性的手段比日本更多。

（2）实效性确保的手段。北村喜宜编著的《推进空置房屋问题解决的政策法务》[2] 一书，收录了作者至今为止关于空置房屋法的执行过程分析和简略代执行的费用征收等各种论点，验证了作为"可以使用的法律"的空置房屋法以及空置房屋条例的相关法律课题。另外，空置房屋法今年进行了修改，关于修法的详细情况可参照宇贺克也的《关于推进控制房屋等对策的特别措施法的修改》（《行政法研究》第50号）[3]。

高桥滋编著的《行政的实效性确保法制的整备》[4] 一书是其科研项目成果。该书的主要目标为提供行政实效性的统一法典案以及个别法的整备方针的政策性建议。全书分为四个部分。第一部分"行政实效性确保法律大纲草案"收录了向研究人员和地方政府官员征求意见的结果；第二部分"行政实效性确保法律大纲草案解说"分别对甲乙丙三种草案中的代执行、即时强制、间接强制以及罚则等内容进行了解说；第三部分"行政实效性确保的相关论点"分析了实效性确保的理论课题、实效性确保的其他手段，以及其与政策法务之间的关系等内容；第四部分"资料篇"则收录了以自治体为对象的日本各地问卷调查的结果。

---

〔1〕 人見剛「ドイツにおける行政行為の『違法性の承継』問題」行政法研究45号（2022年）。

〔2〕 北村喜宜『空き家問題解決を進める政策法務—実務課題を乗り越えるための法的論点とこれから—』（第一法規，2022年）。

〔3〕 宇賀克也「空家等対策の推進に関する特別措置法の改正」行政法研究50号（2023年）。

〔4〕 高橋滋『行政の実効性確保法制の整備に向けて』（民事法研究会，2023年）。

须藤阳子的《"即时强制"与现代行政法理论》[1] 一文，分析了占领时期突然被定位在行政法一般理论中的即时强制概念，指出其在行政法理论中有许多需要验证之处，在此基础之上讨论了即时强制与"执行机关"概念的关系。此外，须藤的《即时强制的起源》(《行政法研究》第 50 号)[2] 一文，通过追溯明治、大正、昭和、占领时期的理论史，重新考察了受普鲁士法律制度以及学说影响而在日本法中形成的即时强制的定义。该文指出日本法律制度的特点是：除了"法律→行政行为→强制行为"这种三阶段构造的法律执行方式之外，还有"直接依法"施加义务这种执行方式，且后种执行方式影响了"强制"理论的形成。

（3）行政程序。在行政程序方面，围绕行政程序法制定 30 周年的相关议题进行讨论的论集有《特集：行政程序法制定 30 周年(1)》[3]。本论集收录了高桥正人的《审查基准·处分基准》、水野靖久的《标准处理期间》、大桥洋一的《对申请的审查及应答》、原田大树的《听证·申辩机会的赋予》、稻叶一将的《行政程序法中的"申报"》、常冈孝好的《意见公开征集程序的现状与课题》、板垣胜彦的《地方公共团体中的行政程序》、山田洋的《计划制定程序的课题》等文章[4]。另外，聚焦理由提示的代表性论文有须田守的《理由提示及听证、申辩的机会赋予中的推测可能性》[5]。该文从如何鉴于行政相对人的认识可能性确定提示的程度，以及如何整理该程度的观点出发，分析了理由提示及意见陈述程序时通知记

---

〔1〕 須藤陽子「『即時強制』と現代行政法理論」立命館法学 405、406 号（2023 年）。

〔2〕 須藤陽子「即時強制の成り立ち」行政法研究 50 号（2023 年）。

〔3〕「特集/行政手続法制定 30 周年(1)」行政法研究 50 号（2023 年）。

〔4〕 高橋正人「審査基準・処分基準」、水野靖久「標準処理期間」、大橋洋一「申請に対する審査及び応答」、原田大樹「聴聞・弁明の機会の付与」、稲葉一将「行政手続法における『届出』」、常岡孝好「意見公募手続の現状と課題」、板垣勝彦「地方公共団体における行政手続」、山田洋「計画策定手続の課題」。

〔5〕 須田守「理由提示及び聴聞・弁明の機会付与における推知可能性」法学論叢 192 巻 1、2、3、4、5、6 号。

载的相关判例。此外，对数字时代的行政程序进行讨论的论文有池尻范枝的《数字化社会中的行政手续和邻接法律专门职的作用》[1]。

（4）信息公开、个人信息保护。关于个人信息保护的主题，近一年出了多本专著。首先是宇那木正宽所著的《根据修改的个人信息保护法改变的自治体监控摄像头的法务和实务》[2]。这本书介绍了大量监控摄像头条例和纲要事例，并根据有关隐私权的学说和判例法理指出了实务中的问题。本书还根据对地方当局的访谈结果提出了相关法律政策建议，同时提出可以制定自主规制型条例和民间部门规制型条例以及相应的试行方案。

其次，友冈史仁编著的《行政信息法制的现代构造》[3] 一书，收录了很多在信息法制研究上造诣很深的学者关于信息公开法制、公文管理制度、个人信息保护法制的评论及判例研究，同时也考察了围绕令和 3 年个人信息保护法的修改，自治体个人信息保护制度所产生的各种论点。与此相关的还有同作者编著的《信息公开·个人信息保护》《公文管理》以及《基本诉讼法务》等著作[4]。

此外，堀部政男编著的《个人信息保护委员会第一任委员长的回顾》[5] 是该书作者的回忆录与论文集。作者引导了日本信息法学的建立，并提出了"隐私外交"的概念。该书由以前发表的部分文章和新近撰写的有关近期法律改革趋势的部分组成。除了个人信息保护委员会的成果之外，还讨论了通过与欧盟委员会进行 80 轮 300 小时的对话而实现的欧盟与日本之间相互承认充分性的意义，并指出了地方当局对个人信息保护方面不断变化的国际趋势的认识的重要性。

---

〔1〕　池尻範枝「デジタル化社会における行政手続と隣接法律専門職の役割」阪大法学 72 巻 5 号（2023 年）。

〔2〕　宇那木正寛『改正個人情報保護法で変わる自治体防犯カメラの法務と実務』（ぎょうせい，2022 年）。

〔3〕　友岡史仁『行政情報法制の現代的構造』（信山社，2022 年）。

〔4〕　友岡史仁『情報公開・個人情報保護』（信山社，2022 年）、『公文書管理』（信山社，2023 年）、『基本争訟法務』（信山社，2023 年）。

〔5〕　堀部政男『個人情報保護委員会初代委員長の回顧』（商事法務，2023 年）。

2. 行政诉讼

（1）司法权、审判系统论。异智彦在《公法诉讼论的重构》[1] 一文中指出，从诉讼法理论来看，公法诉讼论中关于判决效果论和证明责任论的讨论并不明确。该文试图克服"诉讼法理论的缺失"。此外，关于审判系统论的文章还有笹田荣司的《行政审判中"实效权利救济"的冲击》、赵元济的《试论行政主体接受审判的权利保障和诉讼方法的适当与否》、阿部泰隆的《行政诉讼中临时救济不完备的纠正对策（1）~（3）》、谷辽大的《公权现代化（3）~（5）》[2]。

（2）诉讼类型。关于诉讼类型的主题，代表性论集有《特集/诉讼类型的多样化与个别行政法》收录了以村上裕章教授为中心的项目研究成果，包括桑原勇进的《行政诉讼的新类型与环境事件》、角松生史的《行政诉讼在城市空间形成中的作用》、太田彦的《要求处分的社会保障给付诉讼中违法判断（满足本案要件的判断）的基准时》、村西良太的《公法上的确认诉讼要件与〈宪法诉讼〉的难关》、原田大树的《从参照领域看诉讼类型多样化论的现状与课题》等文章[3]。

（3）诉讼要件。针对诉讼要件中的处分性，春日修的《关于"行政主体等在固有资格下成为行政相对人的处分"的处分性》[4]

---

〔1〕 異智彦「公法訴訟論の再構築」成蹊大学法学部編『未来法学』（有斐閣，2022 年）。

〔2〕 本段收有：笹田栄司「行政裁判における『実効的権利救済』のインパクト」判例時報 2545 号（2023 年）、趙元済「行政主体の裁判を受ける権利の保障と争訟方法の適否に関する一試論」駒澤法曹 19 号（2023 年）、阿部泰隆「行政訴訟における仮の救済の不備は正策（1）~（3）完」自治研究 99.3~99.5 号（2023 年）、谷遼大「公権の現代化（3）~（5）」北大法学論集 73 巻 4、6 号、74 巻 1 号（2023 年）。

〔3〕「特集/訴訟類型の多様化と個別行政法」行政法研究 49 号（2023 年）。本段收有：桑原勇進「行政訴訟の新類型と環境事件」、角松生史「都市空間形成における行政訴訟の役割」、太田彦「処分を必要とする社会保障給付を求める訴訟における違法判断（本案要件充足判断）の基準時について」、村西良太「公法上の確認訴訟の要件と『憲法訴訟』の隘路」、原田大樹「コメント 参照領域からみた訴訟類型多様化論の現状と課題」。

〔4〕 春日修「（行政主体等が固有の資格において名宛人となる処分）の処分性について」愛知大学法経論集 231 号（2022 年）。

一文，探讨了在都市计划项目认可案件中，"行政主体或行政机关在固有资格下成为行政相对人的处分"是否可作为抗诉诉讼对象的"处分"的问题。同样探讨处分性要件的还有村上裕章的《处分性4要件论的意义和启发性功能》[1]。该文追溯了将处分概念划分为四项要件（公权力、法律效果、外部性和成熟性）的历史发展，认为其不仅可以作为解释处分性的一种方法，而且还具有启发功能。此外，关注处分性的还有斋藤浩的《在流行病对策诉讼中也很狭窄的"处分性"》、高木英行的《关于战前"处分性"扩大论的考察》、寺洋平的《围绕农用地利用计划变更、不变更的法律纠纷和行政诉讼》等文章[2]。

另外，关注周边住民原告适格的论文有野吕充的《墓地等许可的取消诉讼和周边居民的原告适格》一文。该文讨论了否定周边居民的原告资格的平成12年（2000年）最高法院判决以后的案例。该文重视纳骨堂给周边居民带来的精神痛苦，认为以隔离要件为主要根据从而承认周边居民原告资格的令和4年大阪高判具有很大的意义[3]。

（四）公务员制度、地方自治、灾害对策

1. 公务员制度

在公务员制度方面，对公务员制跨学科相关议题进行讨论的论集有《小特集：公务员制度跨学科的再讨论》[4]。公务员制度不同于一般劳动法律制度，通过对公务员制度进行跨学科的研究，开辟了新的研究视野。本论集收录了筱原永明的《企划宗旨》与《公务员制度的基本原理和公务员的工资保障》、下井康史的《宪法15条

〔1〕 村上裕章「処分性4要件論の意義と発見的機能」行政法研究48号（2023年）。

〔2〕 斎藤浩「パンデミック対応施策をめぐる訴訟にも狭い『処分性』」立命館法学402号（2022年）、高木英行「戦前の『処分性』拡大論に関する一考察」東洋法学66巻1号（2023年）、寺洋平「農用地利用計画の変更・不変更をめぐる法的紛争と行政事件訴訟」東洋法学66巻3号（2023年）。

〔3〕 野呂充「墓地等の許可の取消訴訟と周辺住民の原告適格」民商法雑誌158巻3号（2022年）。

〔4〕 「小特集/公務員制度の分野横断的再検討」法律時報95巻8号（2023年）。

的含意与特殊劳务关系法规的射程、浓淡》、土岐将仁的《公务员的雇佣、工资保障与劳动合同法、宪法》、早津裕贵的《公务员法理论的重构与横向对话》等文章[1]。

此外，关注公务员制度的还有稻继裕昭、铃木毅的《国家公务员人事评价制度的改善（5）~（9）》、早津裕贵的《作为"劳动者"的"公务员"是什么?》、福井厚的《德国警察的服从义务》等文章[2]。

2. 地方自治

（1）一般地方自治。宫森征司与金炅德编的《居民参与与地方治理》一书，广泛探讨了日本与韩国居民参与的理论问题与具体事例。其中，探讨日本居民参与的论文主要有马塲健的《居民参与与政策过程——以参与居民责任问题为中心》、宫森征司的《东亚居民参与——以核能领域为焦点》、稻吉晃的《日本 20 世纪初的地方治理——以新泻为例》；探讨韩国居民参与的文章主要有金度承的《韩国的电子政府与网络参与》、金炅德的《韩国的核能政策与居民参与》、王胜惠的《韩国地方自治制度中核能设施相关的居民参加类型》等文章[3]。

鉴于日本越来越多的自治体导入公共设施冠名权，学术界在地方自治的研究中也逐渐关注冠名权相关的法律问题。其中的代表性

---

〔1〕 本段收有：篠原永明「企画趣旨」、「公務員制度の基本原理と公務員の給与保障」、下井康史「憲法 15 条の含意と特殊な勤務関係規律の射程・濃淡」、土岐将仁「公務員の雇用・給与保障と労働契約法・憲法」、早津裕貴「公務員法理論の再構築と横断的対話に向けて」。

〔2〕 稲継裕昭＝鈴木毅「国家公務員の人事評価制度の改善（5）~（9）」自治研究 98 巻 8、9 号、99 巻 1、2、3 号（2023 年）、早津裕貴「『労働者』としての『公務員』とは何か?」法学教室 510 号（2023 年）、福井厚「ドイツにおける警察官の服従義務」京女法学 22 号（2022 年）。

〔3〕 宮森征司＝金炅徳編『住民参加とローカル・ガバナンスを考える』（信山社，2023 年）。本段收有：馬塲健「住民参加と政策過程——参加した住民の責任問題を中心に」、宮森征司「東アジアにおける住民参加——原子力分野に焦点を当てて」、稲吉晃「20 世紀初頭の日本のローカル・ガバナンス——新潟を事例として」、金度承「韓国の電子政府とオンライン参加」、金炅徳「韓国における原子力政策と住民参加」、王勝惠「韓国の地方自治制度における原子力施設関連住民の参加類型」。

论集有《特集：冠名权的未来》。收录了市川裕子的《冠名权的程序和设施的运营与维护》、小林明夫的《冠名权的法律问题》、畠山辉雄的《向公共设施导入冠名权的协议形成和居民告知》、河村昌美的《导入冠名权的各种效果》等文章[1]。

　　此外，饭岛淳子的《关于居民论》一文，围绕现行法律制度中的居民诸相，从规定居民地位的总论和从作用方面探讨居民的分论两个阶段对其进行结构化，在此基础上，分析了居民的总括性地位，探究了居民论的新课题。与此相对，诸冈慧人的《居民自治概念的历史研究：序论》一文，探讨了脱离制度改革和体制构想对居民自治概念进行法学考察的可能性[2]。

　　（2）地方分权。在地方分权方面，年度代表性论文集有礒崎初仁的《地方分权与条例》[3]。本书以至今为止地方分权的历史发展为基础，以开发限制等需要国家和地方政府进行角色分工的领域的政策问题为素材，尤其是从地方当局自治立法的角度，对地方分权所面临的课题与挑战等进行了阐释。同时本书也是地方政府官员在制定自己的地方政策和法令时的参考工具。全书分为三个部分。第一部分主要讨论了日本地方分权改革 30 年来中央与地方关系的变化，以及分权改革所取得的成果。第二部分主要分析了政策法务与地方自主条例之间的关系，包括政策法务所面临的课题、从判例和学说以及新的法律解释论的角度讨论地方自主条例的适法性判断等。第三部分探讨了日本土地利用法制的历史变迁、土地利用规制法与分权改革所带来的法令解释权的变化等内容。

　　此外，在比较法方面，今井良幸编著的《尚未见过的道州制的

---

〔1〕「特集/ネーミングライツのゆくえ」都市問題 114 巻 1 号（2023 年）。本段收有：市川裕子「ネーミングライツの手続と施設の運営・整備」、小林明夫「ネーミングライツの法的論点」、畠山輝雄「公共施設へのネーミングライツ導入にかかる合意形成と住民への周知」、河村昌美「ネーミングライツ導入に伴う様々な効果について」。

〔2〕饭岛淳子「住民論について」自治総研 533 号（2023 年）；諸岡慧人「住民自治概念の歴史的研究：序論」法学 87 巻 1 号（2023 年）。

〔3〕礒崎初仁『地方分権と条例』（第一法規，2023 年）。

姿态与地方自治》一书以英国向苏格兰等的权限委任（devolution）制度为比较对象，从构建地方分权国家的角度设想了日本道州制度的具体形态。山崎荣一的《对紧缩财政下法国奥朗德政权的地方自治制度改革的考察（1）～（14）》详细论述了奥朗德政权关注的四个重点问题，分别为：消减广域共同体、设立大都市、缩小县的权限、强制合并州[1]。

3. 灾害对策

（1）灾害行政法。日本是一个灾害频发的国家，因此在灾害行政方面的研究成果很多。年度代表性著作有村中洋介编著的《灾害行政法》[2]。这是一本关于灾害行政的前沿理论著作，其中详细介绍了灾害行政的基本概念，揭示了从灾害预防到灾害救济、紧急措施、灾害后的恢复与重建等法律制度，并以东日本大地震的国家赔偿诉讼案件为素材，讨论了行政机关在处理灾害时的责任。此外，该书还介绍了洪水、地震、海啸、风灾、滑坡和火山灾害相关的法律制度以及灾害法律制度在传染病应对中的适用等内容。全书分为12 章。第 1 章介绍了灾害行政法的沿革以及日本的灾害对策基本法；第 2、3 章分别以陆前高田海啸诉讼判决与野蒜小学校诉讼判决为中心，分析了行政机关在灾害中的责任与义务；第 4、5 章分析了避难行动支援者制度、避难制度的变迁与地方政府的责任以及相关判例；第 6、7、8、9、10 章分别探讨了水害、地震和海啸、风灾、滑坡、火山灾害相关的法律制度；第 11 章分析了灾害救助法、受灾者生活再建支援法、灾害抚慰金法等法律制度；第 12 章探讨了灾害行政法制在传染病中的适用可能性。

（2）环境行政法。在环境行政方面，年度代表性著作是高桥滋

---

〔1〕 今井良幸『未だ見ぬ道州制の姿と地方自治 イギリス権限委譲との比較考察』（野草房，2023 年）；山崎榮一「緊縮財政下におけるフランスのオランド政権の地方自治制度改革に関する考察（1）～（14）」自治研究 98 巻 3 号（2022 年）～99 巻 5 号（2023 年）。

〔2〕 村中洋介『災害行政法』（信山社，2022 年）。

的《环境政策与行政法学》[1]。作者从法学与经济学跨学科的视角分析了环境风险规制、土地污染对策的制度设计、食品安全风险规制等法律制度与公共政策，明确了环境法中的"预防"概念与警察法中"预防"概念的差异，并根据二者的特色论述了相应的法律制度设计。全书分为4编。第1编分为2个部分，第1部分从行政法的角度探讨了法与政策的框架以及法学与经济学的对话；第2部分以德国公法学理论为素材，考察了德国法中行政的经济化（Ökonomisierung der Verwaltung）的概念。第2编同样分为2个部分，分别考察了化学物质的风险管理的法律对应、环境风险管理、风险社会下的环境行政等内容。第3编主要分析了土地污染相关对策。分别考察了德国土地污染对策相关制度、德国土地保全法案的制定、澳大利亚土地污染修复等内容。第4编着重关注环境、食品风险管理。分析了环境诉讼与行政裁量之间的关系，并从行政法的角度探讨了环境影响评价法，以及从食品安全全球化的角度分析了食品、农水产品的生产工程管理与认证。

---

〔1〕 高橋滋『環境政策と行政法学』（日本評論社，2022年）。

2023 年日本刑法学研究综述

梁小炜 *

一、引言

本文旨在对 2023 年度日本刑法学界中出版或发表的各类专著、论文进行综述性质的介绍，希冀以此为国内读者较为清晰地展示本年度日本刑法学研究的新动向。本文主要以日本《法律时报》杂志第 95 卷第 13 号中的"2023 年学界回顾"特集所刊载的《刑法》[1]一文中列举的刑法学研究成果作为写作时的参考对象，在必要时亦作了一定的补充。另外，对于所涉及的文献，本文原则上参照了该《刑法》一文的分类模式进行归类整理。

依照以往各年的刑法学研究综述体系的惯例，下文将按照顺序分别从刑法总论、刑法各论、特别刑法的侧面出发对部分较为有代表性的文献进行一定程度的介绍。因笔者能力及文章篇幅所限，本文无法对所有的相关文献均予以展示，故将会在行文中作出一定的

＊ 梁小炜，北海道大学法学研究科刑法专业博士研究生。

〔1〕 冨川雅満＝天田悠＝伊藤嘉亮＝横濱和弥「刑法（特集・学界回顧 2023）」法律時報 95 巻 13 号（2023 年）45-61 頁。

取舍[1]。

二、刑法总论

（一）刑法的基础理论[2]

樋口亮介的《"罪刑法定主义"要求为何?》[3] 从权力分立与自由保障的角度出发，对规定得较为抽象而需要依靠判例进行明确化的条文是否遵循了明确性原则的问题进行了考察。其结论为：第一，只要司法机关对条文作出的解释尊重了立法机关对该条文确定的基本宗旨，即使解释无法从文义中直接读取也并不属于对立法权的篡夺，故从权力分立上看并不违反罪刑法定原则；第二，从自由保障上看，判例对条文的解释应发挥充分的处罚告知机能。即告知"灰色区域"的存在以提供回避处罚之意义上的自由保障外，还应通

---

　　〔1〕　本年度的日本刑法学会大会（第 101 回）于 2023 年 6 月 3 日、4 日在早稻田大学举行，在此对涉及刑事实体法的议题进行介绍：3 日上午进行的报告为木崎峻辅的《相互争斗状况中正当防卫的处理基准》、天田悠的《刑法中的程序化》以及桥本广大的《国际组织犯罪对策中的刑事规制》。3 日下午的第一分科会企画为《刑罚论的新动向》，报告为中村悠人的《刑罚与沟通》、泷川裕英的《为了自由的自由刑》、松泽伸的《刑罚中的感情与恶害》及清野宪一的《根植于现实与常识的刑罚论》。4 日上午进行的报告为菊地一树的《法益主体的同意与规范的自律》及小野上真也的《作为帮助的处罚根据的因果性》。4 日下午首先进行的是柏林洪堡大学格雷克教授的演讲《论刑罚的作为制裁的特殊性》，之后进行的座谈会涉及的专题为信息刑法、正当防卫、不作为犯的构成、性犯罪规定的解释及医事刑法的程序化。另外特别值得提及的是，本年度出版的《刑事法杂志》第 77 号设立了纪念西原春夫先生并对其人与学问进行介绍的专题"西原刑法学の軌跡"，收录的文献为：田口守一「西原春夫先生の人と学問」刑事法ジャーナル77 号（2023年）4-9 頁、高橋則夫「西原刑法学における生けるものと死せるもの」同 10-18 頁、古川伸彦「西原先生と過失犯論」同 19-24 頁、照沼亮介「西原博士の共犯論とその現代的意義」同 25-32 頁、金光旭「西原先生と中国の刑法学」同 33-38 頁。
　　〔2〕　鈴木茂嗣『二元的犯罪論序説（補訂 2 版）』（成文堂，2022 年）、前田雅英「法秩序の統一性と刑法解釈」東京都立大学法学会雑誌 63 巻 2 号（2023 年）1-25 頁、小坂亮「罪刑法定主義とリスト理論」東洋法学 66 巻 3 号（2023 年）55-113 頁、根津洸希「AI 責任肯定論の動向」法政理論 55 巻 2 号（2022 年）28-61 頁、同「AIの責任と決定論問題」石井徹哉『AI・ロボットと刑法』（成文堂，2022 年）53-82 頁（以下简称"AI 刑法"）、冨川雅満「AIと刑法」同 25-50 頁、杉本一敏「刑法の判例における事案の異同と判例変更」早稲田大学法学会編『早稲田大学法学会百周年記念論文集第三巻刑事法編』（成文堂，2022 年）317-397 頁（以下简称"百周年"）等。
　　〔3〕　樋口亮介「『罪刑法定主義』は何を要請するのか」法律時報 95 巻 3 号（2023年）6-14 頁。

过设定"安全区域"提供使宪法上的基本权利不受限之意义上的自由保障。另外，该文也认为文言较为抽象的刑法典本身并不违反明确性原则：首先，从权力分立上看，刑法典提供了"基于最低限度的基本规范考虑犯罪成立与否"这一指针，而对其具现化的任务已被立法机关委托给了司法机关；其次，从自由保障上看，该指针也符合对一般人公正地告知这一意义上的自由保障的要求。

高桥则夫的《刑法学中的行为·规范·归责》[1] 以社会学、哲学等视点讨论了行为、规范、归责概念的意义。其认为：第一，在行为论中，人是社会中的存在，故行为的意义取决于其在社会上的含义与重要性，且行为意思与责任非难的关系也成为问题；第二，在规范论中，描述要件及效果的法命题与指令性的法规范的关联、行为规范与制裁规范的结合及责任判断的规范化应被肯定；第三，在归责论中，归责应被评价为使制裁规范归属于行为规范（违反）的作用形式，即归责论具有使行为规范与制裁规范相结合的机能。

松泽伸的《罪刑一体化》[2] 认为作为事实的犯罪与刑罚二者处于同一平面，故应对两者进行同时性、一体性的认定，并提倡以"不正"（wrong）概念对行为的犯罪性与值得处罚性进行一体化把握。甲斐克则的专著《法益论的研究》[3] 考察了法益概念的内涵与机能、撤除不可逆的濒临死亡的患者的生命维持装置行为的违法性阻却与否、日本刑法中法益论发展的历程、海洋环境与渔业权保护等问题。日原拓哉的《人工智能的利用、活用中的刑法诸问题》[4] 以无自律性判断能力的"弱人工智能"为对象讨论了弱人工智能产品造成人身、财产损害的刑法适用问题。该文分别考察了道路交通法上已设定义务的机动车造成事故的、法律上未设定义务的产品

〔1〕 高橋則夫「刑法学における行為·規範·帰属」『百周年』125-171 頁。
〔2〕 松澤伸「罪刑一体化について」『百周年』233-252 頁。
〔3〕 甲斐克則『法益論の研究』（成文堂，2023 年）。
〔4〕 日原拓哉「AIの利活用における刑法上の諸問題（1）～（4·完）」立命館法学 402 号（2022 年）142-178 頁、403 号（2022 年）188-252 頁、404 号（2023 年）49-113 頁、407 号（2023 年）40-94 頁。

（护理机器人等）造成事故的、AI 算法通过学习在利用者不知的情况下造成经济犯罪（例如内幕交易等证券犯罪）的情况下的生产者、使用者的义务内容及对其违反的责任。

（二）行为论、构成要件论[1]

岩间康夫的《基于自愿承担的保证人义务的实质根据》[2] 以德国法为素材考察了对关于保护的承担这一保证人义务的发生根据的见解（危险的先行行为说与对承担者的信赖说之间的争论），进而就解决方策给予了提示。镇目征树的《不作为犯论中实务与理论间的距离》[3] 指出在不作为犯实行行为的判断层面上实务与学说的方向存在着不一致，并认为实务上采用的对形式根据与实质根据的（非构造化的）综合判断属于以被害者的脆弱状态为前提的实行行为性的判断。古岛靖也的《复数行为引起结果与结果引起行为的范围》[4] 考察了复数行为造成结果发生的情形下构成要件行为如何确定的问题，提倡以因果性为前提援用"行为生成"理论确定基础行为的个数与范围，从而对实行行为予以溯及性、客观性的认定。大谷实的《犯罪论中实行行为的意义与机能》[5] 强调了实行行为概念的必要性及其在犯罪论中的意义与机能，认为实行行为属于"以行为时为基准，具有法益侵害或构成要件结果发生的现实危险性的行为"这一结论应得到维持。深町晋也的《社会的相当性》[6] 考察

---

〔1〕 江見健一「不真正不作為犯の作為義務とその認定」佐伯仁志ほか編『刑事法の理論と実務④』（成文堂，2022 年）25-42 頁（以下简称"实务④"）、松尾誠紀「両罰規定における統制監督関係概念の機能とその意義」山口厚ほか編『実務と理論の架橋』（成文堂，2023 年）621-643 頁（以下简称"架橋"）、杉本一敏「行為の構造からみた犯罪の成立・継続・終了（1）」刑事法ジャーナル77 号（2023 年）72-92 頁等。

〔2〕 岩間康夫「引き受けに基づく保障人的義務の実質的根拠について」『架橋』665-690 頁。

〔3〕 鎮目征樹「不作為犯論における実務と理論の距離」『実務④』97-137 頁。

〔4〕 古島靖也「複数行為による結果惹起と結果惹起行為の範囲」法学研究論集 57 号（2022 年）21-40 頁。

〔5〕 大谷實「犯罪論における実行行為の意義と機能」同志社法学 75 巻 2 号（2023 年）107-130 頁。

〔6〕 深町晋也「社会的相当性」法律時報 95 巻 3 号（2023 年）15-22 頁。

了社会相当性概念的原初含义与发展历程，认为这一概念在对构成要件进行限定解释从而达成处罚范围的限定，以及对特定犯罪类型通过考虑其重要的社会文脉进行当罚性的限定上具有积极的意义。其在此基础上以家庭内的侵害为例进行了从社会相当性论出发的构成要件限定解释。

（三）因果关系论、客观归责论[1]

大关龙一的《危险现实化论的沿革与判断构造》[2] 指出，目前危险现实化理论存在从事后的经过出发进行因果经过全体评价的"综合考虑模式"，以及从事前的行为危险性内容出发，考察事后所确定的现实因果经过是否属于该行为危险性的现实化的"危险包摄模式"。其认为危险现实化在与规范保护目的关联时可采用危险包摄模式；而危险现实化在与狭义相当性关联时，应以先危险包摄判断后综合考虑判断的方式进行阶段性考察。安达光治的《危险现实化论中的判断对象·判断资料》[3] 就危险现实化的判断可能性的问题分别从"行为时点的被害者的因素""行为后介入事由的预见可能性"以及"行为后介入事由的诱发"这三个角度进行了考察。萩原滋的《刑法上的因果关系》[4] 对日本刑法上的因果关系论的发展历程进行了回顾性的考察。其认为在行为者诱发他者行为造成结果的情况下，就结果是否归责于行为人这一问题应在行为时点考虑"介入行为"发生的客观的可能性。

---

〔1〕 甲斐克則「因果関係における『危険と危険の現実化』論の源流（1）」早稲田大学法務研究論叢 7 号（2023 年）1-30 頁等。

〔2〕 大関龍一「危険の現実化論の沿革と判断構造（1）～（3・完）」早稲田法学 98 巻 2 号（2023 年）61-95 頁、98 巻 3 号（2023 年）1-80 頁、98 巻 4 号（2023 年）1-48 頁。

〔3〕 安達光治「危険の現実化論における判断対象・判断資料」立命館法学 405・406 号（2023 年）1-22 頁。

〔4〕 萩原滋「刑法上の因果関係について」『架橋』645-664 頁。

（四）违法论[1]

关于正当防卫的讨论，木崎峻辅的专著《相互争斗状况与正当防卫》[2] 归纳性地对相互争斗的情形予以类型化（强力的反击准备型、家庭内暴力争斗型、通常的暴力争斗型）并分析了各情形下正当防卫的成立可能性及成立条件。其认为正当防卫成立的本质根据在于不法侵害的紧迫性，而在被侵害者的行为造成相互争斗的状况扩大时应否定成立可能性（即否定紧迫性）。坂下阳辅的《对防卫行为的相当性以及退避义务・侵害回避义务的考察》[3] 讨论了比例性、退避可能性及侵害回避可能性对于判断正当防卫具有的意义，认为虽然正当防卫的正当化根据在于其权利行为性，但基于比例性（其与防卫行为的相当性要件相关）对其成立范围进行限制依然是必要的。亦即在使用致命有形力进行对抗时，若容许自力救济所伴随的弊端过大，则此时正当防卫的成立应受到限制。另外，就退避可能性这一问题，在完全安全的退避的可能性存在时，以致命的有形力进行对抗应成立防卫过当。而侵害回避可能性的考虑则与退避可能性的考虑直接相关。松原芳博的《正当防卫论的现在》[4] 对有关正当防卫限制的议论进行了整理。其从社会契约论的思考模式出发，认为正当防卫在具有权利性的同时也要受到致命性对抗行为的禁止这一内在的制约（即退避的要求及显著不均衡的对抗的禁止）。松本圭史的《正当化论的诸问题与结果归属》[5] 主张对基于优越的利益原理的正当化问题应从法益保全的结果及其归属出发进行分析，故行为的正当化前提是法益保全结果归属于该行为。其从该模式出发

---

〔1〕 山本和輝「国家による緊急救助（1）」現代法学 44 号（2023 年）27-42 頁、遠藤聡太「リツイート事件と著作権等侵害罪の違法性阻却」法律時報 95 巻 5 号（2023 年）124-127 頁、95 巻 6 号（2023 年）99-103 頁、柏﨑早陽子「同意傷害における良俗概念と罪刑法定主義」犯罪と刑罰 32 号（2023 年）95-120 頁等。

〔2〕 木崎峻輔『相互闘争状況と正当防衛』（成文堂，2023 年）。

〔3〕 坂下陽輔「防衛行為の相当性及び退避義務・侵害回避義務に関する考察（四・完）」法学 86 巻 1・2 号（2022 年）62-93 頁。

〔4〕 松原芳博「正当防衛論の現在」『架橋』691-710 頁。

〔5〕 松本圭史「正当化論の諸問題と結果帰属」『実務④』183-204 頁。

对失败的正当防卫、偶然防卫、中止犯以及共犯论中的违法连带性问题进行了考察。山本和辉的《紧急救助的正当化原理与被救助者的意思》[1] 考察了正当防卫与紧急救助的正当化根据以及被救助者的意思对紧急救助成立的影响。其认为紧急救助的正当化原理的基础在于主体的"人格间性"，故紧急救助权是使法人格地位得到回复的救助者之固有权利。而被侵害者的意思原则上对紧急救助权的行使不产生影响（例外则为，客观上认识可能的被侵害者的有效同意排除侵害的不法性）。

关于其他违法性问题的讨论，武藤真朗的《对自杀行为·自伤行为的阻止与强行的紧急救助》[2] 认为自杀属于违法行为，故对其的阻止构成暴行、伤害等犯罪的可成立正当防卫；而自伤属于适法行为，故相应的阻止造成法益侵害的应通过防御性紧急避险（在符合紧急避险成立要件的情况下）排除违法性。胜亦藤彦的《新冠危机中的事前的治疗选择与义务冲突》[3] 以新冠医疗中的事前的治疗选择为例，以剩余寿命与年龄为基准考察了医疗行为过程中"生命对生命"的正当化义务冲突的解决方策。

（五）责任论[4]

小林宪太郎的《我国近些年的责任构想（再论）》[5] 正面探讨了刑事责任本质的问题，其认为：第一，为刑罚制裁提供基础的

〔1〕 山本和辉「緊急救助の正当化原理と被救助者の意思」立命館法学 405・406 号（2023 年）773-789 頁。

〔2〕 武藤真朗「自殺行為・自傷行為の阻止と緊急救助の押しつけ」『架橋』711-732 頁。

〔3〕 勝亦藤彦「コロナ危機における事前的トリアージと義務の衝突」『架橋』733-786 頁。

〔4〕 本庄武「妄想性障害と刑事責任能力」一橋法学 21 巻 3 号（2022 年）157-178 頁、岡田幸之「法律家による刑事責任能力判断のための機序読解方法論」判例時報 2537 号（2023 年）74-92 頁、佐野文彦「統合失調症と刑事責任能力判断の関係について」佐伯仁志ほか編『刑事法の理論と実務⑤』（成文堂，2023 年）201-225 頁（以下简称"実務⑤"）、松村格『刑事責任問題の核心』（八千代出版，2023 年）等。

〔5〕 小林憲太郎「わが国における近年の責任構想（再論）」判例時報 2541 号（2023 年）93-100 頁。

责任由作为规范要素的"不法辨识的可能性"与"遵循该辨识进行行为抑止的动机形成的可能性"组成。其由具备"刑法所期待的规范心理"的场合下的判断进行认定，故该规范心理的背离为非难可能性提供了基础。第二，该规范心理层面上的责任判断作为责任的基础，符合一般预防的刑罚目的。第三，一般预防上的规范的责任要素构成"责任的基础"，故而责任能力亦应属于该要素之一；与之相对的是，故意属于特别预防上关乎责任加重的心理的责任要素。

佐野文彦的《被遗忘的"不可知论"的含义》[1] 指出如今对不可知论的理解从原来的"事实的自由意思不可知论"被置换为"精神障碍关联性的不可知论"，认为不可知论的本来含义为"与行为时点的他行为可能性相关的事实性自由意思在经验上无法证明"。故本来的论点应为在事实的自由意思并非可认定的事实这一共识的基础上，寻找在此之外可被认定的（故适合于责任判断的）事实、基准为何。安田拓人的《刑事责任能力的本质及其具体的判断》[2] 从以他行为可能性作为基础的责任能力论这一传统立场出发分析了与他行为可能性相关的辨认能力与控制能力的判断方式，并对能够引起导致辨认控制能力下降的精神障碍（即心神丧失、心神耗弱）的各类精神症状进行了考察。

（六）故意论、错误论[3]

樋笠尧士的专著《刑法中的故意与错误》[4] 主张以"修正的行为计划说"解决错误论中故意成立的问题，亦即在原则上从行为计划出发对故意进行判断的基础上，就个别性并不重要的犯罪（如不处罚未遂的毁坏财物的犯罪）否定其对故意的阻却以填补处罚的

---

〔1〕 佐野文彦「忘れられた『不可知論』の意味」法律時報 95 巻 3 号（2023 年）32-39 頁。

〔2〕 安田拓人「刑事責任能力の本質とその具体的判断」判例時報 2538 号（2023年）120-128 頁。

〔3〕 小池直希「公務執行妨害罪における職務の適法性と錯誤（1）」島大法学 66巻 1・2 号（2023 年）1-24 頁、山中純子「特殊詐欺における受け子の故意」東海法学 62 巻（2022 年）27-50 頁等。

〔4〕 樋笠尧士『刑法における故意と錯誤』（多摩大学出版会，2023 年）。

漏洞。玄守道的《故意的概念构想》[1] 主要对目前存在的心理主义
故意概念以及规范主义故意概念的诸构想进行了分析，认为心理主
义故意概念的构想存在不合理之处（如造成行为人心理的特权化）。
关哲夫的《故意的具体化》[2] 考察了故意的认识范围与过失的预见
可能性范围之间的关系，认为故意与过失在反规范的心理态度这一
点上相同，二者均为对由实行行为的危险性所划定的"客观的危险
场"的主观的反映（或其可能性），在此意义上二者是联动的。森
永真纲的《特殊诈骗中领受人的故意》[3] 讨论了现金交付型诈骗中
包裹领受人的诈骗故意应如何认定的问题。

（七）过失犯论[4]

山本纮之的专著《近代刑法原理与过失犯论》[5] 考察了基于责
任主义的过失犯论的学说发展情况，主要以过失犯中"行为者本人
的预见何以能够被评价为可能的"这一点作为问题意识。其主张以
行为者对危险情况（成为因果关系基本部分的契机之情况）的认识
作为预见可能性判断的出发点，而在缺乏该认识的场合下应认为行
为者通常认识到了抽象的危险情况，此时对于行为者产生了情报收
集的要求。其虽然在具备危惧感的情况下要求情报收集义务，但并
非从危惧感中直接导出结果回避义务，故与传统的危惧感说相比存
在差异（新危惧感说）。

---

〔1〕 玄守道「故意の概念構想について」立命館法学 405・406 号（2023 年）618-
637 頁。
〔2〕 関哲夫「故意の具体化について」『架橋』787-808 頁。
〔3〕 森永真綱「特殊詐欺における受け子の故意について」『架橋』277-292 頁。
〔4〕 半田靖史「過失犯における結果回避可能性の判断について」『実務⑤』25-
47 頁、田野尻猛「特殊過失事件における過失の認定について」同 49-69 頁、松宮孝明
「過失犯における近年の理論と実務」同 113-137 頁、岡部雅人「自動運転車に対する刑
事製造物責任」『AI 刑法』190-211 頁、山下裕樹「自動運転車における運転者の責任に
ついて」同 256-283 頁、北川佳世子「大塚裕史教授の刑事過失論」『架橋』1-22 頁、
稲垣悠一「結果回避義務定立段階における過失制限機能」同 47-70 頁、日山恵美「船
舶衝突事故と過失犯」同 91-108 頁等。
〔5〕 山本紘之『近代刑法原理と過失犯論』（信山社，2023 年）。

楠田泰大的《个人的过失的竞合》[1] 讨论了个人对同一结果存在复数过失的竞合的情形与复数人的过失竞合的情形的异同点，认为虽然二者在实行行为判断的问题上不存在差异，但在个人的过失的竞合的情况下，应从二重评价的禁止出发避免对造成同一结果的复数过失行为进行处罚。田村翔的《医师对于由医疗支援 AI 的判断所引起的结果的过失责任》[2] 讨论了用于诊断、治疗支援的 AI 造成误诊、医疗疏失等情况下利用该 AI 的医师的过失责任；以及与此相反的，医师无视 AI 判断造成医疗疏失的过失责任。前者还进一步存在新人医师疏失与熟练医师疏失这两种情况。上田正和的《自然灾害引起的被害与刑事责任》[3] 以自然灾害中发生死伤事故时的刑事责任为问题意识讨论了核电站等设施的管理责任者就防止人身损害的注意义务问题。前田雅英的《核电站事故与刑事过失》[4] 探讨了过失论的发展及福岛核电站事故判决中的过失判断问题。稻垣悠一的《以危险创设为基轴的过失竞合事例的注意义务类型化》[5] 从作为注意义务的确定过程起点的危险创设行为出发，讨论了过失竞合中的注意义务类型化问题。其考察危险创设者的注意义务之后，又对危险创设行为的间接关系者或介入者的注意义务进行了检视并将其类型化为监督过失、照顾义务以及对因自然现象或集团现象而产生的危险的注意义务。

本年度出版的大塚裕史先生古稀祝贺论文集《实务与理论的架桥》收录了一系列讨论过失犯的文献：神例康博的《所谓危惧感说》[6] 就危惧感说的生成与展开进行了讨论；山本纮之的《大灾害

---

〔1〕 楠田泰大「個人の過失の競合」同志社法学 74 巻 7 号（2023 年）127-154 頁。

〔2〕 田村翔「医療支援 AI の判断により惹起された結果に対する医師の過失責任について」『AI 刑法』94-110 頁。

〔3〕 上田正和「自然災害による被害と刑事責任」『実務⑤』71-89 頁。

〔4〕 前田雅英「原発事故と刑事過失」法学会雑誌 64 巻 1 号（2022 年）1-21 頁。

〔5〕 稲垣悠一「危険創出行為を基軸とした過失競合事例の注意義務の類型化」『実務⑤』91-111 頁。

〔6〕 神例康博「いわゆる危惧感説について」『架橋』23-46 頁。

与过失犯论》〔1〕 就大规模灾害情形下过失犯的判断过程，特别是注意义务违反的判断基准进行了考察；高桥则夫的《过失的行为规范与故意的行为规范的关系》〔2〕 从规范论的角度出发，对过失的行为规范与故意的行为规范的同一性论进行了介绍与评价，进而提倡差异性论的解释；冈部雅人的《过失共同正犯的纪要》〔3〕 着眼于过失共同正犯的成立要件，讨论了在何种情形下过失共同义务以及对其共同违反能够得到认定的问题；平野洁的《过失共同正犯中的共同义务的共同违反说》〔4〕 以判例分析为中心，围绕过失共同正犯的成立范围考察了"共同义务的共同违反"的具体内容；小田直树的《刑事过失的认定》〔5〕 探讨了判断作为特殊过失形态的产品刑事责任的问题。

（八）未遂论〔6〕

针对近年利用信封替换银行卡的特殊盗窃事件〔7〕，小林宪太郎的《围绕未遂犯构造的近期讨论（再论）》〔8〕 反对形式的客观说，主张应从到达既遂的具体的危险性、到达既遂的现实的危险性、行为计划的阈值突破这三个方面出发判断实行着手的成立。本年度出版的《刑事法杂志》第 73 号亦设立相应的专题进行了讨论，其中二本柳诚认为因被告人未到达被害人的住宅而不存在密接性与危险性，

---

〔1〕 山本紘之「大災害と過失犯論」『架橋』71-90 頁。

〔2〕 高橋則夫「過失犯の行為規範と故意犯の行為規範の関係」『架橋』109-124 頁。

〔3〕 岡部雅人「過失犯の共同正犯に関する覚書」『架橋』125-144 頁。

〔4〕 平野潔「過失共同正犯における共同義務の共同違反説」『架橋』145-162 頁。

〔5〕 小田直樹「刑事過失の認定について」『架橋』163-186 頁。

〔6〕 佐藤拓磨「すり替え事案における窃盗の実行の着手時期」研修 890 号（2022年）3-20 頁、谷井悟司「すり替え型キャッシュカード窃盗における実行の着手時期」法学新報 129 巻 6・7 号（2023 年）493-520 頁、豊田兼彦「特殊詐欺事件における実行の着手」『架橋』207-222 頁、上嶌一高「キャッシュカードのすり替えと窃盗罪の実行の着手」同 223-256 頁等。

〔7〕 最決令和 4 年 2 月 14 日刑集 76 巻 2 号 101 頁。

〔8〕 小林憲太郎「未遂犯の構造をめぐる近時の議論について（再論）」法律時報2542 号（2023 年）92-98 頁。

应否定盗窃未遂的成立[1]；江见健一认为因被告人在离被害人的住宅尚有距离时被捕，其未接近财物却能构成事后抢劫的主体会导致处罚范围过宽，故此时点不应认定为着手[2]；富川雅满则以进展度基准说出发，认为事先的通话行为已除去了所计划的替换银行卡的障碍，故可以肯定存在盗窃的着手。[3]

关哲夫的专著《中止未遂中的点与线》[4] 提倡以全体评价法判断中止犯，亦即对实行行为与中止行为进行一体的综合评价。故在讨论中止未遂时相较于将违法性与有责性的判断固定于实行行为的时点，毋宁说要从行为的违法性与有责性的时间上的可变性出发，考察从着手到终局结果的发生这一过程中与"负指向"的实行行为接续的"正指向"的任意性中止行为所引起的违法性与有责性的减少甚至消灭（即线性的思考法），由此通过因果性判断中止未遂的成立与否。

（九）　正犯论、共犯论[5]

阿部力也的专著《共同正犯的构造》[6] 从行为归属说出发，主张以相互的行为归属的界限这一基准判断共同正犯的成立范围。其指出，共同正犯是以基于复数参与者的贡献的分工合作为本质的犯罪实现形态，故共同正犯以参与者之间形成的"相互利用补充关系"为构造，该关系的形成与否取决于各个参与行为的实行能否被评价为基于各人间缔结的不法协定（共同策定的行为计划）的"作为全

---

〔1〕　二本柳誠「窃盗未遂罪の処罰時期」刑事法ジャーナル73 号（2022 年）10-18 頁。

〔2〕　江見健一「すり替え窃盗の実行の着手」同 30-35 頁。

〔3〕　冨川雅満「すり替え窃盗の実行の着手時期」同 19-29 頁。

〔4〕　関哲夫『中止未遂における点と線』（成文堂，2022 年）。

〔5〕　小島秀夫「共謀概念の比較法的考察」明治学院大学法学研究 114 号（2023 年）23-54 頁、酒井智之「物理的幇助犯における因果関係の判断枠組み（2・完）」一橋法学 21 巻 3 号（2022 年）349-385 頁、同「心理的幇助犯における因果関係の問題性」一橋法学 22 巻 2 号（2023 年）343-376 頁、平山幹子「近年の最高裁判例と間接正犯・共同正犯の行為について」『架橋』851-864 頁、照沼亮介「不作為を利用した間接正犯・共同正犯」同 833-850 頁、小林憲太郎「共同正犯のメルクマールについて」判例時報 2536 号（2023 年）16-21 頁等。

〔6〕　阿部力也『共同正犯の構造』（成文堂，2023 年）。

体行为的遂行"。而行为计划外的实行途中的参与者的未遂应溯及至全体行为的未遂开始阶段，因为计划阶段的"全体行为参加的承诺"之后将继续产生心理上的拘束，由此可将先行的行为效果归属于实行途中的承继者。

平山干子的《救助的因果经过的切断》[1] 讨论了在心理上使救助义务人产生拘束效果从而妨碍其救助并因此使结果发生的背后者是否成立正犯。今井康介的《机器人刑法的共犯理论?》[2] 主张对AI 进行拟人化使其具有答责性，并在此基础上考虑了 AI 与自然人间成立共犯的可能性。盐谷毅的《以强制利用被害者的间接正犯》[3] 围绕以强制手段利用他人行为造成其损害时在何种情形下构成间接正犯（此时被害人承诺无效）的问题并对学说与判例的主张进行了考察。其《以欺罔利用被害者的间接正犯》[4] 则讨论了以欺罔手段利用他人行为造成其损害时在何种情形下构成间接正犯的问题。十河太郎的《因果共犯论的意义》[5] 分析了将共同正犯的因果性与单独正犯作同一理解的"一阶段说"与分别考虑全体行为与个别行为归属的"二阶段说"并认为后者与因果的共犯论并不矛盾。丰田兼彦的《帮助行为的事实基础与规范限定》[6] 对作为帮助行为"事实基础"问题的犯行促进及作为"规范限定"问题的中立行为的帮助进行了区别并对二者的判断方法进行了考察。

---

〔1〕 平山幹子「救助的因果経過の切断について」『実務④』77-96 頁。

〔2〕 今井康介「ロボット刑法における共犯理論?」『AI 刑法』83-93 頁。

〔3〕 塩谷毅「強制による被害者利用の間接正犯」『架橋』809-831 頁。

〔4〕 塩谷毅「欺罔による被害者利用の間接正犯」立命館法学 405・406 号（2023年）264-282 頁。

〔5〕 十河太郎「因果的共犯論の意義」『架橋』865-882 頁。

〔6〕 豊田兼彦「帮助行為の事实的基礎と規範的限定」立命館法学 405・406 号（2023 年）451-470 頁。

（十）罪数论、刑罚论、量刑论[1]

关于罪数问题的讨论，青木阳介的《包括的一罪的现状与课题》[2] 考察了包括的一罪的特征与内容，通过与科刑上的一罪的比较对将包括的一罪的一罪性质定义为"单一罚条的全体评价"，并据此否定附随行为、混合的包括一罪以及部分的事后行为属于"包括一罪"。另外其对反复型的包括一罪的成立要件（法益侵害的一体性与主观面的一体性）进行了详论。关哲夫的《并合罪的处理原理与刑法第 46 条》[3] 主张对并合罪采取"排斥主义"这一新的处理方式，即不问式的处断（仅以最重的罪名进行处断）相较于罪刑吸收更应当是罪刑排斥。

关于刑罚问题的讨论，对近时将原来的惩役刑与禁锢刑修改为一元的拘禁刑的新立法的探讨属于本年度的重点对象。例如小池信太郎的《刑罚的定义》[4] 讨论了改正后的拘禁刑的解释及其对刑罚定义的影响，特别是对拘禁刑中的必要场合下实施的作为改善更生手段的"作业、指导"是否成为刑罚内容的问题（是否具有报应的性格或其与拘禁的关系等）作了考察。另外，生田胜义的《死刑是否合宪?》[5] 以日本最高裁判所关于死刑合宪性的判决为线索，对死刑废止的宪法性根据进行了探讨。中村悠人的《表出的刑罚论的纪要》[6] 讨论了以刑罚的沟通交流机能为中心内容来使得科刑正当化的刑罚构想能否实现的问题。

〔1〕 井田良「拘禁刑創設と刑罰論」有斐閣 online ロージャーナル 2022. 11. 17、橋爪隆「自由刑に関する法改正」法学教室 507 号（2022 年）44-48 頁、本庄武「拘禁刑の創設」法学セミナー 68 巻 1 号（2023 年）24-29 頁、高橋則夫「拘禁刑の創設について」ジュリスト 1579 号（2023 年）98-103 頁等。

〔2〕 青木陽介「包括一罪の現状と課題」『実務⑤』179-200 頁。

〔3〕 関哲夫「併合罪の処理原理と刑法 46 条について」国学院法学 60 巻 4 号（2023 年）231-306 頁。

〔4〕 小池信太郎「刑罰の定義」法律時報 95 巻 3 号（2023 年）23-31 頁。

〔5〕 生田勝義「死刑は合憲か」立命館法学 405・406 号（2023 年）23-43 頁。

〔6〕 中村悠人「表出的刑罰論についての覚書」立命館法学 405・406 号（2023 年）529-548 頁。

关于量刑问题的讨论，十河隼人的专著《量刑的基础理论》[1]以基于均衡原理的瑞典量刑法为参考对象，对刑罚的正当化根据与量刑的体系和基准展开了详细的研究。只木诚的《科刑上的一罪的处断的应有形态》[2] 对关于科刑上的一罪中处断刑形成方法的学说及判例的倾向进行了考察，认为科刑上的一罪的量刑并非单纯的吸收主义，定罪中未实际适用的刑罚规范作为量刑规范具有独立的存在意义。

三、刑法各论

（一）生命、身体犯罪[3]

芥川正洋的《暴行罪成立的界限》[4] 认为仅从对身体的不法有形力行使这一基准出发难以合理地划定暴行罪的处罚界限，故应进一步讨论行使的有形力是否具备"攻击性"（特别是与生活交往中的有形力的区别）以及具备攻击性的有形力行使本身的"容许性"（对抗被害人的不适当举动与判断有形力是否处于忍受限度内）问题。其《对儿童的有形力行使与暴行罪的界限》[5] 对日常育儿伴随的足以构成"暴行"的有形力行使的正当化界限进行了考察，认为与对学生行使脱离教育指导范畴的有形力构成违法类似，亲权者在监护与教育权限（日本《民法》第820条）范围内的有形力行使可被正当化，但仍然要以亲权者的手段选择的裁量范围为限。

---

〔1〕 十河隼人『量刑の基礎理論』（成文堂，2022 年）。

〔2〕 只木誠「科刑上一罪の処断の在り方」『架橋』883–900 頁。

〔3〕 樋口亮介「暴行罪の通説に潜む問題とその乗り越え方」法学セミナー 68 卷 6 号（2023 年）4–11 頁、池田直人「児童に対する身体的暴力について」刑事法ジャーナル 74 号（2022 年）60–79 頁、同「保護責任者遺棄罪の実行行為とその故意（1）~（4・完）」法学セミナー 68 卷 2 号（2023 年）118–126 頁、68 卷 4 号（2023 年）120–127 頁、68 卷 5 号（2023 年）111–119 頁、68 卷 6 号（2023 年）101–111 頁等。

〔4〕 芥川正洋「暴行罪成立の限界について（1）~（4・完）」法学セミナー 67 卷 10 号（2022 年）100–106 頁、67 卷 11 号（2022 年）112–118 頁、67 卷 12 号（2022 年）112–119 頁、68 卷 1 号（2023 年）109–118 頁。

〔5〕 芥川正洋「子どもに対する有形力の行使と暴行罪の限界」法律時報 95 卷 9 号（2023 年）81–86 頁。

（二）性犯罪[1]

关于刑法典中性犯罪规定的修改（现为不同意性交罪与不同意猥亵罪）的讨论，例如嘉门优的《性犯罪规定的改正》[2] 对法制审议会关于性犯罪规定修改的纲要草案进行了评析，认为通过与具体列举事由的组合来对"不同意的意思的形成困难、表明困难抑或完成困难的状态"这一包括性的要件进行规定的方法能够较好地解决现场判断的不确切性等问题。但其也对各项列举事由均在区别状态作出型与状态乘机型的前提上进行规定的做法提出了疑问。

另外，菊地一树的《基于欺罔的性行为的处罚》[3] 分别讨论了对于被害人不希望的性关系形成本身存在欺罔的"同意不存在型"性行为与性同意形成过程中存在欺罔的"同意骗取型"性行为在何种情形下具有当罚性的问题，认为与无条件肯定处罚的前者不同，应对后者进一步就欺罔的内容及样态进行限定。深町晋也的《对儿童的性暴力》[4] 对家庭内性虐待的问题进行了考察，认为除被害儿童的性自由外还应将其健全的发育成长亦评价为保护法益。

（三）名誉犯罪[5]

关于改正后侮辱罪法定刑提高（主要目的为网络诽谤中伤的社

---

〔1〕 斉藤豊治「不同意性交罪の新設の意義と課題」法律時報94巻9号（2022年）105-111頁、94巻10号（2022年）88-92頁、佐藤陽子「自己のわいせつな画像を撮影（・送信）させる行為のわいせつな行為性について」『架橋』339-360頁、永井善之「性的姿態等撮影罪新設の意義と課題」金沢法学66巻1号（2023年）101-135頁、深町晋也「児童虐待と刑事的介入」刑法雑誌61巻3号（2022年）510-521頁等。

〔2〕 嘉門優「性犯罪規定の改正」立命館法学405・406号（2023年）97-119頁。

〔3〕 菊地一樹「欺罔に基づく性的行為の処罰について」『架橋』385-410頁。

〔4〕 深町晋也「児童に対する性暴力」刑事法ジャーナル74号（2022年）80-88頁。

〔5〕 小池信太郎「侮辱罪の法定刑引上げ」法学教室507号（2022年）49-53頁、深町晋也「オンラインハラスメントをめぐる刑法上の課題」世界962号（2022年）211-220頁、栗木傑=中野浩一「刑法等の一部を改正する法律の概要について」警察学論集76巻1号（2023年）2-79頁、北啓二「侮辱罪の法定刑改正及びその適切な運用等について」警察学論集76巻2号（2023年）2-21頁、嘉門優「名誉概念の通説」法学セミナー68巻6号（2023年）12-18頁等。

会问题化的对应）的法理的讨论，西贝吉晃的《侮辱罪法定刑的提高》[1] 考察了侮辱的限定解释及违法阻却事由的具体化问题，认为侮辱与表现自由的关系以及造成精神损害甚至自杀的应对属于该罪将来应进一步解决的课题。龟田悠斗的《以名誉感情说对侮辱罪再构成的可能性》[2] 认为侮辱罪应属于与人自我评价相关的名誉感情作为保护法益的规定，但从日本现行的侮辱罪出发难以回应对于使感情自尊受到重大侵害的行为的规制为何仍然要求行为的公然性的问题（如难以规制以私信功能持续诽谤中伤特定人的行为），故应当考虑以新规定的创设或以侮辱罪之外的规定的修改进行对应。

（四）自由犯罪[3]

牧耕太郎的《住居侵入罪中犯罪是否继续》[4] 认为在排除不退去行为的狭义的住居侵入罪中并不成立滞留型的不真正不作为犯，且构成要件的结果仅在越境的时点成立（之后的滞留不具有构成要件该当性），故其不属于继续犯。松宫孝明的《围绕地与刑法第 130 条前段的住居》[5] 探讨了住居的围绕地与住居侵入罪的"住居"的关系问题，认为特定的用地要符合"住居者的禁止进入的意思"以及"围绕大部分用地的屏障的存在对该意思的明示"的要件才能被认定为围绕地从而成为住居的一部分。

〔1〕 西貝吉晃「侮辱罪の法定刑引上げ」法学セミナー 68 巻 1 号（2023 年）17–23 頁。

〔2〕 亀田悠斗「名誉感情説による侮辱罪再構成の可能性について」阪大法学 73 巻 1 号（2023 年）177–212 頁。

〔3〕 深町晋也ほか編『親による子の拐取を巡る総合的研究』（日本評論社，2023 年）、岡上雅美「人身取引に対する刑法的対応の再検討」『架橋』339–360 頁、藤井智也「逮捕監禁罪における現実的自由説の再検討」早稲田法学会誌 73 巻 1 号（2022 年）221–237 頁等。

〔4〕 牧耕太郎「住居侵入罪における犯罪の継続の有無」上智法学論集 66 巻 1・2・3 号（2022 年）73–110 頁。

〔5〕 松宮孝明「囲繞地と刑法 130 条前段にいう住居」『架橋』435–452 頁。

（五）财产犯罪[1]

照沼亮介的《虚拟货币与财产权的意义》[2] 讨论了在财产犯中如何保护虚拟货币的问题。其在肯定虚拟货币具备值得保护的财产价值的同时也认为其所有权的归属尚不明确，故以所有权侵害为核心的现行财产犯规定存在着适用上的界限，立法论上应考虑明文规定相应的侵害形态。高桥直哉的《不法领得的意思》[3] 认为排除意思及利用处分意思与占有侵害均无直接关系，前者应以财物效用或价值减损的认识为内容，后者应为享受财物直接产生的效用的意思。樋口亮介的《不法领得的意思》[4] 认为应从财物领得等于所有权转移出发，将不法领得意思评价为排除所有权人并如同其所有者般对财物进行支配的意思。十河太郎的《为了本人的意思与委托物侵占罪》[5] 认为委托物侵占罪中排除不法领得意思的"为了本人的意思"中实际混杂着基于本人计算的处分以及为本人利益的图利的问题。佐久间修的《作为经济犯罪的诈骗罪》[6] 从诈骗罪构成要件与社会实际情况出发对实质的财产说与全体财产说提出了疑问。

---

〔1〕 穴沢大輔「領得罪の通説」法学セミナー 68 巻 6 号（2023 年）19-24 頁、冨川雅満「財産的損害をめぐる通説」同 25-31 頁、同「不法領得の意思による占有侵害罪と毀棄隠匿との区別」刑事法ジャーナル 76 号（2023 年）4-11 頁、石井徹哉「いわゆる利益罪における主観的構成要件要素」『架橋』535-550 頁、生田勝義「補助金等不正受交付罪と詐欺罪に見る法的関係の相対性」立命館法学（2023 年）407 号 1-39 頁、野澤充「財産犯後の返還請求権免脱目的での暴行・脅迫行為の罪責評価についての覚書」立命館法学 405・406 号（2023 年）565-580 頁、橋爪隆「プリペイド式支払手段の不正使用について」研修 899 号（2023 年）3-18 頁等。
〔2〕 照沼亮介「暗号資産と財産権の意義」上智法学論集 66 巻 1・2・3 号（2022 年）1-23 頁。
〔3〕 高橋直哉「不法領得の意思について」『架橋』513-534 頁。
〔4〕 樋口亮介「不法領得の意思」研修 891 号（2022 年）3-32 頁。
〔5〕 十河太郎「本人のための意思と委託物横領罪」研修 892 号（2022 年）3-16 頁。
〔6〕 佐久間修「経済犯罪としての詐欺罪」『架橋』257-276 頁。

（六）社会法益犯罪[1]

酒井智之的《尸体遗弃罪的保护法益与作为的遗弃的意义》[2]就作为尸体遗弃罪保护法益的社会虔敬感情的含义问题分别对主张虔敬感情二元理解的"二元说"与主张该感情与葬送活动关联的"葬送说"进行了考察，认为该罪中的"遗弃"为使尸体物理性损坏危险提高的行为。松原芳博的《尸体遗弃罪中的作为与不作为》[3]认为尸体遗弃罪中的遗弃行为应分为直接暴露尸体而侵害虔敬感情与长时间不埋葬而侵害虔敬感情这两种情况，后者除原则上的不作为外还应包括使不埋葬状态确定及尸体隐匿的行为。和田俊宪的《被允许的赌博》[4]从赌博罪中的"经济风俗与秩序"这一保护法益的侵害可能性出发讨论了越境赌博行为不处罚的根据与范围。桥爪隆的《NFT 与赌博罪》[5]认为非同质化通证（即 NFT 数字藏品）购入的随机性不属于购入者间的利益得丧竞争性从而否定的赌博罪的成立，而购入者与出售者间是否成立赌博关系则应考虑取得的"卡包"的实际价值与出售价格是否对应。

（七）国家法益犯罪[6]

池田武央的《伪证罪的保护法益·罪质的再检讨》[7]不赞同将

---

[1] 山科麻衣「電磁的記録としての電子マネーと刑法」法学会雑誌 63 巻 1 号（2022 年）313-343 頁、山中友理「死体遺棄罪における遺棄の一態様としての隠匿について」『架橋』411-434 頁、萩野貴史「不作為による死体遺棄罪の成立時期」名城法学 72 巻 3 号（2023 年）1-28 頁、松宮孝明「他者による葬祭可能性の減少と死体遺棄」立命館大学法学 404 号（2023 年）1-23 頁、松澤伸「偽造罪おける『文書の性質』論と『なりすましの意図』について」同 453-472 頁等。

[2] 酒井智之「死体遺棄罪の保護法益と作為による遺棄の意義」一橋法学 21 巻 3 号（2022 年）95-115 頁。

[3] 松原芳博「死体遺棄罪における作為と不作為」東洋法学 66 巻 3 号（2023 年）191-211 頁。

[4] 和田俊憲「許される賭博」『架橋』473-494 頁。

[5] 橋爪隆「NFTと賭博罪」『架橋』495-512 頁。

[6] 三隅諒「刑事司法に対する罪の研究（1）」法学協会雑誌 139 巻 10 号（2022 年）947-993 頁等。

[7] 池田武央「偽証罪の保護法益・罪質の再検討」法学研究論集 58 号（2023 年）113-131 頁。

伪证罪的保护法益仅认定为国家的审判作用，提倡应当从其罪质出发说明伪证罪的法定刑重于窝藏及隐匿证据的犯罪的根据。其认为伪证罪的存在意义在于保护对具有证据价值的证言的社会上的信赖，故应从真实证言义务的角度出发对伪证罪进行解释。其《伪证罪中虚伪陈述的意义》[1] 就虚伪陈述的含义问题指出，传统的主观说与客观说之间的争论缺乏实益，应在对真实证言义务履行的社会上的信赖这一保护法益的基础上将"虚伪陈述"认定为违反真实证言义务的供述，其意味着对证言具备的证据价值进行了歪曲。

四、特别刑法

（一）医事刑法[2]

生田胜义的《犯罪与行为・社会・法益・法的关系》[3] 以关于文身行为是否构成法定的医疗行为的判例[4]为线索，讨论了刑法与社会侵害原理及"法关系相对性"等的关系性问题。甲斐克则的专著《人体信息与刑法》[5] 讨论了刑法上的医疗信息保护、人体信息保护、基因编辑等问题。其《精神科医疗中的身体拘束的问题性》[6] 讨论了精神科医生对精神疾病患者进行身体拘束的正当性界限以及精神科医生的个别裁量界限。拘束患者身体并非本来的精神科医疗而仅是其附随性的手段，故应严格限制在合理的范围内。西元加那的《对不可罚的自杀援助的考察》[7] 分析了以本人的意思决定区分自杀教唆与自杀帮助的意义以及一定形式的自杀帮助行为不

---

〔1〕 池田武央「偽証罪の虚偽の陳述の意義について」法学研究論集 59 号（2023年）57-76 頁。

〔2〕 甲斐克則編『医事法講座第 12 巻』（信山社，2022 年）、大谷實「医療行為に付随する医師の法的義務」同志社法学 74 巻 4 号（2022 年）1543-1577 頁、城下裕二「臨床研究に基づく論文掲載と虚偽・誇大広告罪の成否」『架橋』293-314 頁等。

〔3〕 生田勝義「犯罪と行為・社会・法益・法の関係（2）（3）」立命館法学 403号（2022 年）152-187 頁、404 号（2023 年）24-48 頁。

〔4〕 最決令和 2 年 9 月 16 日刑集 74 巻 6 号 581 頁。

〔5〕 甲斐克則『人体情報と刑法』（成文堂，2022 年）。

〔6〕 甲斐克則「精神科医療における身体的拘束の問題性」『百周年』173-191 頁。

〔7〕 西元加那「不可罰的自殺援助に関する一考察」東洋法学 66 巻 3 号（2023 年）157-190 頁。

可罚的理论根据。

（二）信息刑法、经济刑法[1]

关于信息刑法的讨论，西贝吉晃的《网络安全与刑法》[2] 对信息安全的概念进行了定义（信息的机密性、完整性、可用性）并在此基础上讨论了无权限接入计算机犯罪与恶意软件对策犯罪的成立问题。其《对车联网系统的网络攻击与犯罪》[3] 讨论了对自动驾驶汽车的网络系统进行劫持的当罚性，认为其虽然对交通安全产生了危害，但现有的法规难以有效地对其进行规制。其《元宇宙刑法的可能性》[4] 讨论了物理世界中的刑法规范与作为独立虚拟社会的元宇宙中的规范的关系，认为在元宇宙中的赌博行为等仍能构成日本刑法的赌博罪等的违反。平山干子的《对网站等的管理·运营者的责任的素描》[5] 以利用电子商务平台进行诈骗等犯罪的事件为线索考察了网站、服务器等的经营者的刑事责任（如关于违法内容删除义务的保证人地位的存否）。前田雅英的《作为公共空间进行法保护的网络安全》[6] 讨论了侵害网络公共空间时所涉及的保护法益为何及其相应的刑事法规制的问题。

关于经济刑法的讨论，内田幸隆的《论商业秘密侵害罪的保护

---

　　[1]　神例康博「デジタルプラットフォーム事業者による競争侵害行為と刑事規制」岡山大学法学会雑誌 72 巻 3・4 号（2023 年）372-390 頁、永井善之「情報の取扱いに係るデジタルプラットフォームビジネスの刑事規制」金沢法学 65 巻 2 号（2023 年）105-141 頁、西貝吉晃「情報通信技術の発展と刑事立法及び刑法解釈」有斐閣 online ロージャーナル 2023.1.30、鎮目征樹「不正指令電磁的記録に関する罪における反意図性および不正性の要件」研修 889 号（2022 年）3-32 頁等。

　　[2]　西貝吉晃「サイバーセキュリティと刑法」『実務④』205-229 頁。

　　[3]　西貝吉晃「コネクティッドカーシステムに対するサイバー攻撃と犯罪」『AI 刑法』284-293 頁。

　　[4]　西貝吉晃「メタバース刑法の可能性」法学ゼミナー 68 巻 2 号（2023 年）38-46 頁。

　　[5]　平山幹子「サイト等の管理・運営者の刑事責任に関する素描」立命館法学 405・406 号（2023 年）665-680 頁。

　　[6]　前田雅英「公共空間の法的保護としてのサイバーセキュリティ」法学会雑誌 63 巻 1 号（2022 年）1-24 頁。

法益与目的要件》[1] 认为，事业者的利益这一个人法益仅属于商业秘密侵害罪的中间的保护法益，而终极的保护法益应为"公正的竞争秩序的维持"这一社会法益。故在侵犯商业秘密的情况下，若本身不存在使该秘密泄露给竞争对手的风险，则因社会法益损害的危险并未发生而不成立商业秘密侵害罪。

（三）其他特别刑法[2]

深町晋也的《令和 3 年骚扰规制法改正的意义与今后的课题》[3] 针对骚扰规制法的新修改中涉及刑罚法规的部分进行了考察，特别对其中关于位置信息的无承诺取得的规制的罪质及同条中的"以恋爱感情等充足为目的"的意义展开了分析。星周一郎的《利用 SNS 的骚扰行为》[4] 讨论了利用社交软件促成骚扰及社交软件上进行骚扰等行为的法规制问题。其《围绕自动驾驶汽车的刑事责任的议论的动向·纪要》[5] 不赞同第 3 级以上的自动驾驶不存在刑事责任的观点，并认为第 4 级自动驾驶符合道路交通法改正后导入的"特定自动运行"概念而非该法中的"驾驶"概念，故需进一步探讨相应法规制的新方向。

---

〔1〕 内田幸隆「営業秘密侵害罪の保護法益と目的要件について」『架橋』315-338 頁。

〔2〕 城祐一郎「危険運転致死傷罪における現実的かつ緊喫の課題」警察学論集 76 巻 5 号 (2023 年) 47-80 頁、76 巻 6 号 (2023 年) 131-140 頁、76 巻 7 号 (2023 年) 143-168 頁、今井猛嘉「自動運転技術の発展と道路交通関係法」法曹時報 75 巻 3 号 (2023 年) 485-498 頁、75 巻 4 号 (2023 年) 689-722 頁、方牧雲「あおり運転に関する 2020 年交通関連法改正の検討 (1) ~ (3・完)」立命館法学 403 号 (2022 年) 253-279 頁、404 号 (2023 年) 114-171 頁、408 号 (2023 年) 141-179 頁等。

〔3〕 深町晋也「令和 3 年ストーカー規制法改正の意義と今後の課題」法律時報 94 巻 9 号 (2022 年) 97-104 頁、94 巻 10 号 (2022 年) 80-87 頁。

〔4〕 星周一郎「SNS を用いたストーカー行為について」法律時報 2561・2562 号 (2023 年) 187-190 頁。

〔5〕 星周一郎「自動運転自動車の刑事責任をめぐる議論の動向・覚書」法学会雑誌 63 巻 1 号 (2022 年) 93-109 頁。

2023 年日本民法学研究综述

唐雨楠*

2023 年，日本民法相关法律修正次数众多，涉及众多领域。日本民法学界多聚焦于现代社会，对现代社会现在遇到的以及随着科技不断发展进步今后可能遇到的民事法律问题，尝试寻找更适应于现代社会的方式以期解决。本文主要参考《法律时报》第 95 卷第 13 号的 2023 年学界回顾[1]中关于民法的部分，分别从财产法和家族法两个部分对学界回顾涉及的 2023 年日本民法学界的研究成果做简单综述，由于篇幅有限，不能逐一详细介绍，选出一部分具有代表性的研究成果，望读者能够对 2023 年日本的民法研究动态有大概了解。

一、整体动向

（一）财产法整体动向

近年来民事相关法律修改众多，故涌现出一大批优秀研究成果。解决现代社会问题成为 2023 年财产法研究的一大课题。无论是关于法律修改的相关研究，还是关于现存法律问题的相关研究，都多从现代社会的角度出发或对现代社会问题的解决提出具有提示性意义。

关于法律修改的相关研究成果主要是围绕从 2021 年逐步开始的关于所有人不明土地问题的法律修改与 2022 年 12 月发布了中间试

---

* 唐雨楠，早稻田大学法学研究科民法专业博士研究生。

[1] 米村滋人＝山城一真＝水津太郎＝藤澤治奈＝岩川隆嗣＝大塚智見「2023 年学界回顧民法（財産法）」法律時報 95 卷 13 号（2023 年）。棚村政行＝橋本有生＝喜友名菜織「2023 年学界回顧民法（家族法）」法律時報 95 卷 13 号（2023 年）。

案的，关于新的动产担保制度及事业担保制度的修改。关于所有人不明土地问题的法律修改，其背景是受社会老龄化少子化以及人口向大城市的聚集影响，以小城市为中心，对土地的所有权意识逐步淡化。在法律规定上也没有设定继承登记的法定义务，不做继承登记也不会有利益损失，致使不进行遗产分割的继承循环往复，导致大批量的所有人不明的土地处于无人管理的状态。这不仅加重了地方管理的难度以及支出成本，也使地方复兴、地方重建计划难以开展。通过法律修改来解决所有人不明土地问题变得刻不容缓。从 2019 年 2 月开始，法制审议会民法·不动产登记法部开始了调查审议开始，2019 年 12 月发布了《关于民法·不动产登记法（所有人不明土地关系）等改正的中间试案》，2021 年开始陆续成立并公布修改法案[1]，与其相关的研究成果也受到了广泛关注。日本土地法学会 2022 年大会研讨会的论稿，藤井俊二、五十岚敬、平良小百合、吉原知志、秋山靖浩的特集《土地所有权论的新发展》，潮见佳男、木村贵裕、水津太郎、高须顺一、赫高规、中込一洋、松冈久和编著的《之前/之后民法·不动产登记法的修改》，潮见佳男、千叶惠美子、松尾弘、山野目章夫的《详解修正民法·修正不登法·继承土地国库归属法》等都是所有人不明土地法修改相关的重要研究成果[2]。

　　2022 年 12 月，法制审议会担保法制部会发布了《关于修改担保法制的中间试案》。一直以来，在金钱借贷等债务担保中，不动产担保和个人担保一直是担保方式的主流。但是这对于一些拥有高收益却不保有不动产的企业，特别是中小企业而言，提供担保就变得尤

---

　　〔1〕　法務省民事局令和 6 年 4 月「所有者不明土地の解消に向けた民事基本法制の見直し」https: //www. moj. go. jp/content/001362336. pdf.
　　〔2〕　「特集/土地所有権論の新たな展開―土地基本法・民法等の改正を契機として―」市民と法 139 号（2023 年）、潮見佳男＝木村貴裕＝水津太郎＝高須順一＝赫高規＝中込一洋＝松岡久和編『Before/After 民法・不動産登記法改正』（弘文堂，2023 年）、潮見佳男＝千葉惠美子＝松尾弘＝山野目章夫編『詳解 改正民法・改正不登法・相続土地国庫帰属法』（商事法務，2023 年）。

为吃力。而为企业提供个人担保，也存在着承担责任过大的问题。为不过度依赖不动产担保和个人担保，促进融资，发挥金融机构的功能，建立动产担保的法律制度也逐渐走进视野，重建制度变得刻不容缓。中间试案尝试对新设立的动产担保制度及事业担保制度的内容、效力以及适用的范围进行规定。在对新担保物权的导入、登记，以及与相关法律的衔接，上下位法的适用关系等进行规定的同时，也指出了还需要进一步研讨的相关问题。和田胜行的《关于基于让与担保的物上代位的目标债权的竞合问题备忘录》对基于动产让与担保的物上代位在立法过程中的讨论进行了详细的分析，以及《担保法修正：现阶段和今后的方向》《读担保法修正中间试案》等相关研究成果的特集，都是与担保法修改相关的优秀研究成果[1]。

另外，对于解决现代问题有着重大意义的大型研究，主要聚焦于平台经营者责任，AI 以及民法与破产法的相关问题。千叶惠美子等的《数字社会的进展和民商法的设计》论文特集，民商法、经济法、知识产权法的学者齐聚，对平台经营者及其交易的性质、基础的法律关系进行了深入研究。中岛弘雅等编著的《民法和破产法的交错》，针对破产时民法的种种解释问题展开探讨。《法律时报》的论文特集《AI 和民法》，在民法的框架下参照公法以及保险法对 AI 的法律课题进行研讨。以上都是对解决现代社会所存在的问题提供了方向的，具有极大意义的研究成果[2]。

（二）家族法整体动向

在家族法的法律修改方面，2022 年 12 月，从防止虐待儿童的观点出发，修改有关惩戒权的规定，从消除无户籍者问题出发，有关

---

〔1〕 和田勝行「動産讓渡担保権に基づく物上代位の目的債権をめぐる競合問題に関する覚書」法学論叢 192 巻 1~6 号、特集「担保法改正：現段階と今後の方向性」ジュリスト 1579 号（2023 年）、特集「担保法改正中間試案を読む」金融法務事情 2207 号（2023 年）。

〔2〕 千葉惠美子ほか「日本私法学会シンポジウム資料：デジタル社会の進展と民事法のデザイン」NBL1248 号、中島弘雅ほか編集『民法と倒産法の交錯』（商事法務、2023 年）、特集「AI と民法」法律時報 4 巻 9 号。

嫡出推定制度的修改通过。第一，删除有关惩戒权的规定，规定父母在监护教育时，应尊重子女的人格的尊严、考虑子女的年龄及成长程度、禁止体罚等对子女身心健康发展有害的言行。第二，婚姻解除后 300 天以内出生的孩子，推定为前夫的孩子，母亲与前夫以外的男性再婚后出生的孩子，推定为再婚后丈夫的孩子。废除了女性再婚禁止期限的规定，在一定程度上消除了父亲推定的重复。第三，将嫡出否认权者扩大到子女及母亲，对于被推定为再婚丈夫所生的子女，也承认前夫的否认权。第四，妻子在丈夫的同意下，使用第三者提供的精子进行生殖辅助医疗而受孕、生育的子女，丈夫、子女及妻子都不能否认亲子关系。第五，子女、认亲者及子女的母亲，原则上可以在规定的起算点起 7 年内提出认亲无效之诉[1]。

2021 年 3 月末开始，法制审议会家庭法制部会就离婚后子女抚养的相关民事法制的修改进行了审议，并在 2022 年 11 月汇总了中间试案。并已于 2023 年 2 月完成意见征集。2023 年 1 月 30 日家庭法制部会的第 37 次会议上，发布了《家族法制修改纲要》。该纲要明确了本次家族法主要围绕以下 6 个主题进行修改：①关于亲子关系的基本规定；②关于亲权和监护权等的规定；③关于抚养费的规定；④关于亲子交流的规定；⑤关于领养和亲权的规定；⑥关于财产分割的规定[2]。

另外，2022 年 11 月 6 日，日本家族（社会与法）学会召开了第 39 届学术大会，作为年轻学者的代表性研究成果报告，有山口诗帆的《阿根廷民商法典中成年监护制度的修正与对残疾人权利公约的适用》、山下祐贵子的《德国亲子法中的血缘主义及其界限》。在以《遗产分割的现状和课题》为主题的研讨会中，发表了以下研究成果：①西希代子的《遗产分割的意义：总论性考察》；②潮见佳男

---

[1] 法務省民事局令和 5 年 4 月「民法（親子法制）等の改正に関する法律」https://www.moj.go.jp/content/001395211.pdf。

[2] 「家族法制の見直しに関する要綱案」https://www.moj.go.jp/content/001411491.pdf。

的《遗产分割前的法律状态》；③石田刚的《遗产分割与第三者》；
④关述之的《遗产分割的现状与课题：从法官的立场出发》；⑤增田
胜久的《遗产分割的现状与课题：从律师的立场出发》。本次研讨
会，成功从理论上深入挖掘了继承法修改所揭示的课题，不仅仅局
限于遗产分割的局面，而是开始思考继承制度的本身。

二、民法总则的相关研究

（一）基本原则

大村敦志的《担保与权利滥用：宇奈月温泉事件的再思考》对
日本法权利滥用理论的展开及现状进行了持续研究。围绕若斯兰权
利滥用论的现代研究状况，对其法学及政治背景在日本学界的理解
程度发起疑问，在对法国若斯兰的权利滥用论进行再思考的同时，
并与作为日本权利滥用论的原点——末川博的研究进行对比[1]。

（二）权力的主体与客体

随着关于成年监护制度的讨论日益高涨，权利主体论也随之受
到关注。角本和理《关于在数据驱动型社会下民事主体、客体、行
为的总论性考察》一文，探讨了 ICT（信息与通信技术）发展给民
事主体及民事客体带来的影响。根据因 ICT 渗透市场及社会变化的
可能性，对民事行为（所有、合同、侵权行为）进行分析。文中指
出，对于作为民事主体的自然人，法律如何处理"高度运用 AI 的自
然人"与"不使用 AI 或不会使用 AI 的自然人"是今后需要面对的
课题。对于法人，则提出了对于企业来说智能化高的行为主体是必
须的，但意识和主观的经验却不是必要的，在这种趋势下，法人将
会变为单纯的"合理的主体"即重视合理性的行为主体。本文对于
上述民事主体的设想，有助于在理论层面上接受并吸收 ICT 发展所
带来的影响，具有重要意义[2]。

---

〔1〕 大村敦志「担保と権利滥用：宇奈月温泉事件の最考」角纪代惠＝道垣内弘
人＝山本和彦＝冲野真已编『现代の担保法』（有斐阁，2022 年）。

〔2〕 角本和理「データ駆動型社会における民法上の主体・客体・行為論に関する
総論的考察－財産法の問題を中心に－」深谷格・森山浩江・金子敬明编『生と死の民
法学』（成文堂，2022 年）。

（三） 法律行为

池田悠太的《民法典总则编中法律行为的概念》指出对于法律行为，日本民法学的共通理解为，意思表示是法律行为的构成要件，意思是意思表示的构成要件，也就是说，意思是法律行为的构成要件。但是在日本民法典中，并没有对法律行为的定义进行明确规定。为解决意思表示与法律行为在用法上的混乱，重新回归到民法典的条文中，尝试抽取出其蕴含的法律行为概念。在探讨法律行为与权利变动的关系的基础上，分别对法律行为与意思表示的关系及法律行为与意思的关系进行分析[1]。

中山知己的《关于共同行为论——以冈松参太郎博士的理论为中心》从带有现代意义的"法律上采用合同的形式，实际上是组织的法律技术"出发，重新探讨冈松参太郎博士提出的共同行为论的可能性。作者先对冈松参太郎博士提出的共同行为论进行详细的解释，然后通过各个学说对于共同行为论的评价，在确认共同行为这一概念积极意义的同时，聚焦于存在"多个表意人的共同权利及义务"时对其"共同性"的理解，来寻找共同行为论的可能性的线索[2]。

关于多人参与的法律行为，即具有"组织性"的合同其意思表示的形成过程，村井武的《大企业的意思表示：以员工为焦点》是作为与平井宜雄教授共著的《基于谈判的合同成立（上）~（下）》后续展开的独创研究。观察在多数人参与的法律行为中，使合同具有"组织性"的意思表示的形成过程。以企业间合同及企业与消费者间的格式合同为模型，对于大规模组织的合同签订过程的特征进行分析，提出关于企业的合同签订，应针对其特征建立符合组织决策实

---

〔1〕 池田悠太「民法典総則編における法律行為の概念」沖野真已＝丸山絵美子＝水野紀子＝森田宏樹＝森永淑子編『これからの民法・消費者法（Ⅰ）―河上正二先生古稀記念』（信山社，2023 年）。

〔2〕 中山知己「合同行為論について―岡松参太郎博士の所論を中心に―」日本法学 88 巻 4 号（2023 年）。

质的意见表示理论[1]。

聚焦于代理行为的构造，探讨显名的意义，大泽慎太郎的《围绕显名的备忘录：以代理意思与没有显名情形的关系为中心》通过对关于"显名"的典型问答讨论，以及案件的类型化分析，探讨"显名"的含义及《民法》第 99、100 条的宗旨。其结论可以归纳为两点：①代理人所做的法律行为的效果归属主体是根据关于效果归属主体的客观表示的含义决定的；②本人或代理人不能提出与此相反的主张。柴谷晃的《显名的表意者免责效果》论述了显名的要件事实理论的定位。针对对方当事人、代理人间成立合同关系的主张，代理人能否仅以已显名的事实进行抗辩的问题。在否定了以成立代理合同关系为抗辩理由的基础上，阐述了基于代理行为和显名在事实上的可分性，指示效果归属主体不能成为效果意思的内容的观点[2]。

三、物权法相关研究

（一）物权法的体系书

吉田克己《物权法 1~3 卷》是在历史考察和比较法考察的基础上，阐明现有判例和学说状况的同时，构建贯通整体的物权法理论体系，是多达 1942 页的"体系书"巨著。在对古典问题到现代问题的每个问题都明确地表明了主张和观点的同时，对之前没有得到充分探讨的问题进行深入研究。大场浩之的《物权法》既是物权法的教科书，也是物权法体系书。分别通过物权种类论、物权效力论及物权变动论对物权法展开全面分析[3]。

---

〔1〕 村井武「大企業の意思表示」沖野真巳＝丸山絵美子＝水野紀子＝森田宏樹＝森永淑子編『これからの民法・消費者法（I）一河上正二先生古稀記念』（信山社，2023 年）。

〔2〕 大澤慎太郎「顕名をめぐる覚書一代理意思と顕名がない場合との関係を中心に一」原田剛＝田中宏治＝山口斉昭＝松嶋隆弘＝石田瞳編『民法の展開と構成一小賀野晶一先生古稀祝賀』（成文堂，2023 年）、柴谷晃「顕名の表意者免責効」駒澤法曹 19 巻（2023 年）。

〔3〕 吉田克己『物権法 I ~ III』（信山社，2023 年）、大場浩之『物権法』（成文堂，2023 年）。

（二）物权和债权的区别、财产权

关于区分物权和债权，大场浩之的《物权债权严格区分论的批判》提出区分物权和债权的意义仅在于，物权的对象是物，而债权的对象是人的行为，对区分物权和债权持批判意见。而鹰巢信孝的《近代市民法中物权和债权的区别、关联性（1）~（3）：〈重新审视物权、债权的甄别论〉的重新审视》表达了对区分物权和债权的积极态度。大塚智见的《物权和债权的区别》一文，关于区分物权和债权没有表达明确的立场，但提出了区分物权和债权的区分方式及区分所具有的意义具有多样性的观点[1]。

（三）所有权、占有

在邻地使用权方面，秋山靖浩的《邻地使用权中从使用请求权构造向使用权构造的转换》一文，表明使用权构造的意义在于，即使在使用权构造的基础上，也需要通过损害的最小化和事前通知的规定来维持。使用权构造的本质是，在强调禁止自力救济的基础上，也关注了邻地使用权和邻地通行权规律的平衡[2]。

关于自主占有的问题，远山纯弘的《自主占有的独特性》提出自主占有是与《民法》第180条规定的占有不同的占有。自主占有的成立不需要持有物品。草野元己的《关于以继承为原因从他主占有转换为自主占有的赞成与否》认为作为《民法》第187条规定的解释，虽然可以承认继承人独自的自主占有，但如果有真正所有权人的信赖和取得时效的因素存在，在不满足《民法》第185条规定的条件时，也不能发生到自主占有的转换。两个论稿都基于对立法

---

〔1〕 大場浩之『物権債権峻別論批判』（成文堂，2023年）、鷹巣信孝「近代市民法における物権と債権の区別・連関性（一）~（三）：『物権・債権の峻別論の見直し』の見直し」佐賀大学経済論集55巻1、2、3/4号（2022年、2023年、2023年）、大塚智見「物権と債権の区別」法律時報95巻4号（2023年）。

〔2〕 秋山靖浩「隣地使用権（民法209条）における使用請求権構成から使用権構成への転換」都築満雄＝白石大＝根本尚徳＝前田太郎＝山城一真編『民法・消費者法理論の展開―後藤巻則先生古稀祝賀論文集』（弘文堂，2022年）。

过程的研究提出了自己的主张[1]。

（四）财产的多样化

在财产的多样化方面，围绕最近 NFT 的问题展开了火热讨论，原谦一的《在日本及法国 NFT 的法律性质》，对 NFT 的技术进行深入探讨后，基于对法国学说的考察，原谦一认为 NFT 的法律性质应为对加密资产的法律性质的应用。另外，原田弘隆的《对 NFT 的"所有权"成立可能性的法学观点整理和若干考察》在对德国的两篇论文进行分析后，对"NFT 所有权"的构想表示了积极的评价[2]。

四、担保物权相关研究

（一）担保的功能

在担保法领域，在米仓明教授米寿之际编著的论文集《现代的担保法》，对担保的机能和意义展开讨论，收录了关于担保的众多重要研究成果。其中收录的森田果《责任财产分离方法》一文，将担保定义为具有责任财产分离功能的制度，有着不涉及债务人现金流的分离，对财产分离后的剩余财产具有强制执行的可能性的特点。基于以往的研究，对该功能根据不同的风险偏好实现最佳融资，对债务人的拆分、防止债务人的资产替代、通过监测分担改善效率等进行说明。小冢庄一郎的《担保的经济效果》则从宏观经济的视角对担保权的意义进行了说明。道垣内弘人的《约定担保的功能》，认为约定担保物权具有上述功能的同时，对功能的正当化表示疑问，将担保正当化的根据归结于法定担保物权。冲野真已的《先取特权制度的意义和功能》，分析了先取特权正当化的根据从立法到现代经

---

[1] 遠山純弘「自主占有の独自性」藤原正則＝池田清治＝曽野裕夫＝遠山純弘＝林誠司編『時効・民事法制度の新展開 ― 松久三四彦先生古稀記念』（信山社，2022 年）、草野元己「相続を原因とする他主占有から自主占有への転換の可否について―旧民法占有規定からの検討―」深谷格＝森山浩江＝金子敬明編『生と死の民法学』（成文堂，2022 年）。

[2] 原謙一「日本及びフランスにおけるNFT（非代替性トークン）の法的性質」横浜法学 31 巻 1 号（2022 年）。原田弘隆「NFT に対する『所有権』の成立可能性をめぐる法的議論の整理と若干の考察」立命館法学 402 号（2022 年）。

历的变迁[1]。

（二）担保的法律构成

为担保能够发挥上述的担保功能应当基于怎样的法律概念，赋予怎样的规律。这个问题在担保法修改的立法工作中尤为突出。鹤野翔麻在《让与担保中"物权归属"的意义（1）~（6）》中，通过对法国民法典让与担保的研究，认为日本关于让与担保的现有学说，拥有担保实质却归属于物权的法律框架，对在其基础上再制定保护设定者的法律规定这一理论构造提出疑问。松田佳久的《思考物权的期待权说：以所有权保留标的物建设机械的立即取得事案为契机》，基于所有权保留的物权的期待权说，从法律构成出发，对数个法律规律进行整合性的说明[2]。

但是，在众多学说中也有新观点的提出。田高宽贵的《新担保法立法带来的东西：从与判例法理的连续性、私人实行担保的体系性的角度分析》、生熊长幸的《关于担保法修改的中间试案及〈第1章担保权的效力第一，以个别动产为目的的新规定所涉及的担保权的实体效力〉及其问题点》等，都认为只要具有担保的功能，其法律构成不需要通过担保物权的性质决定，直接赋予与担保物权同样的规律即可[3]。

（三）担保法与破产法的关系

从破产法的观点出发，垣内秀介在《作为担保的性质决定、再构成》中论述了担保的功能、法律构成以及具体的法律规律关系。介绍了：①不拘泥于实体法上的构成，强调破产法的独立性（破产

〔1〕 角纪代惠＝道垣内弘人＝山本和彦＝冲野真已编『现代の担保法』（有斐阁，2022年）。

〔2〕 鹤ヶ野翔麻「譲渡担保における『物権の分属』の意義（1）~（6）」法学協会雑誌（138.1~140.1）（2021~2023年）、松田佳久「物権的期待権説を考える：所有権留保目的物たる建設機械の即時取得事案を契機として」法学志林120巻3号（2023年）。

〔3〕 田高宽贵「新たな担保法立法がもたらすもの：判例法理との連続性・私的実行担保の体系性の見地から」ジュリスト1579号（2023年）、生熊长幸「担保法制の見直しに関する中間試案（前注）および『第1章担保権の効力 1個別動産を目的とする新たな規定に係る担保権の実体的効力』とその問題点」立命館法学407号（2023年）。

法说）；②与实体法上的各个规律相整合，导出破产程序中的具体规律（实体法说）两个新学说。垣内秀介在支持实体法说的同时，对通过担保决定性质的观点表示了消极的看法[1]。

五、债权法相关研究

（一）金钱、电子货币等

关于金钱债务，川地宏行的《金钱债务的偿还与通货的作用》一文，广泛地探讨了金钱债务的名目主义、自由外汇、日元的代用给付权、存款、电子货币、加密资产等问题。在电子货币方面，加毛明的《结算手段转移在私法上的相关法律问题》，通过与存款债权的对比，探讨转让限制意思表示的效力，以及在电子支付服务提供者在债权转移时对方第三人的方法。电子支付方面，都筑满雄的《电子支付手段的私法规定形式》介绍了与数字货币类似类型的稳定币相关的 2022 年资金结算法修正、欧盟委员会规则以及法国相关立法，对今后重建私法上的规范方式具有参考价值[2]。

（二）基于债务不履行的损害赔偿

关于不履行债务的损害赔偿，林耕平的《合同责任法中责任内容确定的结构和方法（1）》，该论文参照德国法的讨论，探讨了责任内容论和损害赔偿分类论。关于填补赔偿该当性，高田淳《代替履行的损害赔偿（填补赔偿）的识别》一文，将填补赔偿公式化为与取得给付时同一利益状态的损害赔偿，并引导出催告期间的必要

---

〔1〕 垣内秀介「担保としての性質決定・再構成」紀代恵＝道垣内弘人＝山本和彦＝沖野真已編著『現代の担保法』（有斐閣，2022 年）。柴崎暁「『金銭質』の法典化と客体としての預金通貨：フランス民法典 2021 年改正による第 2374 条ないし第 2374-6 条について」比較法学 56 巻 3 号（2023 年）。

〔2〕 川地宏行「金銭債務の弁済と通貨の役割：民法の視点から」法学セミナー 67 巻 10 号（2022 年）、加毛明「決済手段の移転に関する私法上の法律問題：資金移動業電子マネーを中心として」沖野真已＝丸山絵美子＝水野紀子＝森田宏樹＝森永淑子編『これからの民法・消費者法（I）河上正二先生古稀記念』（信山社，2023 年）、都筑満雄「電子決済手段の私法的規律のあり方」現代消費者法 56 巻（2022 年）。

性以及与履行请求权的对立性[1]。

（三）责任财产保全

在责任财产保全方面，关于债权人代位权，大足知广的《法国古典法中债权人代位权的实际情况（1）~（3）》，该论文指出，在法国古典法沿革上，债权人代位权不是责任财产保全制度，而是强制执行程序本身，作为债权人可以行使债务人权利的"一般原则"。另外，关于诈害行为取消权，嶋津元的《诈害行为取消判决如何转化为总债权人的利益》一文，通过探讨 19 世纪法国法的少数说"原告债权人代表其他债权人"，对《民法》第 425 条的理论依据进行分析，提出了关于撤销的效力涉及诈害行为后成为债权人及债务人，应将该条理解为修正了绝对撤销而非相对撤销的观点[2]。

（四）多数人的债权债务关系

关于多数当事人的债权债务关系，保证合同方面，远藤研一郎的《债权人中的保证人保护义务的考察》，从债权人的信息提供义务和及时执行义务的观点出发，探讨保护保证人的方法。保证人有主债务人能确保回收财产的机会的期待权，是以债权人提供信息等诚信原则为来源的义务，也与《民法》第 455 条的检索和催告的抗辩效果、民法 504 条的担保保存义务的违反效果相关联，展示了全新的分析视角[3]。

对于类保证型损害担保合同，椿久美子的《在德国法、法国法之间发展的日本民法：关于类保证型损失担保合同的形成、发展、

---

[1] 林耕平「契約責任法における責任内容確定の構造と方法（1）：損害論の視角からの分析」北大法学論集 73 巻 6 号（2023 年）、高田淳「履行に代わる損害賠償（填補賠償）の識別」原田剛＝田中宏治＝山口斉昭＝松嶋隆弘＝石田瞳編『民法の展開と構成—小賀野晶一先生古稀祝賀』（成文堂，2023 年）。

[2] 大足知広「フランス古法における債権者代位権の実相（1）~（3）」早稲田大学大学院法研論集 184~186 号（2022~2023 年）、嶋津元「詐害行為取消判決はいかにして総債権者の利益となるか：フランス法における《représentation》概念の意義に照らして」岡山大學法學會雜誌 72 巻 3・4 号（2023 年）。

[3] 遠藤研一郎「債権者における保証人保護義務の一斑：主債務者の財産からの回収機会の確保に対する保証人の期待」法学新報 129 巻 10~11 号（2023 年）。

再思考的历史、比较法考察》，介绍了担保类型损害担保合同在德国法及法国法中从产生到现在的沿革，考察了两法的讨论以及其对日本法律的影响[1]。

另外，关于连带债务，田高宽贵的《债权法修正后不真正连带债务论的走向》，指出在修改债权法中，不真正连带债务概念的意义是，如果存在多个侵权行为的赔偿义务人，如果适用以混同为绝对效力事由的《民法》第 440 条，受害人将无法得到救济，因此只有排除适用该条，不真实连带债务概念才有意义[2]。

六、合同法总论相关研究

（一）合同法总括

值得一提的是关于合同法两个长篇连载的完结，山城一真《合同法的思考（1）~（30）完》及河上正二的《债权法讲义〈各论〉（1）~（65）完》。分别对合同法和债权法进行了体系化的讲解，对今后的合同法研究大有裨益[3]。

（二）合同的成立、变更

关于合同的成立，小林一郎的《日本合同惯例研究（1）~（3）完》一文，相较于欧美严格界定申请、承诺来认定合同成立，而日本则重视合同的精炼和成熟程度，因此明确认定合同成立的特征和问题点也变得尤为重要。并指出在因无法预测而没有反复推敲的例如建筑承包合同和系统开发合同的判例中，不重视交涉过程而是把合同条款的解释作为中心的问题。然而关于经过反复推敲后成立的合同的判例中，却不重视交涉过程只围绕合同条款进行解释。关于

〔1〕 椿久美子「ドイツ法・フランス法の狭間で育った日本民法：保証類似型損害担保契約の形成・発展・再考に関する歴史的・比較法的考察」明治大学法科大学院論集 26 巻（2023 年）。

〔2〕 田高寛貴「債権法改正後の不真正連帯債務論のゆくえ―損害賠償の連帯債務関係における『混同』の効力」沖野真已＝丸山絵美子＝水野紀子＝森田宏樹＝森永淑子編『これからの民法・消費者法（Ⅰ）―河上正二先生古稀記念』（信山社，2023 年）。

〔3〕 山城一真「契約法を考える（1）~（30）」法学セミナー（795~824 号）（2021~2023 年）、河上正二「債権法講義［各論］（1）~（65）」法学セミナー（735~814 号）（2016~2022 年）。

合同的变更，石川博康的《No Oral Modification 条款的约束力与变更合意的效力》一文，对排除口头变更合同条款的效力，从英国判例出发进行对比研究[1]。

（三）智能合约与数字平台

关于智能合约，柳明昌的《DAO 中合同法与组织法的交错》，该论文针对分布式自治组织（DAO）中的智能合约的合约与组织的交叉局面，尝试分别对智能合约的合同法分析与 DAO 管理分析，提供了宝贵的分析视角。此外，长谷川贞之的《区块链技术中智能合约的合意形成与合同理论》，指出智能合约中被处理的合意与合同上的合意相同，展现了适用既有合同法框架的方向性[2]。

关于平台提供者的责任，三枝健治的《平台提供者的合同责任》一文，探讨了在平台利用者之间的商品买卖合同中，如果商品的质量等发生了问题，平台提供者的责任承担问题。千叶惠美子的《在数字平台业务中平台经营者的角色和责任》，对数字平台的法律结构进行了广泛的探讨[3]。

（四）解除

关于合同解除，野中贵弘的《契约不符合解除中使用利益的归属》，该论文以德国法为比较对象，探讨了如果买主以契约不适合责任为由解除买卖合同，买主是否承担返还标的物的使用利益的义务。

---

〔1〕 小林一郎「日本的契約慣行の研究（1）～（3）」一橋法学 22 卷 1～3 号（2023年）、石川博康「No Oral Modification 条項の拘束力と変更合意の効力」沖野眞已＝丸山絵美子＝水野紀子＝森田宏樹＝森永淑子編『これからの民法・消費者法（II）一河上正二先生古稀記念 』（信山社，2023 年）。

〔2〕 柳明昌「DAOにおける契約法と組織法の交錯：スマートコントラクトの法的位置づけとDAOのガバナンス」沖野眞已＝丸山絵美子＝水野紀子＝森田宏樹＝森永淑子編『これからの民法・消費者法（II）一河上正二先生古稀記念 』（信山社，2023 年）、長谷川貞之「ブロックチェーンベースのスマートコントラクトにおける合意形成と契約理論」日本法学 88 卷 2 号（2022 年）。

〔3〕 三枝健治「プラットフォーム提供者の契約責任」都築満雄＝白石大＝根本尚徳＝前田太郎＝山城一真編著『民法・消費者法理論の展開一後藤巻則先生古稀祝賀論文集』（弘文堂，2022 年）、千葉惠美子「デジタル・プラットフォームビジネスにおけるプラットフォーム事業者の役割と責任」NBL1248 号（2023 年）。

由于德国法的判例以及多数说认为，应该认可买方对丧失使用利益部分的损害赔偿请求，因此野中贵弘对其在日本的认可也持有积极态度[1]。

（五）复合合同、继续性合同

作为复合合同总论性的研究，渡边贵的《对解除复合合同的法律构成的导论考察》一文，探讨了法国法中作为复合合同的连锁解除效果的失效概念。另外，在分论方面，池野敦贵的《伴随着买卖合同解除的长期租赁合同解除》一文，对因契约不适合为由解除的含有长期租赁的买卖合同，长期租赁合同能够连锁解除的问题，与法国法进行比较分析。关联论文还有《关于〈随着买卖合同解除长期租赁合同解除〉的自律和他律》，表明了在日本法律中，连锁性解除不属于公序良俗、强制规定的范畴，长期租赁合同当事人的自律应得到广泛认可的观点[2]。

关于继续性合同，佐藤史帆的《德国继续性合同的解除法理的展开（1）～（6）完》一文，参考了德国法中解除继续性合同的规律，用同样的规律尝试解决日本法存在的研究课题。将总则中关于继续性合同的解除告知的规定作为基准，捕捉与分则规定的偏差，成功分析出了分则规定的存在理由[3]。

七、合同法分论相关研究

（一）典型合同

山城一真的《合同法的思考（1）～（30）完》，介绍了关于典型合同的思考方式。对于决定合同的法律关系性质的本质是什么这个问题，认为其基准是给付和反给付的组合，并主张有名典型合同是

---

〔1〕 野中貴弘「契約不適合解除における使用利益の帰趨」日本法学 88 卷 3 号（2023 年）。

〔2〕 渡邊貴「複合契約の解除の法的構成に関する序論的考察」帝京法学 36 卷 2 号（2023 年）、池野敦貴「売買契約の解除に伴うリース契約の解消：複数契約論の分化」同志社法學 74 卷 6 号（2022 年）、池野敦貴「『売買契約の解除に伴うリース契約の解消』をめぐる自律と他律」同志社法學 74 卷 7 号（2023 年）。

〔3〕 佐藤史帆「ドイツにおける継続的契約の解消法理の展開（1）～（6）」法学論叢（189.6、190.2、190.4、191.1、191.3、191.5）（2021～2022 年）。

根据合同的经济作用来进行类型化的分类，具体分为转移型合同、借贷型合同、劳务提供型合同，并对每种类型的共同构造进行了详细的分析[1]。

（二）买卖合同

野泽正充的《合同法的新发展：从瑕疵担保责任到契约不适合责任》一书，将债权法修改前的瑕疵担保责任和修改后的契约不适合责任的关系定位作为课题，即采取二元结构还是一元结构。本书参考日本法的过往学说以及法国法，认为瑕疵担保责任与债务不履行责任不同，采用的是无过失责任的二元结构，其根据是危险负担的法理中"标的物的毁损灭失由所有人承担"这一原则。放在被赋予的危险负担的法理上。进而采用危险转移的目的物交付概念，将瑕疵担保责任定位为目的物交付后的责任。本书明确了根据债权法的修改，契约不适合责任为债务不履行责任的一种，并认为修改后的新规定含有风险负担的意味[2]。

八、侵权法相关研究

（一）责任原理

前田太朗的《侵权行为法中归责原理的多元性意义及其关系性的探讨（1）~（3）完》一文，认为在日本法中，关于过失责任以外的责任原理，还未能充分构建在法律实践层面的理论。通过对澳大利亚法律的比较分析，将"危险责任"的归责依据明确为"特别危险"，对特殊的侵权行为以及相关法律制度的归责原理有了更加深入的探讨，并揭示了解释论和立法论结合的可能性[3]。

（二）动物占有者责任

关于《民法》第 718 条规定的动物占有人责任，斋藤航的《民

---

〔1〕 山城一真「契約法を考える（1）~（30）」法学セミナー（795~824 号）（2021~2023 年）。

〔2〕 野澤正充『契約法の新たな展開：瑕疵担保責任から契約不適合責任へ』（日本評論社，2023 年）。

〔3〕 前田太朗「不法行為法における責任原理の多元性の意義とその関係性の検討（1）~（3）」中央ロージャーナル（18.3~19.1）（2022 年）。

法 718 条动物占有人责任的根据及适用对象（1）~（2）完》提出了动物占有人责任的适用对象，应该根据动物的危险性做限制性解释。本文以美国法为比较对象，美国法将动物的所有人和占有人的责任原则上为过失责任，但是在三种情况下：①因动物非法侵入造成损害时；②经人饲养的野生动物造成损害；③异常危险的动物造成损害，所有人和占有人才会被认定为无过错责任。也对日本《民法》第 718 条在实践中被过度广泛适用持反对意见。原田刚的《民法第 718 条（动物占有人责任）备忘录》一文，则以德国法为比较对象，论述了动物占有人责任的法律性质。整理了《德国民法》第 833 条规定的动物所有人责任的立法史，分析无过错责任和过失责任的争论趋势的变化的同时，提出只对"奢侈的宠物"（即非供保障基本生活需求的宠物）占有人适用无过错责任[1]。

（三）AI 与侵权行为

人工智能技术的发展已经成为民法学的重要课题，2022 年 8 月，《法律时报》也制作了相关专题《人工智能与民法》。山口齐昭的《日本民事责任法中的 AI 与责任》一文，通过分析无人驾驶汽车及医疗 AI 等人工智能被应用的个别案例，对使用 AI 时的民事责任以及救济受害者的方式进行考察。发现在事例中，都认定了运行供用者和医生，即 AI 使用者的责任。由此作者提出了即使在完全自动驾驶化的交通工具中，也应该构造以人为中心的责任安全体制，承担维护以及对运行的监控等义务。白石友行的《AI 的时代与侵权行为》，针对现在或不久的将来的 AI 相关场合在侵权法方面的现状和问题，从责任原因及权利保护的观点进行了概括性的探讨[2]。

---

[1] 齋藤航「民法 718 条の動物占有者責任の根拠及び適用対象（1）（2）完」香川法学（42.2、42.3＝4）（2022~2023 年）、原田剛「民法 718 条（動物占有者責任）覚書：ドイツ民法 833 条（動物保有者責任）との比較からの示唆」原田剛＝田中宏治＝山口斉昭＝松嶋隆弘＝石田瞳編『民法の展開と構成ー小賀野晶一先生古稀祝賀』（成文堂，2023 年）。

[2] 山口斉昭「日本の民事責任法におけるAIと責任」早稲田大学法学会編『早稲田大学法学会百周年記念論文集 第 4 巻 展開・先端・国際法編』（成文堂，2022 年）、白石友行「AIの時代と不法行為法」千葉大学法学論集 37 巻 3 号（2022 年）。

（四）共同侵权行为、营业损失

关于共同侵权，西内康人的《共同侵权行为的法和经济学（上）（中）（下）》一文。在面对关于共同侵权行为中《民法》第719条第1项前段和后段的扩张的争议仍有不明确之处的情况下，从法学和经济学的观点出发，探讨因果关系论以及以此为基础的共同侵权行为的法律意义[1]。营业损失方面，潮见佳男的《侵权行为后的因评价造成的营业损失（逸失利益）的赔偿法理》，对消费者因为评价自发的抵制购买，所造成的销售额减少等营业损失，经营者能否就其侵权行为向加害人要求预期利益的损失赔偿这一问题进行了深入的分析，并搭建理论框架[2]。

九、家族法的相关研究

（一）单行本

首先，对2023年出版的家族法的单行本进行概览。深谷格、森山浩江、金子敬明编著的《生与死的民法学》一书，从民法学的视角，将"生与死"作为有时间跨度的概念，综合考察了高龄者和面临死亡的人的私人自治与实定法制度的关系，以及与周围人的利害调整问题等现代先端课题。深町晋也、樋口亮介、石棉春美编著的《关于父母拐带子女的综合性研究：比较法、历史、解释》一书，通过刑事法研究者积累的有关夺取未成年人、拐带罪的比较法研究，对父母抢夺子女的案件做刑法上的应对，并考察刑法的规律。本书中刑事法和民事法的共同研究是一次引学术界注目的大胆尝试。原田绫子的《儿童意见表明权的保障：家事司法系统中儿童的权利》一书中，以《儿童权利公约》第12条的"儿童意见表明权"为焦点，对于日本一直存在拒绝听取儿童的想法的现状，从理念和实践两方面探讨，家事司法系统在因父母分居、离婚引起的儿童监护的

---

〔1〕 西内康人「共同不法行為の法と経済学（上）（中）（下）」NBL 1235～1237号（2023年）。

〔2〕 潮見佳男「不法行為後の風評による営業損害（逸失利益）の賠償法理」沖野真已＝丸山絵美子＝水野紀子＝森田宏樹＝森永淑子編『これからの民法・消費者法（I）―河上正二先生古稀記念』（信山社，2023年）。

纠纷中，如何反映和实现儿童的心声和想法。二宫周平编著的《儿童的权利保障与父母的离婚》一书，为保障父母分居、离婚时儿童的权利，构建儿童权利保障系统，试着对现有的家族法制进行修改，并提出具体的建议。新井诚代表编著的《老龄化社会信托活用的基础设计第 1 卷》一书，收录了福利型信托、残疾人权利公约、认知症无障碍宣言、金融交易与成年监护等热点话题的大量研究成果，探讨今后高龄者保护问题活用信托的可能性[1]。

另外关于家族法教科书，涵盖了 2021 年所有者不明土地相关的民法修改及 2022 年的民法修改等最新修改内容的有，床谷文雄、神谷游、稻垣朋子、小川惠、幡野弘树的《新民法入门 5 家族法（第 3 版）》，青竹美佳、羽生香织、水野贵浩的《家族法（第 4 版）》，高桥朋子、床谷文雄、棚村政行的《民法 7 亲属·继承（第 7 版）》。基础的判例集，有由大村敦志、冲野真已编著的《民法判例百选Ⅲ（第 3 版）》[2]。

在继承法方面，为应对 2021 年民法及不动产登记法修改，松川正毅、窪田充见编著的《新基本法注释 继承（第 2 版）》，潮见佳男、千叶惠美子、松尾弘、山野目章夫编著的《详解民法修正·不登法修正·继承土地国库归属法》等都涵盖了修改法的内容。松原正明的《全修订第 2 版 判例先例继承法Ⅱ》，在应对继承法修改的同时，增加了部分影响实务的判例和先例。关于继承的实务书，也有着山川一阳、岩志和一郎、山崎雄一郎、松岛隆弘编著的《从实

〔1〕 深谷格＝森山浩江＝金子敬明『生と死の民法学』（成文堂，2022 年）、深町晋也＝樋口亮介＝石綿はる美編著『親による子の拐取を巡る総合的研究：比較法・歴史・解釈』（日本評論社，2023 年）、原田綾子著『子どもの意見表明権の保障 — 家事司法システムにおける子どもの権利』（信山社，2023 年）、二宮周平編『子どもの権利保障と親の離婚』（信山社，2023 年）、新井誠＝八谷博喜＝吉野誠編『高齢社会における信託活用のグランドデザイン第 1 巻』（日本評論社，2023 年）。

〔2〕 床谷文雄＝神谷遊＝稲垣朋子＝小川惠＝幡野弘樹編『新プリメール民法 5（第 3 版）』（法律文化社，2023 年）、青竹美佳＝羽生香織＝水野貴浩著『家族法（第 4 版）』（日本評論社，2023 年）、高橋朋子＝床谷文雄＝棚村政行著『民法 7 親族・相続（第 7 版）』（有斐閣，2023 年）、大村敦志＝冲野眞已編『民法判例百選Ⅲ親族・相続第 3 版』（有斐閣，2023 年）。

务看遗产分割与遗言·遗留份》等单行本[1]。

（二）亲族法

1. 婚姻法

在婚姻法领域，在同性伴侣和事实婚姻伴侣等在现行法律下处于不稳定身份的当事人的保护问题上有了新的进展。其中特别企划《同性伴侣的法律待遇（1）（2）》中介绍了德国（渡边泰彦）、英国（田卷帝子）、法国（大岛梨沙）、日本（Machado Daniel）等同性伴侣的法的待遇，基于其研究成果，对日本家族法修改做了进一步的讨论及研究。此外，以海外及日本同性婚姻诉讼为开端的婚姻法研究，有本田隆浩的《以加拿大、美国、日本的同性婚姻诉讼为契机讨论婚姻法形成》。二宫周平的《对婚姻平等的思考：同性婚姻的法制化》则是围绕同性婚姻法的论点做了明确的整理[2]。

在婚姻的解除方面，当婚姻破产时的金钱支付问题引发了众多讨论。对婚姻破除的夫妻如何分担婚姻费用的问题，大杉麻美的《婚姻破裂时关于婚姻费用与扶助的备忘录》，对婚姻费用的负担属于"扶养"还是"扶助"，及如何设定婚姻破除的评价标准进行了讨论。生驹俊英的《关于不支付抚养费的问题》则是讨论了本次家族法修改的重点课题，关于不支付抚养费的问题。栉桥明香的《抚养费的计算与生活保持义务：对修改标准计算方式·计算表的一点建议》则着眼于养育费的计算问题，并提出对存在孩子的生活水平在义务人之下、没有尽到保持生活水平义务等问题的现行标准计算

---

〔1〕 松川正毅＝窪田充見編『新基本法コンメンタール相続（第 2 版）』（日本評論社，2023 年）、潮見佳男＝千葉惠美子＝松尾弘＝山野目章夫編『詳解改正民法・改正不登法・相続土地国庫帰属法』（商事法務，2023 年）、松原正明著『全訂第 2 版 判例先例 相続法 II』（日本加除出版，2022 年）、山川一陽＝岩志和一郎＝山崎雄一郎＝松嶋隆弘編著『実務から見た遺産分割と遺言・遺留分』（青林書院，2022 年）。

〔2〕 『特別企画 同性カップルの法的処遇（1）（2）』ジュリス 1577 号、1578 号（2022 年）、本田隆浩『婚姻をめぐる法形成：カナダ、アメリカ、日本における同性婚訴訟を契機として』比較法雑誌 57 巻 1 号（2023 年）、二宮周平『婚姻平等を考える：同性婚の法制化』戸籍時報 839 巻（2023 年）。

方式进行修改[1]。

2. 亲子法

2022 年 12 月，关于嫡出推定、认领及亲权等亲子法的民法等部分修改法成立，久保野惠美子的《民法等部分修正法（亲子法制的修改）》，在对法律修改的要点进行详细解说的同时，认可了本次法律修改的重要意义。关于通过生殖辅助医疗出生的孩子的亲子关系，北出裕哉的《伴随生殖辅助医疗的亲子关系事件的法律形成：对司法的作用和课题的考察》，探讨在法律整备不充分的状况下，裁判所承担了怎样的作用。关于父母的权利，涉及惩戒权的规定的修改，久保野惠美子的《儿童虐待的民事法律对应：关于修改亲权法》、石棉春美的《民法中禁止体罚及其课题：在禁止体罚之后》都对修改法在纲要阶段提出的提案进行了解说[2]。

亲权方面，铃木博人的《关于离婚后导入共同亲权制度的原则考察：通过判例》，是对《关于家族法修改的中间试案》的焦点问题离婚后亲权归属的讨论。关于儿童的权利，受 2020 年 12 月通过的《关于生殖辅助医疗的提供及由此出生的儿童的亲子关系的民法特例的相关法律》的影响，知道出身的权利引起了广泛关注。平田厚的《知道出身的权利》介绍了法国生命伦理法修改，公共卫生法典中新设的规定，允许出生的孩子年满 18 岁时，获取精子提供者的特定信息和非特定信息。并且与日本法进行比较，指出没有相关法律规定，没有考虑到孩子人格权的实现的问题。太田诚一的《关于

---

〔1〕 大杉麻美『婚姻破綻時における婚姻費用と扶助に関する覚書』日本法学 88 卷 4 号（2023 年）、生駒俊英「養育費不払い問題について」月報司法書士 609 卷（2022 年）、櫛橋明香「養育費の算定と生活保持義務：改定標準算定方式・算定表に対する一提言」法学 86 卷 1・2 号（2022 年）。

〔2〕 久保野恵美子「民法等の一部を改正する法律（親子法制の見直し）」ジュリスト 1586 卷（2023 年）、北出裕哉「生殖補助医療を伴う親子関係事件における法形成：司法の役割と課題の一考察」立命館法政論集 21 卷（2023 年）、久保野恵美子「児童虐待への民事法的対応−親権法改正について」法律時報 94 卷 11 号（2022 年）、石綿はる美「民法における体罰禁止とその課題：体罰禁止のそのあとに」法律時報 94 卷 11 号（2022 年）。

生殖辅助医疗出生的孩子知道出身的权利：对未来一代福祉的思考》提出了保障生殖辅助医疗生育子女权利所需制度在立法上的具体举措[1]。

3. 监护

在成年监护法方面，以在 2026 年前提出实现地区共生社会为目标的民法等修正法案为目标，学术界的讨论如火如荼。新井诚的《成年监护法中"人身保护"概念的展开》一文，提出作为民法上的概念，应该从过去的人身监护转化为成年监护的人身保护[2]。

（三）继承法相关论文

关于继承法领域的研究成果，虽然所涉及的主题各不相同，都是横亘在整个继承法上的共同课题。

通过继承使权利、义务的继承正当化的根据来源，窪田充见的《通过继承权利的继受 1 继·制度的作用和界限》揭示了继承这一法律制度所具有的特殊且不透明的性质。继承对象外的专属于人身的权利在死后遭到损害时，作者通过对比"损毁死者名誉"和"著作权人死亡后的著作权人人格权损害"，提出了可以考虑超越民法框架的制度设计[3]。

在遗产分割事件中，家庭裁判的指标及其依据的僵化运用，舍弃了部分应该考虑的情形，渡边义弘的《研究笔记/继承法的风景断层：思考对高龄者护理的贡献度认定的闭塞感》一文，从贡献度认定标准切入，主张在已经得到稳定利用护理保险制度的疗养护理实

---

〔1〕 鈴木博人「離婚後の共同親権制度導入に関しての原則的考察：裁判例を通して」法学新報 129 巻 10・11 号 （2023 年）、平田厚「出自を知る権利」法律論叢 95 巻 6 号 （2023 年）、太田誠一「生殖補助医療で生まれる子の出自を知る権利について：未来世代の福祉を考える」こども教育宝仙大学紀要 14 巻 （2023 年）。

〔2〕 新井誠「成年後見法制における『身上保護』概念の展開」法学新報 129 巻 10・11 号 （2023 年）。

〔3〕 窪田充見「相続を通じた権利の承継——相続という制度の役割と限界」法律時報 95 巻 8 号 （2023 年）。

态的基础上，摸索更加符合时代要求的理论及实务性方向[1]。

最后，与继承法根本相关的问题，也涉及被继承人的意思和继承人之间的公平哪个优先的论点。龟井尚也的《对关于免除回转的意思表示的考察》一文，在特别受益的回转为原则的民法规定，和即使有默示的意思表示也不进行回转处理的家庭裁判所的现实基础上，就被继承人的意思表示很难得到确定的情形，沿用立法论及现行法展开解释论。中谷崇的《基于对遗嘱的尊重和动机的错误对遗嘱效力的否定》，指出为实现遗嘱人的最终意思而尽可能认定遗嘱的有效性应该存在一定的限度。并参考德国民法，提出了以动机错误为理由判定遗嘱无效时的判断标准。另外，七户克彦的《放弃继承、事实上放弃继承的法律问题》中，在通过放弃继承将财产集中到特定的继承人的方式被灵活利用的同时，围绕遗产分割、被侵害遗产份额请求权、撤销诈害行为权等纠纷类型，将裁判例类型化，对其处理纠纷的方式进行了探讨[2]。

---

〔1〕 渡辺義弘「相続法をめぐる風景の断面：高齢者介護の寄与分認定の閉塞感を覚える」青森法政論叢 23 号（2022 年）。

〔2〕 亀井尚也「持ち戻し免除の意思表示に関する一考察」法と政治 73 巻 4 号（2023 年）、中谷崇「遺言の尊重と動機の錯誤に基づく遺言の効力否定」立命館法学 407 号（2023 年）、七戸克彦「相続放棄・事実上の相続放棄の法律問題」法政研究 89 巻 3 号（2022 年）。

声　明　　1. 版权所有，侵权必究。

　　　　　2. 如有缺页、倒装问题，由出版社负责退换。

图书在版编目（CIP）数据

日本法研究. 第 10 卷 / 肖盼晴主编. -- 北京 ：中

国政法大学出版社，2024. 12. -- ISBN 978-7-5764

-1839-2

Ⅰ. D931.3

中国国家版本馆 CIP 数据核字第 2024UL7357 号

出 版 者	中国政法大学出版社
地　　址	北京市海淀区西土城路 25 号
邮寄地址	北京 100088 信箱 8034 分箱　邮编 100088
网　　址	http://www.cuplpress.com（网络实名：中国政法大学出版社）
电　　话	010-58908289(编辑部) 58908334(邮购部)
承　　印	保定市中画美凯印刷有限公司
开　　本	650mm×960mm　1/16
印　　张	17
字　　数	230 千字
版　　次	2024 年 12 月第 1 版
印　　次	2024 年 12 月第 1 次印刷
定　　价	85.00 元